제3판

4차 표준보육과정에 기초한

보육과정

김계중 | 조영주 | 김정숙 | 문수영 | 최종문 지음

창지사

머 리 말

보육과정은 0세부터 5세까지의 영유아를 대상으로 하는 영유아보육의 핵심요소이다. 우리나라는 「영유아보육법」이 제정되고 3차에 걸친 표준보육과정의 개정 및 시행, 3~5세 공통과정으로 누리과정의 시행을 거듭하면서 보육의 질 제고에 노력을 보이고 있다. 더욱이 2019년 개정 누리과정 및 2020년 개정 표준보육과정은 미래 사회에 부응하는 새로운 보육과정으로 보육의 실질적 내용뿐 아니라 보육현장에서 영유아 놀이의 가치와 의미를 이해하고 놀이를 통한 배움을 강조한다.

이 책은 총 4부로 구성되어 있다.

1부에서는 보육과정의 기초적 개념이해를 돕기 위해 보육과정의 개념과 이론적 배경이 된 관련 이론들을 살펴보았다.

2부에서는 보육과정을 구성하고 운영하기 위한 구성 원리 및 운영계획을 살펴보았다. 보육과정을 구성하기 위한 목적과 목표는 어떻게 설정해야 하는지, 보육과정의 내용과 조직은 어떻게 이루어져야 하는지, 교수-학습방법은 어떠한지, 평가는 어떻게 이루어지는지 살펴보았고, 운영계획을 세우기 위한 일과운영, 학급 · 집단구성, 환경구성의 내용을 살펴보았다.

3부는 우리나라의 국가 수준의 교육과정인 표준보육과정과 누리과정의 전 영역을 기본생활영역, 신체운동 · 건강영역, 의사소통영역, 사회관계영역, 예술경험 영역, 자연탐구영역으로 구분한 후, 연령별로 재편성하여 연령별 특징, 차이점 등을 살펴보았다. 또한 각 영역의 실제보육활동의 예를 제시함으로써 보육교사와 예비교사에게 실질적인 도움을 주고자 하였다.

4부에서는 취약 보육과정인 장애아통합보육과정과 다문화, 반편견 보육과정 및 우리나라의 보육과정과 비교하여 살펴볼 수 있도록 외국의 보육프로그램들을 살펴보았다.

이 책은 기존의 보육과정을 다룬 많은 이론서와는 다소 차별화하여 0~5세 영유아들의 실제 보육활동의 진행과정을 생생하게 전하고자 노력하였다.

보육현장은 늘 역동적이고 생기가 넘친다. 이러한 보육현장에서 우리 아이들의 모습이 많은 보육교사와 보육현장을 준비하는 예비교사에게 좋은 지침이 되기를 바라는 마음이다.

개정판을 준비하며 도움을 주신 여러 유아교육 관련 교수님들께 고마운 마음을 전하며 실제편을 위해 현장의 목소리를 들려준 시립 갈미어린이집 교사, 태평 4동 어린이집 교사, 구로구청 사랑채움 어린이집 교사, 강서구 거점형 공공직장어린이집 교사분들에게도 감사의 마음을 전한다.

또한 보육현장에 양질의 도서를 공급하기 위해 노력하는 창지사 관계자 분들께 심심한 감사의 마음을 전한다.

2020. 5.
저자 일동

차 례

PART 1 보육과정 기초

PART 2 보육과정 구성 및 운영

PART 1

보육과정 기초

CHAPTER 1

보육과정의 개념

1. 보육과정의 개념과 특성

보육과정은 보육의 핵심요소이고 영유아보육기관에서 영유아를 돌보는 기본 틀이며 기준이고, 추구하려는 목표를 위한 구체적인 접근 양식이라고 정의할 수 있다(이순형, 2006).

NAEYC(미국유아교육학회)와 NAECSSDE(미국교육부 유아교육전문가 협회)에서는 "영유아가 학습하는 내용, 명시된 보육과정 목적을 영유아가 성취해나가는 과정, 영유아가 이 목적들을 성취할 수 있도록 돕기 위해 교사가 하는 모든 일련의 활동들, 교수 학습이 발생하는 상황 등에 대해 서술한 조직화된 틀"이라고 정의하였다.

보육은 시대에 따라, 혹은 사회발전이나 생활 수준의 향상과 더불어 변화되어 왔고, 보육의 초점도 달라져 왔다. 보육이 시작된 초기에는 빈곤한 가족의 기능을 대신해 주는 단순 보호적 기능의 보육에 초점이 맞춰졌던 반면, 현재는 모든 계층의 영유아를 대상으로 가족의 양육기능을 보완하고 초등학교 입학 전 유아에 이르기까지 다양한 경험의 일환으로 확장되어지고 있다.

이처럼 보육에 대한 요구의 시대적 변화에 따라 보육과정 또한 영유아보육기관에서 영유아의 보육목적, 보육경험에 맞춘 목표의 설정, 활동내용의 선정과 조직, 활동과정과 결과에 대한 평가 등에 관한 전체적인 계획과 설계도의 의미로 점차 확대되고 있다.

그러나 이러한 보육과정의 법적 근거를 살펴보면, 유치원 교육과정의 법적 근거와 비교할 때 관련 법령의 정비는 매우 미비한 편이다. 유치원 교육과정은 「헌법」, 「교육기본법」, 「초·중등 교육법」, 「유아교육진흥법」 등의 법적 정비가 갖추어져 있는 데 반해, 보육과정은 1990년 1월에 제정된 「탁아시설 설치·운영규정」(보사부령 제586호)과 1991년 1월에 제정된 「영유아보육법」과 그 시행령, 시행규칙에서만 법적 근거를 찾을 수 있다.

이처럼 보육과정의 법적 근거는 다소 미비하기는 하지만 결국 보육과정은 영유아들의 전인적 성장발달을 목적으로 계획한 모든 경험의 총체로 보육교사-보육경험-영유아의 상호작용을 통해 교사와 영유아를 연결시켜 주는 가장 중요한 매개체라고 볼 수 있다(도미향 외, 2012).

앞에서 이야기된 보육과정의 특성을 정리하여 살펴보면,

첫째, 보육의 대상은 출생 후부터 만 5세까지의 영유아를 대상으로 한다. 또한 사회적 요구에 부응하여 일반가정뿐 아니라 다문화 가정, 장애아, 요보호 상황의 가정을 포함하며 연령 또한 만 12세까지로 그 범위를 넓힐 수 있다.

둘째, 보육프로그램은 12시간으로 규정된 종일 프로그램을 원칙으로 하며 맞벌이 부모를 둔 영유아를 위한 것으로 한다. 12시간의 프로그램 속에 영아는 수유, 배변, 낮잠 등 일상 양육을 위한 시간의 배려가 필수적이며 유아의 경우도 간식, 급식, 휴식 및 취침시간과 개별활동, 집단활동 등을 적절히 배치한다.

셋째, 다양한 보육주체 유형 즉, 국공립 어린이집, 직장 어린이집, 민간 어린이집, 가정 어린이집, 부모협동보육, 법인 어린이집 등 운영 주체에 따른 다양성을 고려하여야 하며, 운영시간에 따라서도 기본보육, 연장보육, 시간제보육, 야간보육,

24시간 보육, 휴일 보육, 방과 후 보육 등 보육의 유형은 다양할 수 있다.

넷째, 보육과정의 내용을 살펴보면 보육은 보호, 양육과 교육의 의미를 내포하고 있으므로 수유, 배변, 낮잠과 같은 보호, 양육의 기능과 지적·신체적·정서적·사회적 발달을 가져올 수 있는 모든 교육경험을 포함한다. 즉, 보육과정은 유아교육과정의 사회생활, 표현생활, 언어생활, 탐구생활, 건강생활 등의 내용을 포함하며 유사한 부분을 많이 가지고 있으나, 영아에 관한 보육내용을 포함하고 있다는 점, 부모교육과 참여, 지역사회 교류와 협력 등 유아교육과정보다는 좀 더 광범위한 내용을 포함하고 있다는 점을 특징으로 들 수 있다.

보육과정의 특징을 스포덱(Spodek)은 프로그램의 교육목적에 따라 계획되고 조직된 학습경험들로 보고 교육과정과의 차이를 다음과 같이 정리하였다(Spodek, 1991; McCarthy & Houston, 1980).

① 보육과정은 대상이 영유아이므로 일반 교육과정에 비해 영유아 개개인의 발달을 충분히 고려하여야 하며 각 영유아의 흥미와 발달수준에 적합해야 한다.

② 보육과정은 다양한 개념의 목적을 가지며 어떤 특정한 학습결과를 추구하기도 하고 영유아의 발달을 지지하는 학습목표가 나중에 나올 수도 있다.

③ 보육과정은 교육과정보다 학습의 과정을 더 강조한다. 학습의 결과로 무엇을 이루었는가보다는 과정에 참여하여 충분히 경험한 것을 더욱 중요시한다.

④ 보육과정은 발달영역을 중심으로 교육내용을 구성하는 반면 일반 교육과정은 교과목 중심으로 교육내용이 구성된다.

⑤ 보육과정은 편의상 다섯 가지 생활영역으로 구성하였으나 각 영역을 각각 학습하는 것이 아니라 생활주제를 중심으로 통합적으로 운영되고 있다.

⑥ 보육과정은 교수방법과 교재·교구의 특수성을 지닌다. 일반 교육과정이 교과서를 중심으로 교사 중심의 교수법을 주로 사용하는 반면, 보육과정은 다양한 교재·교구 및 환경과의 상호작용을 중심으로 운영되고 있다.

2. 보육과정의 원리

보육과정은 영유아의 발달적 특성에 따라 전인적으로 행복하게 성장·발달할 수 있도록 하는 것을 목적으로 하며 다음과 같은 원리를 가지고 있다.

1) 영유아의 발달원리에 입각한 보육과정

발달원리(developmental principle)란 영유아의 발달이 진행되는 일정한 규칙을 의미한다.

발달원리를 정리해 보면 다음과 같다(권민균 외, 2006).

첫째, 발달에는 순서가 있으며 그 순서는 일정하다. 예를 들면, 영아가 앉을 수 있게 된 다음 설 수 있고, 옹알이를 한 다음에 말을 할 수 있다는 것이다.

둘째, 발달은 일정한 방향으로 진행된다. 발달의 진행방향은 머리에서 발끝으로 진행되기 때문에 영아는 목을 가눈 후에야 앉고 걸을 수 있게 된다. 또한 발달의 방향은 몸의 중심에서 말초 방향으로 진행된다. 이는 팔을 움직일 수 있게 된 후 손목, 손, 손가락의 순서로 움직일 수 있게 된다는 것을 의미한다. 발달의 진행 방향에서 발달은 일반적인 것에서 특수한 것으로, 또는 전체활동에서 세분화된 활동으로 진행된다. 이러한 예는 영아들이 놀이하는 광경에서 살펴볼 수 있으며 영아들은 물건을 잡기 위해 온 팔과 손바닥을 이용해 잡으려 하지만 발달이 진행되면서 점차 손목과 손가락만을 이용해서 물건을 잡을 수 있게 된다.

셋째, 발달은 연속적인 과정이지만 발달의 속도는 일정하지 않다. 인간은 태내에 수정되는 순간부터 죽는 순간까지 계속해서 발달하지만 발달의 속도는 발달영역에 따라 다르다는 것이다. 이러한 예는 생후 1년까지 영아들은 키와 몸무게에서 현저한 발달을 보이지만 그 후에는 점차적인 발달이 나타나고, 생식기의 발달은 생후 1년 안에 일어나는 것이 아니라 사춘기에 급속하게 발달하는 것을 보면 이와 같은 발달의 속도와 영역에 대한 차이를 알 수 있다.

넷째, 발달에는 개인차가 있다. 모든 영유아는 일정한 발달순서에 따라 발달하지만 발달의 속도와 양상은 영유아마다 다르며 심지어 일란성 쌍생아 간에도 태어날 때부터 개인차가 나타난다.

다섯째, 발달에는 민감기가 있다. 발달은 앞서 이야기된 것처럼 인간의 전생애에 걸쳐 일어나지만 발달영역에 따라 발달이 더욱 용이하고 최적의 발달이 이루어질 수 있는 민감기가 존재한다는 것이다. 예를 들면, 언어발달은 언어가 획득되는 민감기가 있고, 애착 형성도 적절한 민감기가 존재한다는 것이다. 이러한 발달의 민감기는 생애 초기의 발달이 얼마나 중요한가에 대한 시사를 주고 있다.

여섯째, 발달의 각 영역은 상호 밀접하게 연관되어 있다. 즉, 한 영역의 발달은 다른 영역의 발달을 촉진 또는 지연하는 결과를 초래하기도 한다는 것이다. 이러한 예로는 인간의 신체, 운동, 정서, 사회성 등 발달영역들이 서로 유기적으로 연관되어 있음에서 상호 밀접성을 알 수 있다.

2) 영유아의 학습 원리에 입각한 보육과정

영유아를 위한 학습의 기본원리는 다섯 가지로 다음과 같다(Albrecht & Miller, 2001 내용 재구성).

첫째, 영유아는 친밀하고, 상호 호혜적이고, 동시적인 관계에 입각한 환경에서 보육이 이루어져야 한다. 영유아는 안전이 보장되는 환경, 그들이 존중받는 환경, 신체적 욕구가 만족되는 환경, 심리적 안정감을 느낄 수 있는 환경에서 발달과 학습은 최선의 상태를 유지한다. 따라서 영유아가 안정감과 편안함을 느낄 수 있는 성인과의 따뜻하고 친밀한 관계와 민감한 성인의 반응은 필수적이다.

둘째, 영유아의 상호작용은 사회문화적 상황을 포함한 서로 다른 다양한 환경에서 일어나며 서로 영향을 받는다. 보육과정 속에서의 상호작용은 넓은 의미에서는 가정, 지역사회, 국가와 같은 여러 체계에서 영향을 받아 일어나며 이러한 모든 다양한 환경은 영유아의 학습에 영향을 미친다.

셋째, 생물학적 유전과 경험 간에는 역동적인 상호작용이 있다. 영유아는 개념적으로 유전적인 것이 고정되어 있을지라도 영유아기 동안 최적의 경험은 아동발달의 민감기에 생물학적 잠재력을 열어 주는 열쇠 역할을 한다. 또한 다양한 경험은 생물학적 유전 요인들을 보상해 주고 초기 박탈이나 잘못 다루어지는 것을 중재하는 역할을 할 수 있다.

넷째, 영유아와 사회적, 문화적, 물리적 세계와의 상호작용이 영유아의 학습을 인도한다. 부모와 교사는 영유아에게 지식과 이해를 억지로 심어 넣어 줄 수 없다. 영유아 자체의 학습능력과 기질, 흥미, 주변 환경의 자원을 활용하여 스스로 자신의 지식과 이해를 구성해 간다. 따라서 현재의 숙달된 기능 이상의 것으로의 도전을 경험할 뿐 아니라 영유아가 최근 획득한 기능을 반복하고 연습할 수 있는 기회가 제공될 때 학습은 더 확장된다.

다섯째, 놀이는 발달의 상호작용적 매개체이다. 놀이는 영유아의 발달을 반영할 뿐 아니라 영유아의 발달을 위한 중요한 수단이 될 수 있다. 여기서 놀이는 모든 종류의 놀이 즉, 사물, 교재·교구와의 놀이, 또래와의 상호작용이 있는 놀이, 지지적 성인에 의해 촉진되는 놀이를 의미한다. 놀이를 통해 사물에 대한 인지적 경험과 함께 어른의 지원이 같이 제공될 때, 세상에 대한 영유아의 이해는 확장된다.

3) 표준보육과정에서의 보육과정

한국보육진흥원의 「제3차 어린이집 표준보육과정(0~2세) 개정 연구」(한국보육진흥원, 2019)에서 제시한 '표준보육과정의 구성의 중점'은 아래와 같다.

가. 영·유아는 개별적인 특성을 지닌 고유한 존재임을 전제로 구성한다.

나. 0~5세 모든 영유아에게 적용할 수 있도록 구성한다.

다. 추구하는 인간상 구현을 위한 지식, 기능, 태도 및 가치를 반영하여 구성한다.

라. 표준보육과정은 다음의 영역을 중심으로 구성한다.

1) 0~1세 보육과정과 2세 보육과정은 기본생활, 신체운동, 의사소통, 사회관계, 예술경험, 자연탐구의 6개 영역을 중심으로 구성한다.

2) 3~5세 누리과정은 신체운동·건강, 의사소통, 사회관계, 예술경험, 자연탐구의 5개 영역을 중심으로 구성한다.

마. 0~5세 영유아가 경험해야 할 내용으로 구성한다.

바. 초등학교 교육과정과의 연계성을 고려하여 구성한다.

3. 보육의 질과 보육과정

보육의 질을 결정함에 있어 영유아의 권리를 존중하는 보육과정은 국제협약의 내용에 잘 나타나 있다. 국적과 종교에 상관없이 동등하게 무차별 원칙, 아동이익 최우선의 원칙, 생명존중 및 발전 보장의 원칙, 아동의 의사존중원칙 등을 비롯하여 선언적 권리보장, 실천지향적 권리보장 등이 있다.

각각의 원칙들을 좀 더 상세히 살펴보면 아래와 같다.

1) 일반원칙

(1) 무차별의 원칙

국제협약 제2조는 당사국의 아동을 인종, 피부색, 성별, 언어, 종교, 정치적 의견 등 어떠한 종류의 차별 없이 협약에 규정된 권리를 존중하고 각 아동에게 보장해야 하며, 국가는 모든 형태의 차별이나 처벌로부터 아동이 보호되도록 보장하는 모든 적절한 조치를 취해야 한다고 규정하고 있다.

(2) 아동이익 최우선의 원칙

국제협약 제3조는 공공 또는 민간 사회복지기관, 법원, 행정 당국 또는 입법기관 등에 의하여 실시되는 아동에 관한 모든 활동에 있어서 아동이익이 최우선적으로 고려되어야 한다고 규정하고 있다.

(3) 아동의 생명존중 및 발전보장의 원칙

국제협약 제6조는 당사국은 모든 아동이 생명에 관한 고유의 권리를 가지고 있음을 인정하며, 가능한 한 최대한도로 아동의 생존과 발전을 보장해야 한다고 규정하고 있다.

(4) 아동 의사존중의 원칙

국제협약 제12조에 의하면 당사국은 자신의 견해를 형성할 능력이 있는 아동에 대하여 본인에게 영향을 미치는 모든 문제에 있어서 자신의 견해를 자연스럽게 표시할 권리를 보장하며, 아동의 견해에 대해서는 아동의 연령과 성숙도에 따라 정당한 비중이 부여되어야 한다고 규정하고 있다.

2) 실천지향적 권리의 보장

(1) 정상적 가정생활을 누릴 수 있는 권리

국제협약 제9조에 따르면, 당사국은 아동이 그의 의사에 반하여 그의 부모로부터 분리되지 않도록 보장해야 한다고 규정하고 있다. 단, 책임 있는 해당 기관이, 아동이 그의 부모와 떨어져 있는 것이 그 아동의 최적 생존을 보장한다고 판단했을 때 합법적인 절차에 따른 사법심사를 거쳐 이를 실행할 수 있다. 그러나 이러한 경우에도 정상적인 환경하에서 그들의 부모와의 개인적인 관계 및 접촉을 할 수 있도록 아동의 권리를 존중해야 한다.

(2) 사회보장 혜택의 권리

국제협약 제26조 제1항에 의하면, 당사국은 모든 아동에 대해 사회보험을 포함한 사회보장제도의 혜택을 누릴 권리를 인정하고, 국법에 위배되지 않는 범위 내에서 이 권리의 충분한 실행을 위해 필요한 방법을 강구해야 한다. 경제적 불안정으로 최소한의 아동의 욕구가 충족되지 않을 경우 아동의 신체적·지적·정서적 발달에 장애를 초래하게 된다. 사회보장은 돌발적인 경제적 불안에 대한 대비책으로 제도적 장치를 마련하여 아동의 권리를 보장하는 것이다.

(3) 보건과 의료적 서비스를 받을 권리

국제협약 제24조에 의하면, 당사국은 아동이 최상의 건강 상태를 향유할 수 있는 권리 및 질병 치료나 건강 회복을 촉진할 수 있는 권리를 인정해야 하며, 의료보험제도를 누릴 수 있는 권리를 보장해야 함을 규정하고 있다. 이러한 권리가 보장됨으로써 아동의 사망률을 감소시킬 수 있으며, 알맞은 영양식과 깨끗한 식수와 공기를 제공하여 질병과 영양실조를 예방할 수 있다. 그리고 임산부에 대해 적절한 출산 전후의 건강보호를 제공해야 한다.

(4) 교육을 받을 권리

국제협약 제28조에 의하면, 당사국은 아동의 교육받을 권리를 인정하고 동등한 기회균등의 기초 위에서 이 권리가 성공적으로 실행되도록 무료의 의무교육, 일반교육과 직업교육을 포함한 다양한 형태의 중등교육을 장려하는 조치를 취하도록 규정하고 있다.

(5) 적절한 여가, 오락 및 문화적 생활을 누릴 수 있는 권리

국제협약 제31조에 의하면 당사국은 아동이 각자의 연령에 적합한 오락활동이나 놀이에 참여하고 자유롭게 문화생활이나 예술활동에 참여할 수 있도록 아동에게 휴식과 여가에 대한 권리를 보장해야 한다고 규정하고 있다.

(6) 방임이나 학대 및 착취로부터 보호받을 권리

국제협약 제32조는 아동에 대한 경제적 착취 및 아동의 교육에 해가 되거나 위험하다고 판단되는 작업으로부터, 또는 아동의 건강과 신체적·정신적·도덕적·사회적 성장을 저해한다고 판단되는 작업으로부터 보호받아야 하는 아동의 권리를 국가가 인정하고, 이의 실행을 위한 사법적·행정적·사회적·교육적 방법을 취해야 함을 규정하고 있다. 또한 제32조에는 마약과 향정신성 물질의 사용으로부터 아동을 보호해야 하며, 제34조는 모든 형태의 성적 착취나 학대로부터 아동을 보호해야 함을 규정하고 있다.

(7) 장애아동의 경우 특별한 치료, 교육 및 보호받을 권리

국제협약 제23조는 정식적 또는 신체적 장애아동에게도 인간적인 존엄을 보장하여 자립심을 장려하고 공동체 내에서 그 아동의 자발적 참가를 촉진하는 규정을 정하여 완전하고 인간적인 생활을 향유하는 권리를 인정하고, 국가는 이들에게 필요한 자원과 도움을 확대할 것을 고무하고 보장해야 함을 규정하고 있다.

CHAPTER 2

발달심리학과 보육과정

1. 성숙주의 이론

성숙주의란 근본적으로 인간의 발달에 영향을 미치는 환경적 요인의 영향을 최소한으로 인정하는 이론을 뜻한다. 즉, 인간 발달양상에 대한 보편적 성격에 관심을 두며, 발달의 가장 중요한 힘이 영유아의 내부로부터 나온다고 주장한다. 환경의 영향을 완전히 배제하지는 않으나, 성장의 기본적 방향은 인간의 내부에서 나오며 부모나 교육, 사회적 영향은 영유아의 성장을 주도하는 힘이 아니라 그들의 성장을 돕고 촉진시켜 주는 힘으로만 보는 것이다.

대표적인 학자로는 게젤(Arnold Gesell)을 들 수 있다. 게젤은 진화론적 관점에서 아동발달이론을 수립하여 아동발달은 유전으로 정해진 바에 따라 자동적으로 이루어지는 과정이라고 보았다. 또한 게젤은 아동발달의 모든 측면을 직접 관찰하여 기술하였다. 그는 발달의 원리(developmental principle)에 의해 발달과정이 이루어진다고 믿었으며 신체발달은 '머리쪽에서 아래로', '몸의 중심부에서 말초부로', '대근육을 사용하는 큰 운동에서 소근육을 사용하는 미세운동으로' 이루어진다고 제시하였다.

또한 아동발달은 환경과 유전의 영향을 모두 받지만 근본적으로는 유전적으로 정해진 순서에 따라 발달이 이루어진다고 보았다. 즉, 아동발달의 속도에는 개인차가 있으나 발달순서는 어느 아동에게나 동일하다는 것이다. 그리고 아동발달을 위해 적절한 환경은 아동의 내적인 성숙원리에 따라 결정되기 때문에 새로운 것을 배우도록 하는 노력도 아동의 내적인 성숙원리와 부합되어야 효과가 있다고 보았다. 즉, 아동이 배울 준비가 되어 있지 않다고 여겨지면, 아동이 준비될 때까지 기다려야 한다. 이러한 개념은 학습준비도라 지칭되고 학습준비도는 아동에게 무엇을 가르치기 위해서는 성숙할 때까지 기다려야 한다는 학습 시기에 관한 개념이다.

이처럼 학습준비가 되어 있지 않을 때 아동에게 무엇을 가르치는 것은 아무런 의미가 없으며, 양육자와 아동 간에 긴장만을 불러일으킬 뿐이라고 하였다. 또한 게젤은 행동도 계획된 방식에 의해 발달하므로 예측 가능하다고 보았다.

영유아의 행동발달은 출생 후 5세까지를 한 사이클로 하여 16세까지 3개의 사이클을 거치면서 이루어진다고 보았다. 이러한 행동발달 사이클에는 몇 가지 특성이 있는데 이를 살펴보면 다음과 같다.

첫째, 행동발달 주기는 출생에서부터 5세, 5~10세, 10~16세의 세주기로 나눌 수 있다.

둘째, 각 주기에서의 행동변화는 미숙한 반응(비평형상태)과 성숙한 반응(평형상태) 사이를 교대로 오가며 이루어진다.

셋째, 영유아가 평형상태에 있을 때에는 다루기 쉽고 비평형상태에 있을 때에는 다루기 어렵다.

넷째, 영유아는 각 발달단계를 거치는 동안 더욱 성숙한 행동, 덜 미숙한 행동을 보이게 된다.

다섯째, 특정 연령에 바람직하지 않은 독특한 행동이 있다.

위와 같은 게젤의 행동발달 특성이 시사하는 바는 영유아가 바람직하지 않은 행동을 한다고 해서 부모나 교사는 걱정하지 않아도 됨을 말한다. 영유아가 비평형상태에 있는 경우 까다롭게 행동할 수 있으나 곧 평형의 단계에 도달하면 의사소통이 가능한 영유아가 될 것이기 때문이다. 따라서 게젤은 부모나 교사에게 인내심을 가지고 영유아를 보 · 교육할 것을 권장한다.

2. 정신분석 이론

정신분석 이론은 정신이 모든 인간행동의 기초가 된다는 가정하에 인간 내부의 충동적인 힘이나 인간의 행동에 영향을 주는 경험들을 밝히고자 하는 이론이다.

대표적인 학자인 프로이트(S. Freud)는 인간의 성격은 각 개인이 자기 자신의 내부에서 파생되는 본능적 충동, 의식과 무의식, 원자아(id), 자아(ego), 초자아(super ego)로 이루어진 성격구조의 기본 개념들의 역동성에 의해 형성 · 발달한다고 설명한다.

원자아(id)는 쾌락적 본능에 충실한 자아이고, 초자아(super ego)는 완전을 추구하면서 도덕적 목적을 갖고 양심에 따라 움직이는 자아를 지칭하며 자아(ego)는 현실적 원리에 입각하여 자신의 욕구를 객관적 현실의 상황에 적합하게 만들고 싶어 하는 자아로 중재 역할을 한다고 설명한다.

〈표 2-1〉 프로이트의 성격구조

기능		원 리
원자아(id)	본능적 욕구 관장	쾌락원리
자아(ego)	본능과 욕구를 현실적 합당한 방법으로 충족시키는 기능 갈등과 충동을 해결할 논리적, 현실적 사고의 과정	현실원칙
초자아 (super ego)	양심이나 도덕심으로 발달함 자기비판, 반성은 초자아의 작용에 의한 것	도덕원리

프로이트는 인간 성격의 기본 구조가 5세 이전에 형성된다고 주장하였고, 이처럼 영유아기의 중요성을 과학적 관점에서 밝힌 최초의 학자이다. 특히 5세 이전의 부모-자녀관계가 인간 발달에 미치는 영향을 강조함으로써 부모 역할과 자녀 양육행동에 영향을 미쳤다.

프로이트는 또한 교육의 주요 목적을 아동으로 하여금 충동을 조절하도록 하는 것에 두었으며 구강기-항문기-남근기-잠재기-생식기의 5단계를 거치면서 발달한다고 설명한다.

각 단계마다 영유아가 추구하는 쾌락을 만족시켜야 다음 단계로 넘어갈 수 있으며, 만일 계속 좌절되면 다음 단계로 넘어가지 못하고 그 시기에 고착된다고 보았다(Santrock, 2004).

〈표 2-2〉 프로이트의 성격발달단계와 특성

성격발달단계	연 령	성격 특성
구강기	출생~1세	지나치게 의존적이며 수동적, 공격적, 풍자적 쾌활하고 낙천적
항문기	1~3세	완고하거나 인색/지저분하고 낭비적 창의적이고 생산적
남근기	3~6세	오이디푸스 갈등, 거세불안 엘렉트라 갈등, 남근 갈망
잠재기	6~11, 12세	비성적 활동, 동성애 시기
생식기	12세 이후	이성에 대한 관심 증대

프로이트의 이론을 발전시킨 에릭슨(Erikson)은 개인이 접하고 있는 부모, 가족, 또래, 이웃, 사회, 역사, 문화 등과 같은 사회적 환경과의 상호작용을 통해 자아가 발달한다고 보았다. 하버드 대학의 심리학연구소의 연구원으로서 출발한 에릭슨은 대학에서의 연구를 통해 구체적인 임상에서 정신분석과 역할이론을 결합해서 자아발달이라는 관점에서 사회에 어떻게 적응해 가는지를 과제로 삼아 연구를 전개하였다.

에릭슨은 영아기에 시작해서 성숙기에 이르는 라이프 사이클을 8단계로 나누고, 각 단계에서 해결해야 될 과제를 성공하는 경우와 성공하지 못한 경우를 양극단의 표현으로 나타냈다.

각 단계는 신뢰감 대 불신감, 자율성 대 수치심, 주도성 대 죄책감, 근면성 대 열등감, 정체성 대 정체성 혼미감, 친밀감 대 고립감, 생산성 대 침체성, 통합감 대 절망감으로 나타내었다. 특히 에릭슨은 생후 1년까지의 영아기에 있어서 어머니와 형성되는 기본적 신뢰감은 인간으로서의 기본적 태도를 배양하는 요인이 되고, 어머니의 영유아에 대한 애정 어린 적절한 대응을 매우 중요시했다.

이처럼 정신분석 이론에서는 프로이트의 정신분석 이론을 성 심리적 이론(psychosexual theory)이라 부르고 에릭슨의 이론을 사회 심리적 이론(psychosocial theory)이라 부른다.

〈표 2-3〉 에릭슨의 성격발달단계와 특성

심리사회적 단계	연 령	주요 발달
신뢰감 대 불신감	출생~1세	세상에 대한 믿음과 신뢰의 발달
자율성 대 수치심	1~3세	자신을 통제할 수 있는 독립된 개체로서의 인식발달
주도성 대 죄책감	3~6세	새로운 도전에 대한 자발성과 실패에 대한 대처방법 발달
근면성 대 열등감	6~12세	기본적 기술과 대인관계 형성 학습
정체성 대 정체성 혼미감	12세 이후 청년기	자아의 지속적이고 통합적인 정체감 형성
친밀감 대 고립감	성인초기	이성과의 몰입된 애정관계 형성
생산성 대 침체성	성인중기	아동양육이나 다른 창의적인 생산적 작업에 기여
통합감 대 절망감	노인기	자신의 삶을 만족스럽고 가치 있는 삶으로 정리하기

3. 행동주의 이론

1910년 왓슨(Watson, J. B)에 의해 주창된 이론으로 객관적 기술이 가능한 활동, 즉 행동을 연구대상으로 삼아야 한다는 이론이다. 왓슨은 이론적으로 파블로프에 의한 조건반사를 행동연구의 출발로 삼았다. 행동주의 이론의 특징으로는 환경과 경험을 중시하여 몇몇 생득적 반응을 제외하고는 생활체의 행동은 경험에 의해 학습된다고 보았으며 외부의 특정자극에 대한 기계적 반응이 행동이고, 마음이란 곧 행동자체라고 보는 것이다. 또한 인간과 동물 간의 연속성을 주장하였다. 학습이론은 이러한 행동주의 이론에 기초하고 있는 경우가 대부분이며 임상에서는 행동치료법으로 발전하기도 하고, 유아기의 애착행동이나 대인인지의 형성, 교수법 등에 대해서 효과적인 강화인자의 조작을 매우 중요한 과제로 여겼다.

행동주의 이론은 인간발달에 단계를 설정하지 않았다. 즉, 우리의 인생은 연속적인 학습과정이며, 새로운 자극이 새로운 행동 패턴을 유발하고 이전의 비생산적인 반응은 소멸된다고 보았다. 교사나 부모는 적응행동의 빈도를 높이기 위해 직접적인 교수, 과자나 쿠폰과 같은 보상, 그리고 여러 사람 앞에서의 칭찬과 같은 사회적 인정 등의 방법을 활용해야 한다고 하였다.

행동주의 이론에 기초하여 탄생한 교육과정을 환경론적 교육과정이라고도 하며, 이러한 교육과정에서 교사는 학습활동보다 학습내용에 강조를 두고 진행한다.

교육의 목적은 외적 환경을 적절히 조직하고 변화시킴으로써 아동의 바람직한 행동을 촉진하고, 바람직하지 않은 행동들을 감소 혹은 소거시키는 것이다.

참고 : 스키너의 조작적 조건화

미국의 심리학자 스키너(Skinner)는 인간의 행동이 고전적 조건화에서처럼 자극과 반응이 연합하는 수동적인 것만 있다고 보지 않았다. 그는 한쪽에 지렛대가 있는 스키너 상자라는 것을 만들어 상자 안에 쥐를 넣고 쥐가 지렛대를 누르면 먹이를 먹을 수 있게 하는 실험을 하였다. 일단 쥐가 먹이를 먹으면 상자 안에서 쥐를 꺼냈다가 다시 넣는 과정을 반복하였더니, 쥐가 상자 안에 들어가 지렛대를 누르는 데 걸리는 시간이 점차 줄어드는 것이 관찰되었다. 이러한 실험을 통해 스키너는 인간의 행동이 그 행동의 결과에 의해 지배된다고 주장하였다.

스키너는 행동의 결과에서 지렛대를 눌렀을 때 먹이가 나오는 것처럼 우리의 행동을 증가시키는 것도 있고 감소시키는 것도 있다고 하였다. 증가시키는 것을 강화(reinforcement)라 하며 감소시키는 것을 벌(punishment)이라 부른다. 어떠한 행동을 한 뒤에 벌을 받으면 우리는 그 행동을 하지 않게 된다.

이와 같이 강화와 벌에 의해 인간의 행동이 결정된다고 보는 것이 스키너의 조작적 조건화(operant conditioning) 또는 도구적 조건화(instrumental conditioning)라 한다.

4. 구성주의 이론

구성주의는 상호작용주의와 같은 뜻으로 사용되는 이론이다. 구성주의 이론가들은 유아의 탐색활동이나 사고활동의 의미가 무엇인지, 환경과의 상호작용을 통해서 어떻게 발달하는지에 관심을 갖는다. 또한 아동의 발달이 그들의 능동적인 활동을 통해서 이루어진다고 보기 때문에 환경과 아동의 상호작용에 지대한 관심을 갖는다. 각 발달단계에서 경험한 자극의 풍부함과 적절성의 정도가 아동이 다음 단계로 옮겨가는 데 직접 관계가 있다고 본다. 즉, 아동의 활동을 강조하며, 아동의 참여, 개념의 파악, 아동의 호기심 자극, 능동적 활동을 자극할 수 있도록 프로그램을 만드는 것에 중점을 두는 이론이다.

대표적인 학자로는 피아제(Piaget), 비고츠키(Vygotsky)를 들 수 있으며 이들은 인지발달에 있어서 놀이의 가치를 강조하고 개별활동과 또래와의 상호작용을 중요시하였다. 피아제는 인간의 발달은 고정된 것이지만 발달의 속도와 시간은 개인에 따라 상당히 다르며 다양하다고 본다. 지적 성장은 개별 아동과 환경과의 상호작용에 의한 발달적 과정으로 본다. 대표적인 적응의 과정은 동화, 조절의 상호작용이며 이 두 가지의 적응과정이 균형을 이룬 상태를 평형이라고 하였다.

예를 들어 영유아에게 개의 그림을 보여주면서 '멍멍이'라고 명명하였다고 하자. 그러면 처음에 영유아는 고양이, 소 등 네발 달린 동물의 그림을 보고도 '멍멍이'라고 한다. 이는 영유아가 자신이 가지고 있는 개의 도식을 적용한 것으로 동화한 것이다. 그러나 조금 지나면 고양이, 소, 말 등을 구별하게 된다. 이는 바로 조절에 의한 것이다. 이렇게 동화와 조절이 되풀이되면서 영유아의 사고는 분화, 수정, 통합되어 점차 성인의 인지능력처럼 추상적이고 논리적 사고로 발달해 가는 것이다.

동화와 조절은 평형화에 의해 일어난다. 영유아가 새로운 사건을 만나게 되면 특히 그 사건이 자신이 가지고 있는 기존의 도식과 일치하지 않을 경우 인지갈등을 느끼게 된다. 이것이 바로 비평형상태이다. 유기체는 이러한 갈등 상태, 즉 비평형상태를 줄이고 인지와 환경 간의 균형이 이루어진 평형상태를 유지하려는 경향이 있다. 평형은 바로 이러한 동화와 조절을 통해 이루어지며 우리의 인지 구조는 점차 현실을 더 정확하게 반영하는 인지적 성장을 이루게 된다. 피아제는 또한 인지발달 단계는 정해진 순서대로 진행되며 단계가 높아질수록 복잡성이 증가한다고 보았다. 각각의 단계는 감각운동기-전조작기-구체적 조작기-형식적 조작기이다.

〈표 2-4〉 피아제의 인지발달 단계

발달단계	연 령	특 징
감각운동기	0~2세	•감각적 경험과 신체적 활동을 통해 지식 획득 •타고난 단순 반사기능이 협응된 감각운동적 행동으로 발달
전조작기	2~7세	•상징적 활동을 통해 지식 획득 •상징적 사고(직관), 지각적 경험을 통한 이해 •자기중심적 사고, 물활론적 사고
구체적 조작기	7~11세	•구체적 사물과 사건을 통한 지각에 근거하여 논리적 사고 가능 •보존개념 획득, 탈중심화
형식적 조작기	12세 이후	•완전한 사고 가능, 추상적 개념과 상징물을 대상으로 한 지적 조작 가능 •가설 설정, 연역적 추리, 실증적 검증 등 과학적 사고방법 가능 •조합적 사고, 가설검증적 사고, 명제적 사고

출처: 서영숙 외(2012).

비고츠키는 피아제와는 달리 모든 영유아가 똑같은 단계의 인지발달 단계를 거친다고 보지 않았으며 영유아의 인지 발달을 사회가 중재하는 과정으로 보기 때문에 영유아 발달의 결정요인으로서 문화를 강조하였다.

모든 학습은 문화 즉, 사회적 맥락 안에서 발생하며 성인이나 교사는 아동의 기술적 놀이 파트너의 역할을 해 주어야 한다고 강조한다. 교육은 발달을 유도하는 중요한 수단이 되어야 하므로 교사는 인지전략으로서의 아동의 근접발달영역 안에서 활동을 선정해야 아동이 사회적으로 축적된 지식과 문화를 내면화할 수 있다고 보았다.

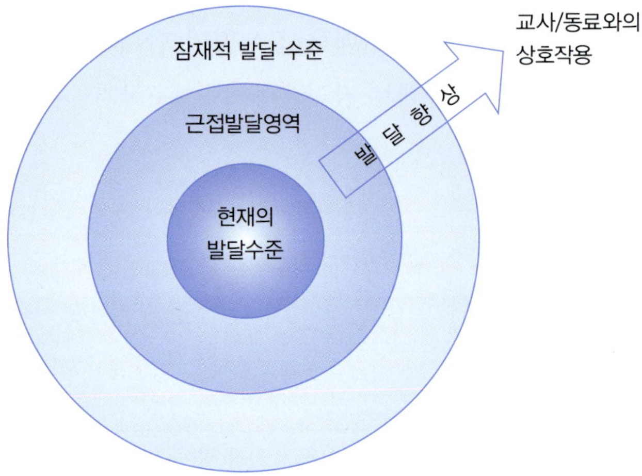

[그림 2-1] 근접발달영역

즉, 영유아의 정신기능 발달은 영유아가 자신보다 사회적 기술이 더 발달한 부모, 교사, 또는 이들이 속해 있는 문화 속의 주요 인물들과의 사회적 상호작용과 대화, 즉 근접발달영역(zone of proximal development)에서 이루어진다는 것이다. 근접발달영역은 영유아가 자신의 힘으로 문제를 해결할 수 있는 수준인 실제적 발달 수준과 성인이나 유능한 또래로부터 도움을 받아 문제를 해결할 수 있는 수준인 잠재적 발달 수준 간의 영역을 말한다. 영유아는 자신보다 유능한 사람과의 상호작용을 통해 점차 성숙하고 효과적인 방법으로 사고하고 문제해결을 하게 된다. 이러한 변화 중 일부는 영유아 자신의 시도에 의해 이루어지기도 한다. 이러한 비고츠키의 주장은 영유아가 스스로 인지 발달을 이룩한다는 피아제의 주장과는 달리 영유아의 인지발달에서 교사나 부모 등 어른들의 역할이 중요하다는 것을 시사한다.

또한, 비고츠키는 언어가 사회, 문화, 역사적으로 축적된 의미들을 개인 내부에서 내면화되도록 돕는 중요한 통로 역할을 한다고 보았다. 이는 개념적 사고 발달을 위해서 언어환경이 중요하다는 점을 강조한 것이다.

이처럼 영유아의 인지발달에 대해 다른 견해를 펼치고 있기 때문에 피아제는 인지적 구성주의, 비고츠키는 사회 문화적 구성주의로 불린다.

5. 생태학적 체계이론

생태학적 체계이론은 영유아의 발달은 영유아를 둘러싼 환경 간에 끊임없이 얽혀 있는 상호관계의 영향을 받아 이루어진다는 이론이다. 대표적인 학자인 브론펜브레너(Bronfenbrenner)는 영유아가 접하고 있는 환경을 여러 수준의 체계로 구분하고 이러한 체계들의 복잡한 관계 속에서 영유아의 발달이 직접적 혹은 간접적으로 영향을 받을 수 있다고 본 것이다. 이처럼 영향을 미치는 환경은 미시체계(microsystem), 중간체계(mesosystem), 외체계(exosystem), 거시체계(macrosystem), 시간체계(chronosystem)의 다섯 가지로 나누어 그 환경 간의 상호관계를 분석하고 설명하였다.

미시체계(microsystem)는 가족이나 또래와 같이 영유아에게 직접적인 영향을 주는 환경맥락을 말한다. 브론펜브레너는 미시체계 내에서의 영유아의 발달을 이해하기 위해서는 모든 관계가 양방적이고 상호교류적임을 알아야 한다고 주장하였다. 미시체계는 아동의 발달단계에 따라 그 중요성이 다르다. 즉, 영아기와 유아기에는 미시체계가 매우 중요하지만 청년기에는 그 중요성이 사라진다.

다음은 중간체계(mesosystem)로 두 개 이상의 미시체계 간의 상호관계를 의미한다. 예를 들어 부모와 교사와의 관계, 부모와 형제관계, 부모와 이웃과의 관계 등을 들 수 있다. 일반적으로 이들 체계 간의 관계가 밀접할수록 영유아의 발달이 순조롭다. 예를 들어 부모와 보육교사 간의 원활한 소통은 영아가 보육기관에 적응하는 데 중요한 영향을 미친다.

외체계(exosystem)는 영유아와 직접 상호작용이 이루어지지는 않지만 이들에게 간접적으로 영향을 미치는 맥락이다. 예를 들어 가족의 친구, 부모의 직장, 부모의 친구들, 보육기관의 운영진이 여기에 속한다. 이러한 모든 관계는 영유아에게 간접적으로 영향을 준다.

거시체계(macrosystem)는 영유아가 속한 사회의 가치관, 도덕관, 사회의 정책 등을 말하며, 이러한 요인들은 미시체계, 중간체계, 외체계에 영향을 줌으로써 영유아에게 간접적으로 영향을 미친다. 예를 들어 영유아가 속해 있는 사회문화적 배경에 따라 부모의 양육태도와 가치관 등은 매우 다르며 이러한 신념이나 가치관은 영유아의 발달에 지속적으로 영향을 미친다. 따라서 영유아가 살고 있는 문화적 배경을 이해하면서 영유아의 행동과 발달을 관찰하고 이해해야 한다.

마지막으로 시간체계(chronosystem)는 전 생애에 걸쳐 일어난 변화와 사회역사적 환경 모두를 포함한다.

브론펜브레너에 의하면 환경은 역동적이며 늘 변화하고, 환경의 변화는 영유아 발달에 영향을 미친다. 발달에 영향을 주는 사건은 외적으로 나타날 수도 있지만 영유아 내에서 일어날 수도 있다. 영유아는 자신의 주위 환경과 경험을 선택하고, 수정하며 창조할 수 있다. 그러므로 영유아는 환경의 산물이면서 산출자이며 이 두 가지는 서로 상호의존적인 영향을 주는 관계에 있다(최경숙, 2001).

결과적으로 생태학적 체계이론은 영유아를 둘러싼 환경에 대한 새롭고 폭넓은 시각을 제공해줌으로써 우리가 영유아를 더욱 잘 이해하고 교육하기 위해서는 영유아를 둘러싼 환경을 이해해야 할 것을 강조하고 있다.

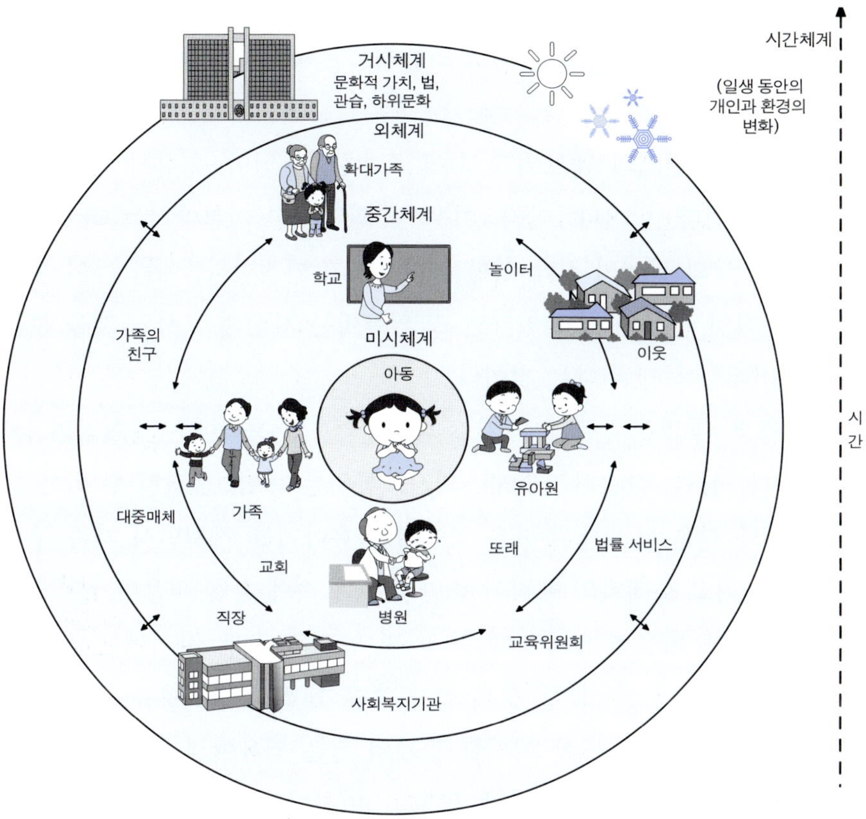

출처: 임은희(2010).

[그림 2-2] 생태학적 체계모델

6. 관계중심 이론

관계중심 이론에서는 건설적이고 배려하는 관계를 인간 경험의 기본으로 본다. 긍정적인 관계는 영유아에게 절대적으로 필요하다. 특히 영아가 잘 자라기 위해서는 영아를 보호하고 양육하고 학습하는 데 도움을 줄 수 있는 애정 있는 성인이 필요하다. 영아를 존중하고 강점을 살려줄 수 있는 반응적인 성인-영아의 관계는 안전감, 자존감, 학습 동기를 증진시킬 수 있다. 이처럼 영아기에 경험하는 건강한 관계는 앞으로 사랑하고 학습하는 능력을 형성하는 데 초석이 된다고 보는 것이다.

영유아는 다양한 관계의 네트워크 속에 존재한다. 엄마–영유아, 아빠–영유아, 엄마–아빠, 엄마–할머니, 아빠–이웃 등 관계중심 이론에서는 한 쌍의 관계의 질이 다른 쌍의 관계의 질에 영향을 미친다고 가정한다. 예를 들어 부모와 영유아가 긍정적인 관계를 맺고 있다면 그 영유아는 자신의 교사와 맺을 관계에 대해 유사한 기대를 하게 된다는 것이다.

영유아는 출생 시 많은 능력을 가지고 태어난다. 그 능력에는 사회적인 능력, 감정을 표현하는 능력, 학습하는 능력, 의사소통하는 능력, 움직일 수 있는 능력 등이 있다. 이와 같은 다양한 능력은 영아기와 유아기를 거치면서 가족 구성원 및 다른 성인 그리고 또래와의 애정이 충만한 관계 속에서 꽃 피운다.

관계중심 이론에 따르면 영유아의 특성 및 능력과 생태 사이에는 끊임없는 상호작용이 이루어지며, 이 모든 것은 함께 혹은 개별적으로 영유아가 맺는 관계의 질에 영향을 미친다. 또한 이러한 관계의 질은 영유아의 경험과 정서 · 사회 · 인지 · 언어 · 운동영역의 발달에 영향을 미친다고 보고되고 있다(이승연 외, 2011).

관계중심 이론에서는 관계가 하나의 행동이나 감정에 큰 의미와 중요성을 부여하며, 발달을 조직하는 원동력의 역할을 한다고 본다. 따라서 다음에 제시되는 양상에 따라 관계는 달라진다고 본다.

① 상호작용의 내용

영유아–부모의 상호작용 내용에는 매일의 일과, 놀이, 애정, 훈육, 공유하는 흥미와 경험이 포함된다. 상호작용의 내용은 상호작용이 시작부터 끝까지 즐겁거나 갈등 없이 이루어졌는가에 따라 긍정적이거나 부정적인 성향을 띠게 된다.

② 상호작용의 다양성

영유아-부모 상호작용은 일상적인 돌봄에서 이루어질 수도 있고, 대화하고 노래하고 산책하며 폭넓게 이루어질 수도 있다. 어떤 부모에게는 일상적인 일과가 지루하고 반복적인 것처럼 보일 수도 있고, 다른 부모에게는 매번의 기저귀 갈이도 친밀함을 나누는 기회일 수도 있다.

③ 상호작용의 질

영유아-부모 관계에서의 질은 대부분 성인이 영유아의 신호에 얼마나 민감하게 반응하느냐에 달려 있다. 민감성은 신호를 받아들여서 정확하게 해석하고, 적절한 반응을 선택하여 적시에 전달하는 것을 포함한다.

④ 여러 유형의 상호작용이 일어나는 상대적 빈도와 패턴으로부터 나오는 질

행동은 영유아-부모의 관계 속에서 의미가 있다. 이는 행동이 일어나는 특정한 횟수 때문이 아니라 행동 빈도의 패턴이 의미를 갖기 때문이다. 예를 들어 영유아와 부모 간에 신체 접촉이 자주 일어나기는 하지만 부모가 원할 때만으로 한정된다면, 신체 접촉의 횟수는 적지만 영유아가 신체 접촉을 원하는 신호를 보낼 때, 그에 대한 반응으로 항상 이루어지는 것보다 영유아의 입장에서는 덜 만족스러울 것이다.

⑤ 상호작용의 상호보완성 및 상호성

상호보완적 상호작용(complementarity interactions)은 두 사람 간의 상이한 행동에 대한 협상이며, 상호작용(reciprocal interactions)은 두 사람이 유사한 행동을 하는 특성을 갖는다. 부모와 영유아가 조율되는 협력관계의 혜택을 보기 위해서는 서로가 서로의 행동을 조절할 수 있는 상호 관계의 기초를 형성하는 것이 중요하다.

⑥ 친밀감

친밀한 관계는 따뜻한 정서적 분위기, 상대의 존재로 인해 느끼는 안전감, 자진하여 상대의 안녕을 위해 행동하는 마음을 제공한다.

⑦ 대인관계에 대한 인식

관계는 관계가 자신과 상대에게 미치는 영향에 대해 서로 어떻게 인지하는지에 따라 달라진다. 이러한 인식이나 관계의 영향에 대한 평가는 그 사람의 정서적 이용 가능성과 자신과 상대방에 대한 인지적 이해에 따라 좌우된다.

⑧ 헌신

헌신은 오래 지속되는 관계에서 상대방을 위해 기꺼이 행동하고 상대방의 안녕을 위해 노력하는 마음을 들 수 있다.

이와 같은 관계중심 이론은 영유아와 성인 간 헌신과 친밀함의 깊이에 초점을 맞출 뿐만 아니라 영유아의 매 순간 경험의 질에도 초점을 맞춘다. 아울러 관계중심 이론은 모든 가능한 주변의 생태학적 체계가 영유아를 양육하는 관계에 미치는 영향을 중요시하기 때문에 포괄적이기도 하다(Emde & Robinson, 2000).

PART 2

보육과정 구성 및 운영

CHAPTER 3

보육과정의 구성

1. 보육과정의 구성 원리

표준보육과정은 「영유아보육법」(2005년 1월 30일부터 시행) 제29조 2항에 따라 '표준보육과정을 개발·보급하여야 함'이 명시되고, 2006년 11월 우리나라 최초로 국가 수준의 '표준보육과정'이 입법화(영유아보육법 시행규칙)되면서 '표준보육과정의 구체적인 보육내용 및 교사지침'이 2007년 1월에 처음 고시되었다. 그 후, 2012년 2월 제2차 표준보육과정, 2013년 1월 제3차 표준보육과정으로 개정 및 고시되었다.

2019년 9월, '공교육 혁신' 국정과제의 일환으로 보건복지부는 교육부와 공동으로 개별 유아의 다양한 특성을 고려하고, 유아의 자유놀이를 권장하며 현장의 자율성을 강화하는 방향으로 「3~5세 연령별 누리과정」을 개정하고, 현재 해설서 개발 등 후속작업을 추진하여 국정과제 50. 교실혁명을 통한 공교육 혁신 중 세부과제로서 학생 중심 교육과정 개편(유아·초등생 적정학습시간 및 휴식시간 보장 법제화 포함), 누리과정 개정 연구(2018~2019)에서 도출된 개정안을 바탕으로 「2019 개정 누리과정」을 고시하였으며(2019년 7월), 이를 2020년 3월부터 시행하였다.

표준보육과정은, 우리나라의 다양한 설립유형의 어린이집에서 영유아들이 경험하고 배우는 보육내용이 기본 수준 이상의 질을 보장받고, 지역, 기관, 계층 여하를 불문하고 어린이집을 다니는 모든 영유아에게 보편적인 보육과정을 제공함으로써 공공성을 지향하는 보육이념을 실제로 구현하기 위한 것이라고 할 수 있다. 보육과정은 출생 이후부터 만 5세까지의 영유아를 대상으로 발달 수준 및 요구에 적합한 보육의 내용과 영유아의 권리를 존중하는 것을 기본원리로 삼고 있다. 이에 따른 보육과정 구성의 중점은 다음과 같다.

① 영유아는 개별적인 특성을 지닌 고유한 존재임을 전제로 구성한다

모든 영유아는 타고난 기질이나 유전적 특성, 발달 속도 등 여러 측면에서 개인차를 지닌 존재이다. 영유아 개개인이 독특하고 고유한 존재로 존중받을 때 건강하게 잘 자랄 수 있으며, 집단 내 영유아 모두 서로 다른 개별적 특성을 지니고 있음을 알고 이를 고려하는 것이 중요하다. 모든 영유아는 어떠한 편견에 구애받지 않고 그 자체로서 존중받아야 한다.

② 0~5세 모든 영유아에게 적용할 수 있도록 구성한다

표준보육과정은 어린이집에 다니는 0~5세 모든 영유아에게 적용할 수 있도록 구성하였으며, 국가 수준의 보육과정으로서 어린이집에 다니는 0~5세 영유아가 경험해야 할 공통적이고 일반적 기준을 제시하여 모든 0~5세 영유아가 양질의 교육경험을 할 수 있도록 구성하였다. 모든 영유아란 연령, 발달, 장애, 종교나 가족구성, 지역 등의 사회·경제적 배경과 문화적 배경에 의해 배제되거나 차별받지 않는다는 것을 의미하며, 아울러 영유아의 관심사, 능력, 발달적 요구 등의 차이를 존중하여 구성하였다.

③ 추구하는 인간상 구현을 위한 지식, 기능, 태도 및 가치를 반영하여 구성한다

지식, 기능, 태도 및 가치는 보육과정 구성 과정에서 중요하게 고려해야 할 요소이며, 표준보육과정에서는 추구하는 인간상 구현을 위해 지식, 기능, 태도 및 가치를 영유아가 놀이하며 배우는 경험과 연계하여 제시하였으며, 지식, 기능, 태도 및 가치를 표준보육과정 전반에 반영하여야 한다. 따라서 영유아는 어린이집에서 즐겁게 놀이하며 배우는 과정을 통해 지식, 기능, 태도 및 가치를 자연스럽게 경험하며 형성할 수 있다. 교사는 영유아가 놀이 속에서 이러한 지식, 기능, 태도 및 가치를 자연스럽게 경험하면서 추구하는 인간상을 향하여 성장해 가도록 지원할 수 있다.

④ 표준보육과정은 다음의 영역을 중심으로 구성한다

개정된 0~1세 보육과정과 2세 보육과정은 기존 표준보육과정이 제시한 기본생활, 신체운동, 의사소통, 사회관계, 예술경험, 자연탐구 등의 6개 영역의 명칭을 그대로 유지하며, 각 영역은 영아가 보육과정을 통하여 자연스럽게 경험하거나 경험해야 할 보육내용을 6개 영역으로 나누어 제시하였다.

3~5세 보육과정(누리과정)은 기존 누리과정이 제시한 신체운동·건강, 의사소통, 사회관계, 예술경험, 자연탐구 등의 5개 영역의 명칭을 그대로 유지하며, 각 영역은 영유아가 보육과정(누리과정)을 통하여 자연스럽게 경험하거나 경험해야 하는 교육내용을 5개 영역으로 나누어 제시하였다.

각 영역을 분절하여 이해하거나 특정 교과 또는 연령별로 가르쳐야 하는 세부 내용으로 이해하지 않도록 유의할 필요가 있다. 영유아의 경험은 대부분 놀이를 통해 이루어지고 이러한 놀이는 각 영역 내용을 통합적으로 포함하고 있으므로, 영유아·놀이 중심 보육과정의 운영은 곧 각 영역의 통합적 실천으로 이해해야 한다.

1) 0~1세 보육과정과 2세 보육과정은 기본생활, 신체운동, 의사소통, 사회관계, 예술경험, 자연탐구의 6개 영역을 중심으로 구성한다.
2) 3~5세 누리과정은 신체운동 · 건강, 의사소통, 사회관계, 예술경험, 자연탐구의 5개영역을 중심으로 구성한다.

⑤ 0~5세 영유아가 경험해야 할 내용으로 구성한다

0~1세 보육과정은 6개 영역의 내용을 40개 내용으로, 2세 보육과정은 6개 영역의 내용을 43개 내용으로, 3~5세 보육과정(누리과정)은 5개 영역의 내용을 총 59개 내용으로 간략화하고, 이를 영유아가 경험해야 할 내용으로 명시하였다. 이러한 경험은 영유아가 직접 하는 것이므로 궁극적으로 표준보육과정은 영유아가 주체가 되는 보육과정을 말한다. 경험은 영유아가 생활하며 직접 체험한다는 점에서 추상적 지식이 아닌 보육과정의 실제를 의미하기도 하다. 영유아의 경험 대부분은 놀이를 통하여 이루어지므로, 교사는 영유아가 놀이를 통해 배우는 실제 내용을 존중하고 지원해 가면서 자연스럽게 영유아·놀이 중심 보육과정으로 실천할 수 있다.

⑥ 초등학교 교육과정과의 연계성을 고려하여 구성한다

표준보육과정은 먼저 0~2세 보육과정 내용과 3~5세 영유아의 경험이 분절되지 않고 자연스럽게 연계되도록 구성되었고, 초등학교 교육과정과의 연계를 위하여 교육내용의 계열성을 포함하여 체계와 형식을 통일하여 구성되었다. 추구하는 인간상, 목적과 목표 등에서는 초등학교 교육과정과 형식은 통일하되, 영유아기의 고유한 특성이 드러나도록 내용을 구성한다.

2. 보육과정의 목적과 목표

보육과정의 목적에서는 영유아기의 특성을 반영하여 표준보육과정이 지향해야 하는 바를 제시하여 표준보육과정의 목적 아래 제시된 목표는 영유아가 추구하는 인간상으로 성장하기 위해 필요한 사항을 중심으로 구성된다.

표준보육과정의 목적은 영유아가 놀이를 통해 심신의 건강과 조화로운 발달을 이루고 바른 인성과 민주 시민의 기초를 형성하는 데에 있다.

표준보육과정의 목적에서는 '놀이를 통해'라는 표현을 제시하여 영유아기의 고유한 특성을 강조하여 전통적으로 보육에서 강조해 온 '심신의 건강', '조화로운 발달'과 '민주 시민'의 가치를 반영하고 인성의 중요성이 사회 전반에 걸쳐 강조되고 있다는 점을 반영하여 이번 개정 표준보육과정의 목적에 '바른 인성'을 추가하였다.

표준보육과정의 다섯 가지 목표에서는 추구하는 인간상의 구체적인 내용을 설명하고 있으며, 이로써 표준보육과정의 추구하는 인간상, 목적, 목표는 체계적으로 연계되어 있다.

이를 실현하기 위한 0~2세 보육과정의 목표는 다음과 같이 설정하였으며 내용은 다음과 같다.

① 자신의 소중함을 알고, 건강하고 안전한 환경에서 즐겁게 생활한다

표준보육과정은 영아가 자신의 소중함을 알고, 건강하고 안전한 환경에서 즐겁게 생활할 수 있도록 돕는 것을 목표로 한다. 영아는 놀이를 통해 몸을 마음껏 움직이며 자신의 감정과 욕구에 귀를 기울여 조절하는 경험을 하여 영아에게는 일상에서 환경의 변화에 적응하는 데 필요한 건강하고 안전한 생활을 지속적으로 경험하는 것이 중요하다. 어린이집은 영아가 자신의 몸과 마음에 대한 긍정적인 생각을 키워, 자신을 소중히 여기는 사람으로 성장하도록 도와야 하며, 또한 영아가 자신의 신체 리듬에 맞게 생활하고, 위험한 상황에 대처하는 방법들을 배울 수 있도록 지원해야 한다. 표준보육과정을 통해 영아는 자신의 소중함을 알게 되고, 건강하고 안전한 환경에서 즐겁게 생활하는 경험을 하며 건강한 사람으로 성장해 나간다.

② 자신의 일을 스스로 하고자 한다

표준보육과정은 영아가 자신의 생각과 능력을 알아 가면서, 자신의 일을 스스로 하고자 하도록 돕는 것을 목표로 한다. 영아는 자신이 하고 싶은 놀이에 참여하고 다양한 시도를 통해 자신이 좋아하고 잘할 수 있는 일에 대해 알아 가며, 자신이 가진 여러 가지 능력을 알아가는 경험이 필요하다. 어린이집은 영아가 자신을 이해하고 소중히 여기며 자신의 일을 스스로 해결해 나가는 사람으로 성장하도록 도와야 한다. 표준보육과정을 통해 영아는 자신의 일을 스스로 하는 경험을 통해 자주적인 사람으로 성장해 나간다.

③ 호기심을 가지고 탐색하며 상상력을 기른다

표준보육과정은 영아가 주변 세계에 대한 호기심을 가지고 탐색하는 과정을 통해 풍부한 상상력을 기를 수 있도록 돕는 것을 목표로 한다. 놀이를 통해 영아는 독특한 상상을 하고 새로운 생각을 만들어 낸다. 어린이집은 영아가 주변 세계에 대한 호기심을 가지고 자유롭게 상상하며, 융통성 있는 발상의 전환을 지원하며, 표준보육과정을 통해 영아는 호기심을 가지고 상상력을 길러 창의적인 사람으로 성장해 갈 수 있다.

④ 일상에서 아름다움에 관심을 가지고 감성을 기른다

표준보육과정은 영아가 자연과 문화에 대한 감성을 바탕으로, 일상 속에서 아름다움을 느끼고 즐기는 마음을 가지도록 돕는 것을 목표로 한다. 영아는 자신이 느낀 아름다움과 경이로움, 감성을 예술적으로 표현하는 과정을 즐기며,

자연과 문화에 대해 열린 마음을 가지고 향유하는 경험이 필요하다. 어린이집은 영아가 놀이를 통하여 문화적 공감 능력과 감성을 키워 갈 수 있도록 도와야 하며, 표준보육과정을 통해 영아는 일상에서 아름다움을 느끼고 감성이 풍부한 사람으로 성장해 갈 수 있다.

⑤ 사람과 자연을 존중하고 소통하는 데 관심을 가진다

표준보육과정은 영아가 자연을 사랑하고 다른 사람을 존중하고 서로 소통하는 데 관심을 갖도록 돕는 것을 목표로 한다. 영아는 가족과 친구, 이웃과 관계를 맺고 필요할 때 도움을 주고받으며 살아가며, 영아는 자신과 생각이 다른 사람들과 갈등을 겪을 수도 있으나 이를 원만하게 해결해보는 경험과 영아가 놀이를 통하여 자연을 소중히 여기고 다른 사람과 소통하는 방법을 경험할 수 있는 기회를 제공해야 한다. 표준보육과정을 통해 영아는 사람과 자연을 존중하고 소통하는 태도를 길러 더불어 사는 사람으로 성장해 갈 수 있다.

3. 보육과정의 내용 선정 및 조직

1) 보육과정 내용의 선정

보육목표가 수립되면 그 목표를 달성하기 위한 과정으로 무엇을 가르칠 것인가에 대한 보육내용이 선정되어야 한다.

보육내용을 선정할 때 고려해야 할 원칙들은 다음과 같다.

첫째, 보육내용을 선정할 때에는 개념을 가장 기본적으로 중시하여 선정해야 한다. 여러 가지 내용 중 가장 중심적이고 영유아들이 편하게 받아들이고 이해하기 용이한 내용을 중심으로 선정해야 한다.

둘째, 보육목표를 성취할 수 있는 내용으로 구성해야 한다. 즉, 보육내용은 보육목표와의 일관성을 지녀야 한다.

셋째, 보육내용은 영유아들의 언어, 인지, 신체, 사회·정서 발달의 모든 영역을 통합하여 전인 발달을 도모할 수 있는 내용으로 선정해야 한다. 그러므로 발달 간, 영역 간 통합에 유의하여야 한다.

넷째, 보육내용은 직접 경험해 볼 수 있는 내용을 중심으로 영유아들의 실생활과 밀접하게 관련되도록 선정한다. 그러기 위해서 교사는 영유아의 발달시기에 적절한지, 욕구, 흥미 등은 반영되었는지, 심리적, 물리적, 환경적 요소들이 제대로 갖추어졌는지를 고려해야 한다.

2) 내용 선정의 원리

영유아를 위한 보육내용을 효율적으로 조직하기 위해서는 다음과 같은 선정 원리를 적용하여야 한다.

첫째, 계속성(continuity)의 원리이다. 영유아에게 한 가지 목표달성을 위해 한 번의 활동을 제공하는 것이 아니라, 다양하고 지속적인 경험을 제공하도록 보육내용을 조직하는 것을 말한다. 보육목표의 달성을 위해 보육과정의 여러 영역에서 반복적으로 내용을 경험하도록 하고 일상생활 속에서 경험이 확장될 수 있는 기회를 제공하도록 조직한다.

둘째, 계열성(sequence)의 원리이다. 연령이 높아질수록 학습경험이 단계적으로 깊어지고 넓어져서 보다 폭넓게 제공되는 것으로, 이는 보육의 내용이 제시되는 시간적 순서를 의미하며, 수직적 조직의 개념이다. 계열성을 반영하기 위해서는 단순한 내용에서 복잡한 내용으로, 친숙한 내용에서 점차 모르는 내용으로, 구체적 사실에서 추상적 개념으로 나아가는 것이 바람직하다. 즉, 동일 목표를 위한 활동이라도 영아에 비해 만 3세나 5세 유아를 위한 활동은 더욱 심화되고 폭넓은 내용의 활동이 되어야 한다는 것이다.

셋째, 통합성(integration)의 원리이다. 통합성의 원리는 영유아가 경험하는 활동들이 하나의 통합된 의미를 지니도록 내용을 조직해야 한다는 것이다. 영유아가 배운 내용을 일상의 다양한 상황 속에서 적용해 볼 수 있도록 보육내용을 조직하고, 전인적인 발달을 위해 통합적인 활동으로 운영하는 것이 중요하다. 통합적 조직의 접근은 다양한 영역의 내용, 개념 등을 통합된 전체 경험으로 제공할 수 있도록 조직하는 방법을 말하는데, 이러한 조직방법은 영유아에게 의미 있는 학습경험을 제공함으로써 흥미와 참여를 높이고 지식, 기술, 성향과 태도를 개발하는 데 효과적이므로 보육현장에서 활발하게 적용되고 있다(Brown, 1991; Katz & Chard, 1989).

4. 교수-학습 방법

교수-학습 방법이란 보육 내용을 영유아에게 어떻게 전달할 것인지에 대한 교사의 신념과 태도를 포함한다. 교사는 영유아의 발달 및 수준을 고려하고 주제별 특성을 반영한 교수-학습방법을 구성하며, 교수학습의 내용과 원리에 근거하여 실행해야 한다.

1) 영유아 교수-학습 원리

영유아 교수-학습을 보다 효율적으로 수행하기 위해서는 영유아의 발달적 특성과 흥미, 요구 등을 고려한 적절한 교수-학습 원리를 적용해야 한다.

보육교사들은 출근부터 퇴근까지 장시간 영유아들과 함께 지내야 하므로 새로운 보육내용이나 교수학습 방법에 대해 연구하고 새롭게 배울 시간적 여유가 극히 부족한 것이 현실이다. 그러나 교수-학습을 전개해 나가는 데 있어서 가장 효과적인 방법이 무엇이냐 하는 것은 획일적으로 결정될 수 없는 부분이므로 교사 스스로 자신과 자신이 맡고 있는 영유아의 특성에 맞추어 꾸준히 연구하는 것이 필요하다. 또한 각기 독특한 발달 특성을 지닌 영유아 대상이라는 점과, 연령이 어리면 어릴수록 감각이 모두 열려 있어 외부의 자극에 무척 민감하다는 점을 고려하여, 어떠한 교수방법을 왜, 언제, 어떻게 사용할 것인가에 대해 적극적으로 고민하고 심사숙고할 필요가 있다.

오랫동안 효과적인 교수학습 방법으로 직접적인 교수 방법과 간접적인 교수 방법이 관심을 가져왔다. 여러 교육전문가는 직접적인 방법이나 간접적인 방법이 개별 학습자의 욕구나 활동의 목표에 따라 달라질 수 있다고 이야기하였다. 따라서 보육목표와 방법 사이에 조화가 이루어질 때 영유아의 학습은 극대화되며 이러한 조화를 창조하기 위해서 가능한 교수전략과 활동 계획의 전략을 구체화하는 방법 또한 다양해야 한다.

교사의 교수 유형에 따른 교수-학습 방법을 살펴보면 다음과 같다.

2) 교수유형에 따른 교수-학습방법

교사는 하루 일과를 통해 영유아의 발달과 학습을 촉진하고 지원하는 역할을 수행하는데, 영유아와의 상호작용 시 교사의 교수유형은 비지시적 유형에서 지시적 유형에 이르기까지 다음과 같이 8가지로 구분할 수 있다(Bredekamp & Rosegrant, 1992).

(1) 조성하기(Facilitate)

조성하기는 영유아가 놀이할 때 다음 수준의 단계로 진행할 수 있도록 잠시 도움이 필요한 상황에 대하여 도움을 제공하는 것이다. 즉, 실외놀이 상황의 경우, 영유아가 자전거를 탈 때 균형을 잡을 수 있게 될 때까지 잠깐 자전거 뒤를 잡아주는 것을 의미한다. 조성하기는 어떤 상황에서든 행동의 시작과 끝을 영유아가 결정한다. 즉, 자전거 뒤를 잡아주는 상황에서 영유아 스스로 자전거를 잡아주거나, 놓을 때를 결정하여 교사에게 말하는 것을 의미한다.

(2) 함께 구성하기(Co-construct)

함께 구성하기는 비계설정하기보다 좀 더 지시적인 교수전략 유형으로 영유아와 교사가 함께 활동하는 것이다. 함께 구성하기 상황에서는 교사와 영유아가 모두 학습자이면서 동시에 교사가 된다. 예를 들면, 쌓기 놀이영역에서 동물원 놀이를 하기 위하여 교사가 영유아와 함께 동물원을 만드는 것, 역할놀이영역에서 신발가게 놀이를 하기 위하여 영유아는 신발가게 주인의 역할을 하고 교사는 신발을 사러 온 손님이 되어 함께 역할놀이를 하는 것이다.

(3) 인정하기(Acknowledge)

인정하기는 교사가 영유아의 활동에서 참여가 지속되도록 주의를 기울이고 긍정적으로 격려하는 것을 의미한다. 인정하기는 활동을 계속해서 참여하게 하는 효과가 있다. 그러나 칭찬을 과도하게 사용하게 되면 활동에 대한 영유아의 동기 유발을 감소시키게 된다.

(4) 시범 보이기(Demonstrate)

시범 보이기는 함께 구성하기보다 좀 더 지시적인 교수전략 유형이다. 교사가 영유아들 앞에서 직접 시범을 보이고, 영유아는 교사를 관찰하는 것이다. 시범 보이기는 활동의 안전성이 요구되거나, 잘못된 방향으로 진행될 것이 우려되는 경우의 적절한 교수전략 유형이다.

(5) 모델 보이기(Modeling)

모델 보이기는 교사가 교실에서 바람직한 행동 방법을 제시하는 것을 의미한다. 모델 보이기는 함축적인 형태와 명시적인 형태로 나타난다. 함축적인 모델 보이기의 예로는 교실이나 복도에서 뛰어다니지 않는 것이다.

(6) 지시하기(Direct)

지시하기는 가장 지시적인 교수전략 유형으로 교사는 영유아가 한 가지 방법으로 활동하도록 특별한 지시를 하는 경우로 시행착오 없이 학습이 이루어지도록 하기 위해 선택된다. 예를 들면, 요리활동에서 순서를 지시하여 요리를 하거나, 견학활동 시 정해진 순서대로 줄을 서고 행동을 지시하는 것과 같이 순서에 의해 완성하도록 명령하는 것이 지시하기 교수전략 유형에 해당된다.

(7) 지지하기(Support)

지지하기는 조성하기와 유사하지만 교사의 참여 정도 수준이 다르다. 어떤 상황에서 행동의 시작과 끝을 영유아가 통제하는 경우는 조성하기에 해당되고, 지지하기는 영유아와 교사가 함께 시작과 끝을 결정하는 상황을 말한다. 예를 들면, 지지하기에서는 교사가 자전거 뒤를 붙잡아줄 때 자전거 뒤를 붙잡아주거나 놓을 때를 영유아와 교사가 함께 결정한다.

(8) 비계 설정하기(Scaffold)

비계 설정하기는 교사가 도전적 활동을 준비하고 영유아가 현재의 능력에 따라 활동하도록 도움을 주어 현재의 발달수준을 높이기 위한 도움을 제공하는 교수전략이다. 영유아의 잠재적 가능성에 도달하는 목표를 달성하려면 비계 설정하기는 필수적이다. 발달에 적절한 교육과정과 평가는 항상 영유아의 현재 발달수준을 고려하여 영유아의 발전 가능한 목표에 달성할 수 있도록 계획되어야 한다.

이상의 8가지 교수전략은 영유아를 위해 교실에서 나타나는 필수적인 구성요인이다. 가장 적절한 교수전략 유형의 결정은 학습 상황과 영유아 특성에 따라 달라진다. 지시의 강도 측면에서 연속선상으로 배열될 수 있는 이들 8가지 교수전략 유형 외에 가장 지시적인 교수전략 행동으로 '강요하기 또는 방해하기'를 들 수 있다.

5. 평가

1) 평가의 개념

평가란 교육목표에 따른 실행된 교육내용에 대한 경험이 실제로 의도한 목표를 얼마나 달성하고 있는가를 확인하는 단계로, 계획의 강점과 약점을 찾아내고 프로그램의 기본 설계가 타당한가를 되물을 수 있다. 보육과정 평가는 영유아의 발달 평가, 즉 변화의 내용과 정도를 파악하는 과정을 포함하여 보육과정 운영에 대한 평가, 보육프로그램에 대한 평가 등으로 이루어진다.

2) 평가의 기능

보육평가의 중요한 의미는 보다 질 높은 보육을 실현하기 위함이라고 할 수 있다. 이에 평가의 기능에 대해 보다 자세히 살펴보면 다음과 같다(황해익, 임재택, 2005).

첫째, 보육목표 달성도를 파악하는 기능을 한다. 계획한 보육목표의 달성을 위해 전개된 보육활동을 통해 얻어진 보육 성과를 살펴볼 수 있다.

둘째, 영유아를 지도하는 교사의 교수-학습방법을 개선하는 기능을 한다. 객관적이고 타당한 영유아 평가결과는 영유아의 수준에 적합한 교수-학습 방법을 개선하고 반성하는 자료가 된다.

셋째, 영유아를 이해하기 위한 기초 자료를 수집하는 기능을 한다. 평가는 영유아의 생활지도와 학습지도에 있어서 기초가 되는 자료를 제공하는 역할을 한다. 관찰 및 여러 가지 검사를 통한 평가는 영유아의 문제를 조기에 발견하고, 이들의 성장과 발달을 이해하고 효과적으로 지도하도록 하는 데 기초 자료로 활용된다.

넷째, 부모에게 영유아를 이해하기 위한 자료를 제공하는 기능을 한다. 자녀의 보육 성과를 부모에게 전달하여 영유아에 대한 이해를 높이고 가정에서도 영유아를 효과적으로 양육하고 지도할 수 있도록 한다. 그러나 부모에게 전달되는 자료는 부모와의 면담 자료로 사용되고, 영유아의 전체 발달을 이해하기 위한 보조자료로만 사용되는 것이 바람직하다.

다섯째, 영유아 보육활동의 개선 방안을 모색하는 기능을 한다. 영유아 보육목표가 얼마나 성취되었는가를 밝혀 보육활동의 전반적인 과정을 개선하고, 영유아 개인차에 대한 결과를 분석하여 후속 활동을 계획하고 활동의 개선 방안을 모색하기 위해 평가를 한다.

3) 평가의 기준

보육평가는 영유아 보육의 목표 달성 수준을 알아보는 과정이며, 객관적 자료수집을 통해 영유아의 행동을 과학적으로 이해하는 수단이다(서영숙외, 2006). 따라서 보육과정 평가는 다음의 기준에 의해 이루어져야 한다(최국남 외, 2002).

첫째, 평가는 무엇을 평가해야 하는가이다. 평가는 보육과정에서의 영유아 발달과 학습과정, 결과 등을 내용으로 해야 한다.

둘째, 평가는 어떻게 해야 하는가이다. 평가방법은 크게 영유아 평가와 프로그램 평가로 나누어 할 수 있다. 영유아 평가방법은 보육활동을 통하여 나타나는 영유아의 행동을 객관적이고, 타당하며 신뢰성 있는 자료를 얻기 위하여 주로 관찰을 통한 사례연구와 발달에 관한 행동목록법, 영유아 작업결과물, 면담, 교사제작 검사, 표준화검사, 자기평가 등의 방법이 활용된다. 프로그램 평가방법은 보육과정의 계획에서부터 실시, 평가 자체에 이르기까지 절차, 내용, 운영 등에 대한 평가이다.

셋째, 나타나는 결과를 어떻게 활용할 것인가이다. 평가결과는 교사들에게 직무를 성공적으로 수행할 수 있는 유용한 정보를 제공해주며, 부모와 자녀의 관계를 지원해 주어야 한다.

4) 평가 대상에 따른 평가방법

보육과정 평가의 대상은 영유아, 교사, 보육환경으로 나누어 살펴볼 수 있다. 이는 보육과정의 목적을 달성하고자 하는 점에 있어서 동일할 수 있으나, 대상이 달라 평가방법이 달라질 수 있기 때문이다. 영유아, 교사, 보육과정 운영에 대한 평가로 살펴보면 다음과 같다.

(1) 영유아 평가

영유아에 대한 평가는 보육과정에 가장 중요한 부분으로 여겨왔으며, 영유아 개인의 특성 및 능력에서 개인차이, 영유아의 발달 정도, 보육활동의 효과 등을 평가하여 보육과정에 반영함으로써 개별 영유아의 발달을 최대화하고자 하는 것이다(황해익, 2004). 영유아를 대상으로 하는 평가는 일상생활에서 자연스러운 놀이활동의 맥락 속에서 이루어져야 한다. 영유아가 놀이하고 생활하는 공간에서 이루어지는 평가는 영유아의 다섯 가지 영역에서의 발달수준, 학습에 대한 흥미, 정서, 이해수준, 성향, 기술 등을 이해하는데 용이하다. 또한 영유아의 발달 정도는 한두 번의 평가로 파악하기 어려우므로 지속적인 평가여야 한다. 영유아에 대한 평가방법 유형은 관찰법, 검사법, 면담법, 작품분석, 포트폴리오 등으로 구분될 수 있다.

① 관찰법

관찰을 통해 얻어진 영유아에 대한 정보는 영유아를 위한 교수전략으로 연결된다. 관찰 시에는 영유아의 활동에 방해되거나 제한적이지 않도록 관찰해야 한다. 관찰을 통해 영유아가 필요로 하는 내용이 무엇인지 알고 주어진 상황에서 문제를 해결하는 방법과 수준을 파악할 수 있다. 관찰의 경우도 특정한 행동에 대한 관찰에 초점을 두어, 보다 형식적이고 계획된 관찰을 하여 기록할 수도 있다. 관찰법으로는 일화기록법, 행동목록법, 평정척도법, 사진, 녹음, 녹화 등이 포함될 수 있다(Schickedanz, 1990). 이 중에서 일화기록법, 행동목록법, 평정척도의 내용은 다음과 같다.

● **일화기록법**(anecdotal record)

일화기록법은 짧은 내용의 사건이나 행동을 시간 순서대로 기록하는 방법이다. 개인의 특성을 인정하고 이해하기 위하여 그 개인이 나타낸 구체적인 행동사례나 어떠한 사건에 관련된 관찰기록을 상세히 기록하는 방법이다. 일화기록방법은 기사내용을 쓰듯이 사실적으로 무슨 상황이 언제, 어디서, 어떻게, 왜 일어났으며, 영유아가 그 상황에서 무슨 말을 하고 행동했는지를 적는 것이다. 관찰자가 관심이 있는 특정한 행동이나 영역에 초점을 두고 관찰하여 기록할 수 있다. 기록은 상황 자체에 대한 아무런 정보가 없는 사람이 읽어도 그 사건이나 상황을 확실히 알 수 있도록 주변 상황과 주요인물의 말 등을 사실적으로 기록하는 것이다.

● **행동목록법**(checklist)

보육교사나 관찰자가 영유아의 기술이나 행동 혹은 발달 특성이 나타났는지를 알아보고 싶을 때 쓰이는 관찰방법이다. 보육교사는 관찰 전에 관찰할 행동특성에 대한 항목을 정리해 두고, 이 행동 특성의 출현 여부에 초점을 두어 체크하는 방법이다. 예를 들면, 사회성 발달에 대한 관찰 시 사회성 영역에 관련된 여러 가지 행동 중에서 특정한 행동 특성들을 관찰하고 싶다면, 이러한 행동이 나타났을 때 관찰표시란에 체크를 하는 방식으로 이루어지는 것이다. 즉, 체크리스트는 단순한 행동들의 리스트로 중요하게 생각되는 행동의 여부를 확인하기 위한 것이며, 이 방법은 영유아행동을 쉽게 판단할 수 있고 시간이 절약되는 장점이 있다. 그러나 미리 정해놓은 항목 이외의 중요한 행동을 놓치기 쉬우며, 행동의 빈도나 지속시간, 특성에 대한 자세한 정보를 주지 못한다는 단점이 있다.

● **평정척도**(rating scale)

관찰자가 사전에 관찰하려는 행동영역을 미리 알고 있을 때 사용되며, 행동의 출현 여부뿐만 아니라 행동의 수준을 등급으로 구분해서 알고자 할 때 사용된다. 평정척도는 영유아의 어떠한 행동 정도나 특성의 정도를 몇 단계로 나누어 평정하며, 주로 3점 척도, 5점 척도, 7점 척도를 사용한다. 평정의 간격은 일정하고, 똑같은 간격의 단위, 점수, 숫자 등을 사용할 수 있다. 주로 영유아의 인성, 사회성, 신체 발달평가에 주로 사용되며, 영유아의 전체적 발달평가에 유용하게 쓰일 수 있다. 교사가 영유아의 행동을 관찰하여, 행동 정도를 판단하는 시간이 행동목록보다 상대적으로 더 소요된다.

② 검사법

● **표준화 검사**

표준화 검사는 검사의 목적, 내용, 대상, 실시절차, 실시조건, 채점 및 결과해석이 표준화되어 있다. 표준화 검사는 모든 영유아를 신뢰도가 높고 세부적 지침과 기준이 동일한 평가도구로 측정할 수 있어 영유아의 발달 정도, 특성을 객관적으로 평가하기에 적절하다는 장점을 가지고 있으며, 반면 그로 인해 서열화를 부추기는 결과를 갖게 된다. 또한 표준화 검사를 실시하는 동안 손톱 물어뜬기, 울기, 과제수행 거절과 같은 스트레스 관련행동이 증가하므로 영유아의 평가방법으로 바람직하지 않은 측면도 있다. 따라서 다른 평가도구에 보완을 하는 역할로 사용하거나 진단적 정보로 사용하는 등 원래 표준화도구의 목적에 부합되게 평가결과가 사용된다면 표준화 검사가 유용하게 사용될 수 있다.

● 교사제작 검사

교사가 생각한 특정한 부분을 평가하고 싶으나, 이를 평가할 수 있는 적절한 도구가 개발되어 있지 않은 경우, 교사가 직접 제작하여 사용할 수 있다. 즉, 특정 영유아가 당면하고 있는 특정한 공간에서 보이는 행동에 대해 평가를 내릴 수 있는 적절한 도구를 찾기 어려울 때 사용할 수 있는데, 교사들이 제작·개발한 평가방법을 적용할 경우 실제적인 도움이 있는 좋은 평가도구가 될 가능성이 있다. 비용이 적게 들고, 검사의 실시, 채점 및 해석에서 전문가의 도움을 받지 않아도 되지만, 검사 문항을 선정하고 작성하는 데 시간이 오래 걸리고, 수집된 자료의 객관성과 타당도가 낮을 수 있다는 단점이 있다.

③ 면담법

면담은 언어를 매개로 하여 영유아나 부모로부터 여러 가지 정보를 수집하는 방법이다. 면담은 이미 결정된 닫힌 질문이나 열린 질문들을 통해 이루어지게 되며, 특히 부모면담과 같이 공식적인 일정에서 일어나기 쉽다. 그러나 비형식적이고 비공식적인 면담 등은 등·하원 시간에 자주 이뤄질 수 있어 보육시설에서 매우 유용하다. 면담법은 상대방의 진실하고 사적인 내용까지 파악할 수 있으며, 다른 평가와 병행하여 함께 사용할 수 있다. 이를 통해 얻어진 정보는 서면으로 얻어진 정보보다 정확하고 신뢰성 있는 정보를 제공한다. 그러나 피면담자와의 라포(rapport)형성이 선행되어야 하며, 한 번에 많은 수의 대상과 면담할 수 없어 시간이 오래 걸린다. 또한 대상자의 표정이나 몸짓 등에 왜곡된 평가를 할 가능성이 있으며, 면담 시 질문이 명확하지 못할 경우, 면담의 대상자가 대답할 수 없는 경우, 대답을 하지 않으려고 하는 경우에는 수집된 정보가 정확하지 않을 수 있다.

④ 작품분석

영유아의 작품을 분석하는 것은 영유아의 행동 특성과 발달수준을 평가할 수 있는 중요한 방법이다. 이 평가방법을 유익하게 활용하려면 영유아의 다양한 작품을 정기적·체계적으로 수집해야 하며, 수집된 작품에는 날짜와 그 작품에 대한 영유아의 설명이나 태도 등을 기록해 두어야 한다. 영유아의 대화기록, 그림, 말을 받아 쓴 것이나 녹음자료, 사진, 입체물, 기타 작품의 표본 등을 포함할 수 있다. 이 평가방법은 자료를 수집할 때 시간이 많이 소요되지 않고, 영유아의 변화과정을 판단할 수 있는 직접적인 근거가 되며, 감정이나 성향 등 사회·정서적인 부분의 평가도 가능하다는 장점을 가지고 있다. 그러나 입체작품이나 녹음자료를 수집하기가 쉽지 않으며 보관에도 어려움이 따르는 단점도 있다.

⑤ 포트폴리오

포트폴리오(portfolio)란 영유아의 발달과 학습에 관한 기록과 증거를 시간의 흐름에 따라 구체적인 목적을 갖고 조직적으로 모아놓은 것으로 작품의 수집·분석보다 더욱 다양한 각도로 평가 자료를 수집하여 영유아의 지식, 기술, 태도 등을 판단하는 평가방법이다. 이 방법은 화가, 사진작가, 디자이너 등 창작활동을 하는 작가들이 자신의 작품과 재능을 보여주기 위해 오랫동안 사용해온 방법이 교육평가영역으로 확대·사용된 것이다. 따라서 평가영역에서 포트폴리오는 영유아의 수행과 작품을 다양하게 수집함으로써 영유아 전체 학습과정을 보여주며, 성장과정을 이해하는 데 도움을 준다.

(2) 교사평가

보육현장에서는 대부분 비형식적 평가방법을 강조하여 이를 실행할 수 있는 교사의 전문적 자질이 중요하게 고려되고 있다. 영유아를 통합적으로 이해하기 위해서는 형식적 평가와 비형식적 평가의 과정 전반에 대한 경험과 지식, 태도가 필요하며, 평가 시기는 보육활동이 이루어지는 전체 과정 동안 주기적이고 지속적으로 이루어져야 한다. 교사평가의 목적은 첫째, 교사의 책임을 성실히 수행하고 있는지를 판단하기 위해서이다. 둘째, 교사의 전문성 신장을 위해서이다. 셋째, 인사관리에 있어서 판단 기준을 만들기 위해서라고 볼 수 있다.

교사평가는 자신이 스스로 하는 자기평가와 동료교사와 원장 등 다른 사람에 의해 평가받는 타인에 의한 평가가 있다. 이를 살펴보면 다음과 같다(문미옥, 2008).

① 자기평가

● 자기평가척도를 사용하는 평가

보육교사는 타성에 빠지지 않도록 노력하는 자세가 필요하다. 그러기 위해서는 정기적으로 반성하는 사고로 자기 스스로 보육과정 운영 능력과 실천에 대한 평가가 필요하다. 다양한 자기평가척도를 사용하여 평가를 시행하면서 정기적으로 본인의 교수행위에 대해 자발적으로 체크해 보는 것은 반성적 사고를 도모함으로써 능률적이며, 바람직한 교사로서의 성장을 돕는다.

● 반성적 저널 쓰기

보육교사의 반성적 사고를 향상하는 반성적 저널 쓰기는 교사로 하여금 잠재된 가치관들을 드러내어 검토하고 분석할 수 있는 기회를 제공한다. 저널 쓰기는 자신이 무엇을 하는지, 무엇을 해야만 하는지, 무엇을 느끼는지, 무엇이 부족한지, 왜 하는지를 고려하며, 반성적 사고를 한다는 점에서 보다 전문성을 요구할 수 있다. 주된 인물, 해결해야 할 문제나 갈등, 문제의 해결과 관련된 사건 등을 기본 구조로 하여 저널을 쓰게 하는 것은 반성적 사고를 향상시키는 데 효과적이다. 저널 쓰기는 교실에서 일어나는 교사와 관련된 실천행위를 스스로 관찰, 분석, 평가할 수 있는 수단이 되며, 교사가 자율적 의사결정자가 되도록 도와준다(박은혜, 2009).

② 타인에 의한 평가

● 교사의 평가도구를 활용한 동료평가

동료 간의 평가는 자칫 경쟁적이고 위협적일 수 있다. 특히 선배교사와 후배교사 간의 동료평가는 진실한 평가가 이루어지기 어려울 수도 있겠으나 열린 시각으로 받아들일 경우, 자신을 객관적인 시각에서 판단할 수 있는 자기 발전의 계기가 될 수 있다.

● 수업분석

수업분석은 동료교사의 수업 과정 또는 관련 사례를 분석해 보는 방법이다. 보육 교사들은 자신의 교실에서 한정되어 활동함으로 인해 다른 동료의 수업을 관찰하거나 자신의 수업에 대해 동료로부터 조언을 얻을 시간이 많지 않다. 또한 좀처럼 공개하기 어려운 자신의 수업을 동료에게 공개하는 것에 자칫 부담이 발생할 수 있고, 수업분석을 통한 동료 장학 시 자신의 수업활동을 잘 보이기 위한 준비에 치우쳐 나머지 보육활동의 중요한 내용과 운영을 간과할 수 있다. 그러나 자신의 수업활동 사례분석을 통해 자신의 교수행위를 객관적으로 살펴볼 수 있고, 교실에서 교사가 무엇을 생각하고 실제로 무슨 일이 일어났는지 알게 되며, 동료교사의 피드백을 얻을 수 있기 때문에 교사의 반성적 사고를 기르는 데 도움이 되고, 진정한 자기발전의 기회로 삼는 수업분석이 실행되도록 해야 할 것이다.

(3) 보육과정 운영에 대한 평가

보육과정 운영에 대한 평가는 교사가 보육과정을 계획하는 일에서부터 교사가 수행한 모든 과정을 포함한다. 이러한 운영에 대한 평가는 타당한지, 효율적인지, 적절한지에 대한 평가로 보육과정 실제의 전반적인 측면에서 영유아, 부모, 그리고 관련 행정가들에게 유용한 정보를 줄 수 있다. 예를 들어 보육시설의 현황, 지역사회의 분위기, 보육 수요자의 요구를 종합적인 분석과 보육 목표와 계획에 대한 평가, 편성과 운영에 대한 평가를 포함한다.

보육시설에서 계획한 프로그램이 요구 분석을 통해 밝혀진 요구와 어느 정도 부합되는지를 평가한다. 이 과정에서의 주된 과제는 사전에 설정된 목표와 이를 달성하기 위해 설계한 목표, 내용 및 방법 등을 비교 분석하는 것이다. 필요한 인적 · 물적 자원을 확보하기 위한 전략과 절차, 실행 가능성, 경제성 등도 분석 검토한다. 특히, 형성평가를 통해 평가자에 의해 운영과정 중 실제 어떤 일이 일어났는지 과정을 평가하거나 교수학습방법을 개선할 목적으로 실시된다. 반면에 보육프로그램을 계속 실시할 만한 가치가 있는지 평가하기 위해 총괄평가를 실시한다. 총괄평가는 주로 보육목표와 관련된 측정 가능한 준거를 설정하여 사전에 결정된 표준과 비교하며 요구 분석, 프로그램 계획, 형성평가 과정에 관한 정보에 비추어서 성과를 해석하는 과정을 거친다. 이러한 과정은 보육시설뿐만 아니라 가정 및 지역사회 등 사회문화적 생활 체계와 관련지어 총체적으로 평가하는 과정을 포함한다(양옥승 외, 1999).

2018년 12월 11일 「영유아보육법」 개정안이 공포됨에 따라 2019년 6월 12일부터 어린이집 평가제가 시행되었다. 평가제 시행은 지금까지 평가인증을 신청한 어린이집에 한해서만 이루어진 어린이집 질 관리가 전국 모든 어린이집으로 확대되었다는 점에서 의미가 크다.

평가제 시행에 따른 평가지표는 다음과 같다.

● 평가지표 세부 평가항목

평가 영역	평가 지표	평가항목
1. 보육 과정 및 상호 작용 (18)	1–1 영유아 권리존중 (2) 필수	1. 교사는 영유아를 존중한다.
		2. 교사는 영유아를 차별 없이 대한다.
	지표등급	우수 'Y'가 2개, 보통: 'Y'가 1개, 개선필요: 'Y'가 0개
	1–2 보육 계획 수립 및 실행 (6)	1. 표준보육과정을 바탕으로 어린이집의 철학을 반영하는 보육계획을 수립한다.
		2. 영유아가 편안한 분위기에서 일상경험을 할 수 있도록 운영한다.
		3. 하루 일과에서 영유아의 놀이가 충분히 이루어지도록 한다.
		4. 바깥놀이 시간을 매일 충분히 배정하여 운영한다.
		5. 특별활동은 운영 지침에 따라 운영한다.
		6. 장애인영유아 장애영유아를 위한 관련 서비스(치료지원 포함)를 일과 중에 통합적으로 제공한다.
	지표등급	(일반) 우수 'Y'가 5개, 보통: 'Y'가 3–4개, 개선필요: 'Y'가 2개 이하 (장애) 우수 'Y'가 6개, 보통: 'Y'가 3–5개, 개선필요: 'Y'가 2개 이하
	1–3 놀이 및 활동 지원 (3)	1. 교사는 놀이와 활동이 영유아의 자발적 선택에 의해 주도적으로 이루어지도록 격려한다.
		2. 교사는 영유아의 놀이 상황을 관찰하면서 놀이와 관련된 상호작용으로 한다.
		3. 영유아의 다양한 놀이와 활동에 필요한 자료를 제공한다.
	지표등급	우수 'Y'가 3개, 보통: 'Y'가 2개, 개선필요: 'Y'가 1개 이하
	1–4 영유아 간 상호 작용 지원 (4)	1. 교사는 영유아의 감정에 공감하고 스스로의 감정을 다룰 수 있도록 돕는다.
		2. 교사는 영유아가 일상에서 자신의 의견, 생각 등을 또래와 나눌 수 있도록 격려한다.
		3. 교사는 영유아가 적절한 약속과 규칙을 지키도록 격려한다.
		4. 교사는 영유아 간 다툼이나 문제가 발생할 경우 다양한 해결방식을 사용한다.
	지표등급	우수 'Y'가 4개, 보통: 'Y'가 2–3개, 개선필요: 'Y'가 1개 이하

평가 영역	평가 지표	평가항목
1. 보육 과정 및 상호 작용 (18)	1-5 보육 과정 평가 (3)	1. 반별 보육일지에 하루 일과 및 놀이실해에 대한 기록이 있고, 필요한 경우 그 내용을 다음 놀이 지원 및 활동 계획에 반영한다.
		2. 영유아의 일상생활, 실내외 놀이 및 활동에 대한 관찰 내용을 기록하고, 영유아의 발달특성과 변화를 평가한다.
		3. 원장은 각 반별 보육과정 운영에 대한 평가를 통해 어린이집 전체 보육과정 운영을 파악하고 있다.
	지표등급	우수 'Y'가 3개, 보통: 'Y'가 2개, 개선필요: 'Y'가 1개 이하
1영역 등급		(우수) '우수' 등급 지표가 4개 이상(필수 포함) (보통) '우수' 및 '개선필요' 등급에 해당하지 않는 경우 (개선필요) '개선필요' 등급 지표가 1개 이상

평가 영역	평가 지표	평가항목
2. 보육 환경 및 운영 관리 (14)	2-1 실내공간 구성 및 운영 (4)	1. 보육실 내 놀이영역은 영유아의 연령, 발달특성 및 놀이를 반영하여 구성한다.
		2. 실내 시설 및 설비가 영유아의 발달수준에 적합하다.
		3. 영유아의 요구를 충족하는 보육실 이외의 별도의 공간을 마련하고 있다.
		4. 비용과 활동자료를 보관하는 별도의 공간이 있고 체계적으로 정리하고 있다.
	지표등급	우수 'Y'가 4개, 보통: 'Y'가 2–3개, 개선필요: 'Y'가 1개 이하
	2-2 실외공간 구성 및 운영 (3)	1. 옥외놀이터 등을 구비하고 있다.
		2. 영유아의 발달을 지원하는 다양한 놀이 및 활동자료가 준비되어 있다.
		3. 영유아의 발달에 적합한 다양한 바깥놀이 및 활동이 이루어진다.
	지표등급	우수 'Y'가 3개, 보통: 'Y'가 2개, 개선필요: 'Y'가 1개 이하
	2-3 기관 운영 (3)	1. 모든 반을 편성 규정에 맞게 운영하고 있다.
		2. 어린이집 운영계획을 수립하여 부모에게 안내한다.
		3. 신규 보육교직원에게 오리엔테이션을 실시하고 있다.
		4. 신입 영유아 적응을 위한 지원을 하고 있다.
	지표등급	우수 'Y'가 4개, 보통: 'Y'가 2–3개, 개선필요: 'Y'가 1개 이하
	2-4 가정 및 지역사회와의 연계 (3)	1. 어린이집을 개방하여 다양한 부모참여과 교육이 이루어진다.
		2. 평소 가정과 다양한 방법으로 소통하고 정기적인 개별면담을 통해 가족을 지원한다.
		3. 지역사회와 연계한 다양한 활동을 실시하고 있다.
	지표등급	우수 'Y'가 3개, 보통: 'Y'가 2개, 개선필요: 'Y'가 1개 이하
2영역 등급		(우수) '우수' 등급 지표가 3개 이상 (보통) '우수' 및 '개선필요' 영역에 해당하지 않는 경우 (개선필요) '개선필요' 등급 지표가 1개 이상

평가 영역	평가 지표	평가항목
3. 건강·안전 (15)	3-1 실내외 공간의 청결 및 안전(3)	1. 실내외 공간을 청결하고 쾌적하게 관리한다.
		2. 실내외 공간과 설비를 위험요인 없이 안전하게 관리한다.
		3. 실내외 공간의 놀잇감 및 활동자료와 위험한 물건을 안전하게 관리한다.
	지표등급	우수 'Y'가 3개, 보통: 'Y'가 2개, 개선필요: 'Y'가 1개 이하
	3-2 급·간식 (3)	1. 영야의 균형을 고려한 급·간식을 제공하고 있다.
		2. 식자재의 구입·보관 및 조리공가늘 위생적으로 관리하고 있다.
		3. 조림 및 배식과정을 청결하고 위생적으로 관리하고 있다.
	지표등급	우수 'Y'가 3개, 보통: 'Y'가 2개, 개선필요: 'Y'가 1개 이하
	3-3 건강 증진을 위한 교육 및 관리(3)	1. 손 씻기, 양치질 등 청결한 위생습관을 실천한다.
		2. 교사는 영유아의 건강상태를 살펴보고 적절하게 지원한다.
		3. 영유아와 보육교직원의 건강증진을 위한 예방관리와 교육을 실시한다.
	지표등급	우수 'Y'가 3개, 보통: 'Y'가 2개, 개선필요: 'Y'가 1개 이하
	3-4 등·하원의 안전 (3)	1. 교사는 영유아의 출석을 확인하여 인계규정에 따라 귀가히도를 한다.
		2. 영유아는 등원부터 하원까지 성인의 보호하에 있다.
		3. 등·하원용 차량을 운행할 경우 안전오견을 갖추어 관리한다.
	지표등급	우수 'Y'가 3개, 보통: 'Y'가 2개, 개선필요: 'Y'가 1개 이하
	3-5 안전교육과 사고 예방 (3)	1. 영유아를 대상으로 안전교육을 지속적으로 실시하고 있다.
		2. 보육교직원은 안전교육을 받고 영유아 학대 예방 지침을 준수한다.
		3. 안전설비를 비상시 효율적으로 사용할 수 있도록 관리하고 있다.
	지표등급	우수 'Y'가 3개, 보통: 'Y'가 2개, 개선필요: 'Y'가 1개 이하
3영역 등급	(우수) '우수' 등급 지표가 4개 이상(필수 포함) (보통) '우수' 및 '개선필요' 영역에 해당하지 않는 경우 (개선필요) '개선필요' 등급 지표가 1개 이상	

평가 영역	평가 지표	평가항목
4. 교직원 (12)	4-1 원장의 리더십 (3)	1. 원장은 자신의 전문성 향상을 통해 어린이집 발전에 기여한다.
		2. 원장은 보육교직원을 존중한다.
		3. 원장은 건전한 조직문화 조성을 위해 노력한다.
	지표등급	우수 'Y'가 3개, 보통: 'Y'가 2개, 개선필요: 'Y'가 1개 이하
	4-2 보육 교직원의 근무 (3)	1. 교사를 위한 별도 공간을 마련하고 있다.
		2. 교사를 위한 개인사물함과 업무지원 설비를 마련하고 있다.
		3. 성인용 화장실을 영유아용과 별도로 설치하여 사용하고 있다.
	지표등급	우수 'Y'가 3개, 보통: 'Y'가 2개, 개선필요: 'Y'가 1개 이하
	4-3 보육 교직원의 처우와 복지 (3)	1. 보육교직원의 복무와 보수에 관한 규정이 있으며, 이를 준수하고 있다.
		2. 교사의 직무스트레스를 예방하고 관리할 수 있는 서비스를 안내 및 제공한다.
		3. 보육교직원을 위한 복지제도를 운영하고 있다.
	지표등급	우수 'Y'가 3개, 보통: 'Y'가 2개, 개선필요: 'Y'가 1개 이하
	4-4 보육 교직원의 전문성 제고 (3)	1. 보육교직원의 전문성 제고를 위한 다양한 교육 기회를 부여하고 있다.
		2. 교사의 상호작용에 대한 관찰과 지원을 실시하고 있다.
		3. 교사에 대한 근무평가를 실시하고 있다.
	지표등급	우수 'Y'가 3개, 보통: 'Y'가 2개, 개선필요: 'Y'가 1개 이하
4영역 등급	(우수) '우수' 등급 지표가 3개 이상 (보통) '우수' 및 '개선필요' 등급에 해당하지 않는 경우 (개선필요) '개선필요' 등급 지표가 1개 이상	

CHAPTER 4

보육과정 운영

1. 보육과정 운영계획

영유아의 발달 수준과 흥미, 경험과 적합한 보육 내용이 실행되도록 하기 위해서 영유아에게 적합한 보육 계획이 준비되어야 한다. 영유아들은 급속한 성장과 성숙이 일어나기 때문에 보육교사는 영유아의 발달 수준 및 개인적 특성을 정확하게 분석하고 이해하며, 영유아의 발달 수준에 적합한 보육과정 계획을 수립해야만 목표로 세운 보육을 실행할 수 있다. 일반적으로 보육과정은 보육 대상의 연령, 성별, 사회문화적인 배경 등을 고려하여 계획되지만, 특히 영유아는 개인차가 크기 때문에 영유아 개별적인 특성과 생활문화를 배려하는 융통성 있는 보육과정 계획 수립이 요구된다.

「2007 개정 유치원 교육과정」에서는 교육과정을 "학습자에게 제공할 학습경험을 미리 선정하고 조직하여 교육경험의 질을 구체적으로 관리하는 교육의 기본 설계도"라고 정의하고 있다. 또 「2015 초 · 중등학교 교육과정」에서는 교육과정을 "학교의 교육 목적 및 목표를 달성하기 위해 교육 내용 또는 학습 경험을 선정하고 조직하고 실천하고 평가하는 제 행위"라고 정의하고 있다. 이와 함께 교육과정을 "학생이 경험하는 총체 또는 학교가 제공하는 경험의 총체"라는 광의의 의미로도 정의하고 있다. 2019 개정 누리과정에서는 교육과정에 대한 이러한 다양한 해석을 바탕으로, 교육과정이 '교육 목표를 달성하기 위해 교육 내용을 선정 · 조직하는 방식'임을 고려하면서, '유아가 경험하는 총체'임에 중점을 두고 교사와 유아가 함께 만들어가는 교육과정의 중요성을 강조하였다. 따라서 '유아와 놀이'를 최우선으로 존중하는 교육과정임을 강조하였다. 이는 교사가 미리 계획한 활동을 중심으로 진행되는 '교사 중심' 교육과정에서 유아의 주도적인 놀이가 중심이 되는 '유아 · 놀이 중심' 교육과정으로 변화하는 것을 의미한다. 예를 들어, 개정 누리과정에서는 교사가 계획하여 제안하는 자유선택활동을 유아가 주도하는 놀이로 대체하여 운영하도록 제안하였다.

영유아 보육과정을 계획하기 위해서는 일상생활 경험 및 발달적으로 영유아가 경험해야 할 보육개념을 중심으로 주제를 선정해야만 한다.

또한, 보육계획은 1년 단위로 계획되며, 연간, 월간, 주간, 일일 보육으로 나뉜다. 대체로 연간 보육계획이 체계적으로 계획된다면, 월간과 주간 보육을 쉽게 계획할 수 있다. 그리고 일일 보육계획은 주간 보육계획에 따라 보육영역을 적절하게 균형을 맞추며 구체적으로 일과를 계획할 수 있다.

이러한 보육과정 운영계획을 위한 원리를 살펴보면 다음과 같다.

1) 보육과정 운영계획 원리(협의)

보육과정 운영계획의 원리는 보육계획 수립, 보육과정 편성, 보육과정 실시, 보육과정 평가, 평가를 적용한 새로운 보육계획의 순환적 과정으로 형성된다(한국보육진흥원, 2011).

어린이집은 국가 수준의 표준보육과정을 바탕으로 각 기관의 실정에 따라 적합한 계획을 수립하여 운영하여야 한다. 보육과정 계획안에는 교사가 어린이집과 반 수준에서 영유아의 놀이를 지원하기 위해 필요한 사항을 미리 생각하여 준비하는 모든 과정이 포함될 수 있으며, 개정된 표준보육과정은 계획안 수립에 있어서 어린이집과 교사의 자율성을 강조한다.

(1) 보육계획 수립

표준보육과정을 바탕으로 각 기관의 실정에 적합한 계획을 수립하여 운영한다. 어린이집은 각 기관의 보육철학, 가정과 지역사회의 특성, 영유아의 요구 등을 반영하여 자율적으로 계획을 수립할 수 있다. 교사는 기존에 활용하였던 연간, 월간, 주간, 일일 계획안을 어린이집 및 반의 특성에 적합하게 변경하여 사용할 수 있다. 즉 계획안의 종류, 형식, 분량 등을 자율적으로 조정하여 작성할 수 있으며, 어린이집 수준에서 매년 작성하는 연간 계획 이외에 월간과 주간, 일일 계획을 통합하거나 어린이집과 담당 반 특성에 따라 간단한 일지 등을 활용하여 계획안을 작성할 수 있다. 어린이집에서 배부하는 계획안은 영유아가 활동할 내용을 미리 계획하여 안내하는 방식에서 영유아가 실제 놀이한 내용과 배움에 대한 기록을 공유하는 방식으로 변화할 수도 있다.

따라서, 보육과정의 목표와 내용에 따라 주제별, 연령별 보육계획을 수립하고 실행하며, 연간, 월간(주간) 보육계획을 계획하되 지역 내 특별한 활동이나 계절적 요인, 어린이집의 환경 등을 고려하여 수립한다.

(2) 보육과정 편성

보육과정은 어린이집의 운영 시간에 맞추어 편성한다. 보육과정의 편성은 국가에서 고시한 표준보육과정을 개별 어린이집 수준에서 재구성하는 과정이며, 어린이집의 보육과정을 편성할 때에는 종일제를 기반으로 하여 개별 어린이집의 일과 운영 시간에 따라 조정하여 편성한다.

보육과정은 영유아가 편안하고 즐겁게 보육 내용을 경험할 수 있도록 휴식과 낮잠, 바깥놀이 등을 포함하여 영유아가 중심이 되고 놀이가 살아나는 영유아 ·

놀이 중심 보육과정으로 운영하되, 영유아의 발달 수준, 연령, 흥미나 요구, 장애, 다문화 등 개인차와 가정환경의 특성을 고려하여 개인별, 수준별, 그리고 어린이집과 지역사회 특성을 반영한다.

(3) 보육과정 실행

영유아 · 놀이 중심 보육과정에서는 교사가 미리 계획하여 하루 일과를 운영하기보다는 영유아의 흥미와 관심에 따라 놀이를 충분히 즐길 수 있도록 탄력적으로 편성 · 운영한다.

보육과정의 실행에서 융통성 있는 하루 일과 운영이 중요하다. 어린이집의 하루 일과는 영유아가 주도하는 놀이를 중심으로 편성 · 운영하도록 하여야 하며, 영유아는 하루 일과에서 놀이, 일상생활, 활동 등을 하면서 다양한 경험을 하도록 실행하여야 한다. 놀이는 바깥놀이를 포함하여 하루 일과 중 가장 길게, 우선적으로 편성 · 운영하여 영유아가 충분히 놀이하여야 한다. 일상생활에 포함되는 등원, 손 씻기, 화장실 다녀오기, 간식, 점심, 낮잠, 휴식 등은 영유아의 신체적 리듬을 반영하여 편성 · 운영함으로써 영유아들이 즐겁게 하루를 보낼 수 있도록 한다. 활동은 영유아가 놀이를 통해 배움을 확장해 갈 수 있도록 돕는 교사의 지원이며, 교사는 영유아가 주도하는 놀이를 지원하기 위해 필요에 따라 활동을 계획하여 운영할 수 있다.

교사는 미리 계획한 활동을 모두 해야 한다거나 정해진 순서대로 일과를 운영해야 한다는 부담을 내려놓고, 영유아가 주도하는 놀이의 흐름에 따라 융통성 있게 일과를 운영하도록 한다.

또한, 2시간 이상의 충분한 놀이시간을 운영하여야 한다. 놀이시간을 짧게 여러 번 제공하기보다는 긴 시간으로 편성하여 놀이의 흐름이 끊기지 않고, 영유아가 충분히 놀이하고 몰입할 수 있도록 하여야 한다.

교사는 바깥놀이를 포함하여 놀이시간을 2시간 이상 확보하되, 날씨와 계절, 어린이집의 상황, 영유아의 관심사와 놀이 특성을 고려하여 융통성 있게 편성 ·

운영한다. 예를 들면 하루 일과에서 바깥놀이는 미세먼지, 날씨 등을 고려하여 실내놀이로 편성 · 운영할 수 있고, 다른 날은 바깥놀이를 길게 편성할 수 있다.

보육과정의 각 영역이 하루 일과 속에서 놀이를 통해 서로 통합적으로 실천될 수 있도록 하며, 보육목표와 내용에 따른 다양하면서 적절한 놀이 활동을 골고루 제공한다. 또한 일상적인 양육 및 놀이도 균형적으로 진행될 수 있도록 한다.

(4) 보육과정 평가

표준보육과정에서 평가는 어린이집에서 영유아가 중심이 되고 놀이가 살아나는 표준보육과정의 운영을 되돌아보고 개선해 가는 과정이다. 영유아 · 놀이 중심 보육과정을 운영하는 데 도움이 되고자 평가를 간략화하고 각 어린이집의 자율적인 평가를 강조한다. 어린이집은 평가의 목적, 대상, 방법, 결과의 활용을 바탕으로 표준보육과정 평가를 자율적으로 실시할 수 있다.

평가의 목적은 영유아가 중심이 되고 놀이가 살아나는 표준보육과정 운영을 자체적으로 평가하여, 표준보육과정의 운영의 질을 진단하고 표준보육과정 운영을 보다 나은 방향으로 개선하는 데 있으며, 어린이집에서는 지역 특성, 각 어린이집 및 각 반의 상황과 요구를 고려하여, 표준보육과정 운영을 개선할 수 있도록 자율적으로 평가 계획을 수립한다.

평가의 내용, 평가 주기 및 시기, 평가 방법 등에 대한 계획은 각 어린이집 구성원들 사이의 민주적인 협의를 통해 정한다.

평가의 대상은 영유아 평가와 표준보육과정 운영 평가로 이루어지며, 각각의 내용은 다음과 같다.

① 영유아 평가

영유아 평가는 궁극적으로 영유아의 행복과 전인적 발달을 지원하는 데 목적이 있다. 교사는 영유아의 놀이, 일상생활, 활동 속에서 영유아의 고유한 특성이나 의미 있는 변화를 발견하고, 그것을 바탕으로 영유아의 배움과 성장을 돕기 위하여 평가한다.

또한 교사는 영유아의 배움이 나타나는 놀이, 일상생활, 활동에서 영유아가 가장 즐기고 잘하는 것, 놀이의 특성, 흥미와 관심, 친구관계, 놀이를 이어가기 위한 자료의 활용 등에 주목하여 영유아 놀이를 관찰하고 이를 통해 영유아의 특성과 변화를 이해하도록 한다.

② 보육과정 평가

보육과정 평가는 어린이집의 보육과정이 영유아 · 놀이 중심으로 적절하게 운영되고 있는지 평가하는 데 목적이 있다. 어린이집의 표준보육과정 운영 평가에서는 놀이시간을 충분히 운영하였는지, 영유아 주도적인 놀이와 배움이 이루어지고 있는지, 놀이 지원이 적절한지 등을 평가할 수 있다. 이는 놀이 속에서 나타나는 영유아의 특성 및 변화 정도와 연계하여 파악할 수 있으며, 필요에 따라 부모와의 협력이나 행정적 · 재정적 지원이 적절하게 이루어지고 있는지 등을 평가할 수도 있다.

평가는 목적에 따라 적합한 방법을 사용하여 평가한다. 평가 방법은 평가의 목적과 대상에 따라 달라질 수 있으며, 어린이집은 평가 목적에 가장 적합한 평가 방법을 자율적으로 정하여 활용할 수 있다. 교사는 영유아의 특성과 변화 정도를 파악하기 위하여 영유아들의 실제 놀이 모습을 계획안에 기록할 수 있고, 놀이 결과물과 작품 등을 일상적으로 수집할 수 있다. 영유아들의 놀이를 관찰할 때에는 영유아의 말, 몸짓, 표정 등에서 드러나는 놀이의 의미와 특성에 주목하여 이 가운데 필요한 내용을 메모나 사진 등 교사가 할 수 있는 가장 용이한 방법으로 기록하며, 이러한 관찰기록 자료는 반에서 자율적으로 수립한 계획안에 포함하여 영유아의 특성과 변화 정도를 파악하는 데 활용할 수 있다.

평가의 결과는 영유아에 대한 이해와 표준보육과정 운영 개선을 위한 자료로 활용할 수 있다.

교사는 영유아의 놀이, 일상생활, 활동을 통해 수집된 자료를 평가 목적에 맞게 종합하여 평가 결과를 얻을 수 있으며, 영유아 평가 결과는 영유아가 행복감을 느끼고 전인적으로 발달하도록 도움을 주는 데 활용한다. 표준보육과정이 추구하는 인간상과 목적 및 목표 등에 비추어 영유아의 특성과 변화 정도를 이해하고 영유아의 배움과 성장에 도움이 되도록 지원하는 데 활용하며, 수집된 모든 자료를 바탕으로 개별 영유아의 특성과 변화 정도를 종합적으로 이해하여, 이를 부모와의 면담자료 및 영유아의 생활지도 등에 활용할 수 있다.

어린이집에서 자율적인 방식을 통해 실시한 표준보육과정 운영 평가 결과는 각 어린이집에서 보육과정의 운영을 보다 나은 방향으로 개선하는 데 활용할 수 있다.

따라서, 평가는 보육내용의 선택과 실행과정이 적절한지 즉, 계획이 적합한지, 운영이 잘 이루어졌는지, 영유아의 바람직한 양육을 촉진할 수 있는 활동 및 일상양육이 적절한지, 교사의 상호작용이나 환경이 적절한지를 정기적, 혹은 매일 단위로 평가하여 다음 계획에 반영한다.

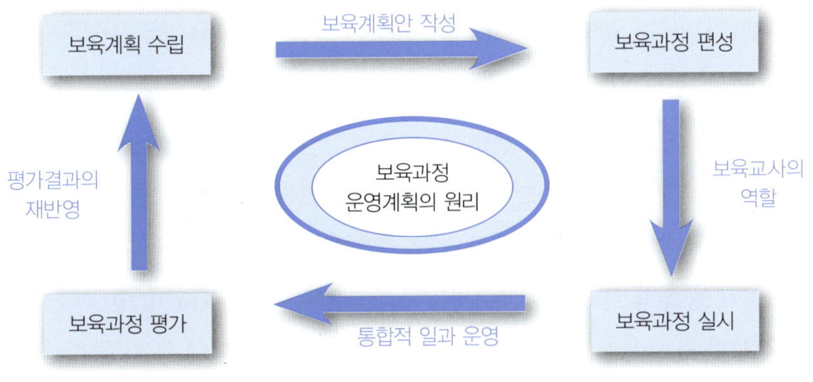

출처: 한국 보육진흥원(2011).

[그림 4-1] 보육과정 운영계획의 원리

2) 보육과정 운영의 실행

보육과정은 교육기관의 교육철학, 가정 및 지역사회의 연계, 영유아의 요구 등을 적용하여 보육과정 운영을 계획, 편성, 운영할 수 있다. 교육기관에서 적용했던 연간, 월간, 주간, 일일계획안을 놀이중심, 유아중심에 적절하고 자유롭게 변경하여 사용하며, 계획안의 종류, 형식, 분량을 특정한 틀에 얽매이지 않고 교사의 자율성을 발휘하여 작성한다. 예를 들면, 기관의 교육철학 운영방식에 따라 연간 계획 외에 월간과 주간, 주간과 일일계획을 통합하거나 반의 중점적 놀이를 반영한 일지를 작성하여 사용할 수 있다. 교육기관에서 배부되는 월간이나 주간계획안은 영유아의 놀이 및 활동을 예측하여 계획한 것이며 실제 영유아가 놀이한 내용과 배움에 대한 내용은 다를 수 있으므로 실행된 놀이와 활동을 기록한다(교육부, 보건복지부, 2019).

(1) 연간보육계획

연간보육계획은 일 년 동안 어린이집에서 실행해야 할 보육목표와 보육내용을 한눈에 파악할 수 있도록 제시한 것으로 어린이집 보육과정운영의 근간이 된다. 연간보육계획은 일반적으로 계절, 행사 등을 고려하여 주제를 중심으로 구성하지만, 영유아는 주제에 한정되지 않아도 무방하다. 보육주제는 영유아의 주변 환경과 밀접한 관계가 있는 친숙한 환경을 다루는 내용으로 확장해간다. 이때 무엇보다 어린이집의 전체 영유아가 경험해야 할 보육내용의 수준이 다양한 영역의 보육내용을 균형 있게 연계시키고 있는지에 유의하여 수립하도록 한다. 제3차 표준보육과정에서 제시되는 연령별 연간 보육계획안은 다음과 같다.

〈만 0세 연간 보육 계획안 예시〉

주제	소주제
낯설어요	엄마와 함께해요 선생님을 만나요 선생님을 만져봐요 선생님과 놀아요 익숙해졌어요
느껴보아요	씻으며 느껴요 입으며 느껴요 먹으며 느껴요 놀며 느껴요 자연을 느껴요
움직여요	누워서 움직여요 앉아서 움직여요 기어요 서고 걸어요 잡아 보아요
놀이는 재미있어요 I	움직이는 놀잇감 구멍이 있는 놀잇감 굴러가는 놀잇감 까꿍 놀잇감 소리 나는 놀잇감
놀이는 재미있어요 II	통·상자놀이 헝겊·천놀이 공놀이 악기놀이 그릇놀이
좋아해요	마주 봐요 안아줘요 같이 해 봐요 함께 웃어요 사랑해요

〈만 1세 연간 보육 계획안 예시〉

주제	소주제
새로운 것이 낯설어요	어린이집에 왔어요 만나고 친해져요 우리 반에 무엇이 있을까요? 밖으로 나가 보아요
느낄 수 있어요	만져 보아요 살펴 보아요 들어 보아요 맡아 보아요 맛 보아요 온몸으로 느껴 보아요
놀이할 수 있어요	놀잇감은 재미있어요 1 놀잇감은 재미있어요 2 물놀이는 재미있어요 까꿍놀이는 재미있어요
나는 할 수 있어요 (5주)	즐겁게 할 수 있어요 말할 수 있어요 찾을 수 있어요
움직이는 것이 재미있어요 (7주)	바깥놀이는 재미있어요 몸을 움직여요 움직이게 할 수 있어요
좋아하는 놀이가 있어요 (8주)	그림책으로 놀아요 춤추고 놀이해요 쉬, 응가 놀이가 좋아요
새로운 것도 좋아요 (4주)	함께 놀아요 선생님이 좋아요

〈만 2세 연간 보육 계획안 예시〉

주제	소주제
어린이집이 좋아요	나는 ㅇㅇ반이에요 엄마, 아빠와 헤어질 수 있어요 우리반 선생님과 친구들이에요 재미있는 놀잇감이 있어요 내가 좋아하는 놀잇감이에요 편안하게 지내요 안전하게 놀아요
봄나들이 가요 (5주)	바깥놀이가 재미있어요 안전하게 바깥놀이해요 꽃구경은 즐거워요 벌레가 꿈틀꿈틀해요 봄나들이 갈까요?
나는요 (5주)	나는 ㅇㅇㅇ이에요 내 몸을 살려 보아요 나는 느껴요 내가 좋아하는 것이 있어요 혼자서도 잘해요
재미있는 여름이에요 (7주)	날씨가 더워졌어요 비가 많이 와요 깨끗하게 씻어요 물놀이가 재미있어요 1 물놀이가 재미있어요 2 여행을 가요
나는 가족이 있어요 (5주)	엄마 아빠가 좋아요 우리 가족을 흉내 내요 1 우리 가족을 흉내 내요 2 우리 가족을 소개해요 1 우리 가족을 소개해요 2
동물놀이해요 (6주)	여러 가지 동물이 있어요 엄마동물 아기동물 동물처럼 소리를 내어보아요 동물처럼 움직여 보아요 ㅇㅇㅇ반이 좋아하는 동물 동물을 사랑해요

주제	소주제
알록달록 가을이에요 (6주)	가을이에요 가을 나들이 단풍이 물들어요 자연물로 놀이해요 알록달록 색깔 나라 재미있는 그리기 나라
겨울과 모양을 즐겨요 (5주)	여러 가지 모양이 있어요 모양놀이해요 즐거운 성탄이에요 추워요 따뜻하게 지내요
나는 친구가 있어요 (6주)	내 친구가 좋아요 친구와 함께하는 놀이가 있어요 우리는 ○○살(설날) 형·언니가 되었어요 즐거웠던 우리반이에요

〈만 3세 연간 보육 계획안 예시〉

월	주 제	활동내용	월	주 제	활동내용
3	어린이집과 친구들	• 새로운 환경 • 어린이집에서의 하루 • 어린이집에서 만난 친구 • 함께 놀이하는 어린이집	9	우리나라	• 우리나라 사람들의 생활 • 추석/우리나라 놀이와 예술 Ⅰ • 우리나라 놀이와 예술 Ⅱ • 우리나라 역사와 자랑거리
4	즐거운 어린이집 생활 / 봄	• 안전하고, 행복하게 지내요 • 봄의 날씨 • 봄의 풍경 Ⅰ • 봄의 풍경 Ⅱ • 봄나들이 가요 Ⅰ	10	가을	• 가을 날씨 느끼기 • 가을 풍경 즐기기 • 풍성한 가을 • 가을 나들이 • 가을과 여러 가지 색
5	봄 / 나와 가족	• 봄나들이 가요 Ⅱ • 나의 몸과 마음 • 우리 가족 • 행복한 우리 집	11	교통기관	• 여러 가지 육상교통기관 • 고마운 육상교통기관 • 항공 · 해상 교통기관 • 즐거운 교통생활
6	우리동네	• 우리동네 모습 Ⅰ • 우리동네 모습 Ⅱ • 우리동네 생활 • 우리동네 사람들	12	겨울과 놀이	• 겨울 날씨 느끼기 • 겨울 풍경 • 건강한 겨울나기 • 크리스마스 / 사랑을 나눠요 • 신나는 겨울놀이
7	건강과 안전 / 여름	• 즐거운 운동과 휴식 • 맛있는 음식과 영양 • 여름 날씨 느끼기 • 여름 풍경 즐기기 • 더운 여름나기	1	새해 / 생활도구	• 새해가 되었어요 • 다양한 생활도구 • 생활도구를 움직이는 힘 • 생활도구로서의 미디어
8	환경과 생활	• 물과 우리의 생활 • 돌·흙과 우리의 생활 • 바람·공기와 우리의 생활 • 빛·소리와 우리의 생활	2	형님이 되어요	• 많이 컸어요 • 즐거웠던 우리반 Ⅰ • 즐거웠던 우리반 Ⅱ • 형님반에 가요

〈만 4세 연간 보육 계획안 예시〉

월	주 제	활동내용	월	주 제	활동내용
3	어린이집과 친구들	• 새로운 우리반 • 어린이집에서의 하루 • 어린이집에서 만난 친구들 • 함께 만드는 우리반	9	생활도구 / 교통기관	• 전통놀이와 다양한 생활도구 • 생활도구를 움직이는 힘 • 여러 가지 교통기관 • 즐거운 교통기관
4	봄의 왈츠와 동식물	• 봄 속으로 • 봄을 즐겨요 • 동물과 우리의 생활 • 식물과 우리의 생활 • 자연과 함께하는 우리	10	문화와 생활 / 알록달록 가을	• 음악·미술 문화와 생활 • 도서·공연 문화와 생활 • 가을 속으로 • 풍성한 가을 • 가을 나들이
5	나와 가족	• 나의 몸과 마음 • 소중한 나 • 함께하는 우리 가족 • 가족의 생활과 문화	11	환경과 생활	• 물·돌·흙과 우리의 생활 • 바람·공기와 우리의 생활 • 빛·소리와 우리의 생활 • 우리가 살고 있는 지구
6	지구마을 한 가족	• 세계 여러 나라 사람과 문화 예술 • 함께하는 세계 • 우리나라 사람들의 세상 • 우리나라 사람들의 놀이와 예술	12	겨울로의 초대	• 겨울 속으로 • 즐거운 겨울 운동과 휴식 • 따뜻한 크리스마스 • 감사와 사랑을 나눠요 • 새해맞이와 놀이
7	우리동네의 여름	• 우리동네 모습과 생활 • 우리동네 기관 • 여름 날씨 및 특징변화 • 여름 풍경 즐기기 • 즐거운 물놀이	1	즐거운 놀이	• 과자이야기 I • 과자이야기 II • 우리들의 이야기 I • 우리들의 이야기 II
8	건강과 안전	• 즐거운 운동과 휴식 • 깨끗한 나와 환경 • 맛있는 음식과 건강 • 안전한 놀이와 생활	2	의젓해진 우리반	• 행복한 추억 나누기 • 고맙습니다 • 설날의 문화 • 형님반에 가요

〈만 5세 연간 보육 계획안 예시〉

월	주 제	활동내용	월	주 제	활동내용
3	우리 어린이집	• 새로 만난 ○○반(적응) • 새로 꾸민 ○○반(적응) • ○○어린이집 탐험(적응) • 함께하는 우리	9	세계 속 한국	• 여러 나라 사람들의 생활 • 세계 여러 나라 문화유산 • 풍요로운 추석 • 우리나라 역사와 자랑거리
4	자연이야기 (봄)	• 봄과 우리 생활 • 봄에 만나는 식물 • 봄에 만나는 동물(곤충) • 봄나들이 • 우리들의 봄 이야기	10	자연이야기 (가을)	• 가을의 변화 • 가을 곡식과 열매 • 가을 나무와 숲 • 가을 나들이 • 우리들의 가을이야기
5	나와 가족 / 우리 동네	• 나의 몸과 마음 • 사랑하는 우리 가족 • 우리동네 모습 • 우리동네 사람들(기관)	11	환경과 생활	• 물·흙과 우리 생활 • 바람·공기와 우리 생활 • 재활용은 내 친구 • 환경보호
6	교통기관과 안전	• 편리한 교통시설 • 달라지는 교통기관 • 안전한 생활 • 월드컵	12	자연이야기 (겨울)	• 겨울의 변화 • 겨울준비 • 겨울축제 • 나눔의 겨울 • 우리들의 겨울이야기
7	예술문화	• 잔치문화 I • 축제문화 II • 음악·미술문화 • 영화·공연문화 • 도서문화	1	생활 예절	• 새해인사 • 웃어른에 대한 예절 • 식사 예절 • 친구 간의 예절
8	자연이야기 (여름)	• 건강한 음식과 몸 • 여름의 모습 • 여름 풍경 즐기기 • 우리들의 여름이야기	2	초등학교에 가요	• 즐거웠던 어린이집 • 졸업, 초등학교에 가면 • 새로운 만남

(2) 월간 보육계획(주제별 보육계획)

월간 보육계획의 바람직한 수립은 놀이와 활동의 형태가 반드시 고려되어야 한다. 영아의 경우는 일상생활과 자유놀이로 구분할 수 있으며, 유아는 실내외 자유놀이와 일상생활, 기본생활습관 관련 활동 등으로 구분할 수 있다. 월간보육계획은 주제별로 3~4개의 발현적 놀이주제로 구성하되, 표준보육과정의 수준별 내용과 연관되도록 강조되는 지식, 기술, 태도 및 가치를 제시한다.

월간 보육계획 시 전년도 월간 보육 계획안의 실행 평가와 지난달 보육 계획의 실행 평가에 대한 내용을 검토하는 것은 매우 효과적이다. 그리고 계획된 월간 보육계획안을 바탕으로 물리적 환경 구성을 계획하도록 한다.

영유아의 월간 보육계획 및 운영의 효과적인 이해를 위해 영유아의 월간 보육계획안을 제시하면 다음과 같다.

〈만 0~1세 월간 보육(놀이) 계획 예시〉

<table>
<tr><th>주제</th><td colspan="3">느낄 수 있어요</td></tr>
<tr><th>놀이 지원 방향</th><td colspan="3">• 새로운 물체를 만지며 촉감을 느껴본다.
• 사물을 살펴보며 모양과 색에 관심을 가진다.
• 주변을 탐색하며 봄에 볼 수 있는 동식물에 관심을 가진다.
• 귀로 들으며 다양한 소리에 관심을 가진다.</td></tr>
<tr><th>등원 및 맞이하기</th><td colspan="3">• 선생님, 친구 얼굴 살펴보며 인사해요</td></tr>
<tr><th rowspan="7">놀이 및 활동</th><th>만져 보아요</th><th>살펴 보아요</th><th>들어 보아요</th></tr>
<tr><td rowspan="2">• 둥근 고리 끼우기 놀이 해요
• 선생님과 로션을 발라요</td><td>• 굴러가는 공을 따라가요
• 색깔판으로 보아요
• 신문지로 놀아요</td><td rowspan="2">• 부엌 물건으로 쿵짝쿵짝
• 놀잇감으로 소리 내요
• 동물 소리 듣고 흉내 내요</td></tr>
<tr><td rowspan="3">느낄 수 있어요
</td></tr>
<tr><td></td><td></td></tr>
<tr><td rowspan="3">• 울퉁불퉁 오이가 변신했어요
겉면은 오돌토돌
껍질을 벗기면
부드러워요
반으로 잘라보니
말랑말랑해요
〈오이 탐색하기〉</td><td rowspan="3">• 동화 '채소마을 콩 대장'
–채소 마을에 재능 대장을 뽑는 날, 콩이와 채소 친구들이 무대에 올라 재능을 뽐내고 있어요</td></tr>
<tr><th>안전교육</th></tr>
<tr><td>• 우린 모두 소중해
• 옛날에 먹던 약은 먹으면 안 돼요
• 소방대피 훈련</td></tr>
<tr><th rowspan="3">일상 생활</th><td>점심</td><td colspan="2">숟가락을 사용해요</td></tr>
<tr><td>낮잠</td><td colspan="2">자장가 들으며 낮잠자요</td></tr>
<tr><td>기저귀 갈기</td><td colspan="2">내 기저귀를 찾아봐요</td></tr>
<tr><th>기본생활 습관</th><td colspan="3">양말을 내 자리에 넣어요</td></tr>
<tr><th>귀가 및 가정과의 연계</th><td colspan="3">놀이 사진을 함께 보아요 / 1학기 학부모 상담 기간</td></tr>
<tr><td colspan="4">개정 누리과정〈표준보육과정 동일〉은 영유아의 주도적 놀이를 중점으로 하고 있습니다.
위의 놀이 계획과 실행이 다를 수 있음을 알려 드리며 월말에 제시되는
놀이 실행기록을 통해 안내해드리겠습니다.</td></tr>
</table>

출처: 갈미어린이집(2020).

〈만 0~1세 월간 보육(놀이) 계획 예시〉

<table>
<tr><th>흥미주제</th><td>찢어 보아요</td><th>놀이기간</th><td>7월 1주~영아들이 재미있게[참여할 때까지
(놀이흥미에 따라 놀이 진행기간은 변동될 수 있습니다.)</td></tr>
<tr><th>주제 선정 이유</th><td colspan="3">6월 '느낄 수 있어요' 활동을 하면서 신문지와 호일의 소리를 들어보며 비교 · 탐색하는 활동을 즐겁게 경험하였습니다. 영아들은 소리의 탐색에서 확장하여 찢어보는 놀이모습을 보였고 찢어진 신문지와 호일을 이용하여 다양한 놀이가 발현되었습니다. 영아들이 주변에서 볼 수 있는 다양한 재료를 탐색하며 찢어보면서 눈과 협응력을 적용하는 놀이를 하고자 '찢어보아요'를 주제로 선정하였습니다.

'찢어보아요'를 놀이를 통해 영아는 다양한 오감으로 경험하고 파악하는 능력을 가집니다. 촉감을 발달시키고 소근육 조절의 힘을 기르는 것에서부터 움직임을 다양하게 경험하며 신체 전체의 발달을 돕습니다. 감각자극을 통해 인지발달을 도모하며 마음껏 찢기 활동을 통해 긍정적 정서를 형성해 갑니다. 탐구하는 집중력이 길러지고 상상력을 자극하여 창의력이 발달된답니다.

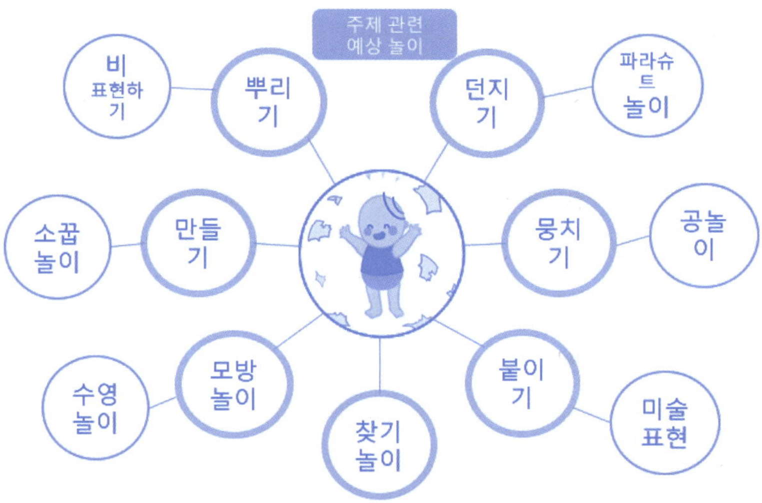
</td></tr>
</table>

<table>
<tr><td rowspan="4">물리적 환경 지원</td><td colspan="5">다양하게 찢어지는 재료
(신문지, 색종이, 전지, 호일, 상자, 과자봉지, 큰 종이, 티슈, 핸드타올, 두루마리휴지, 습자지, 잡지, 랩, 물티슈, 솜 등)</td></tr>
<tr><td colspan="5">식재료도 찢어볼 수 있어요
(빵, 식빵, 또띠아, 과일껍질, 오징어, 계란 지단, 상추, 밀가루 반죽, 닭가슴살 등)</td></tr>
<tr><td colspan="5">찢은 재료를 이용하여 놀이할 수 있는 도구
(놀잇감, 큰 비닐, 긴 줄, 파라슈트, 시트지, 풀장, 스카프, 이불, 미끄럼틀, 테이프 등)</td></tr>
<tr><td colspan="5">찢는 놀이를 할 수 있는 장소
(교실, 유희실, 복도, 앞마당, 실외놀이터, 물 놀이터, 가정 등)</td></tr>
<tr><td>가정과의 연계</td><td colspan="5">• 집에 있는 다양한 찢을 수 있는 재료를 찾아보고 지원하기
• '찢어보아요'와 관련된 다양한 경험과 놀이에 대해서 가정에서 다양하게 경험하기
• '찢어보아요' 주제에 맞는 관련 그림책(읽기 활동), 신문지, 전단지, 박스, 잡지 등 다양한 재료를 어린이집에 보내주시면 친구들과 함께 유용한 놀이자원으로 사용하겠습니다.</td></tr>
<tr><td></td><td>1주</td><td>2주</td><td>3주</td><td>4주</td><td>5주</td></tr>
<tr><td>기본생활 습관</td><td>(자조)
내 양말을 벗어봐요</td><td colspan="2">(청결)
선생님과 손을 씻어요</td><td colspan="2">(질서)
물놀이 전 준비운동을 해요</td></tr>
<tr><td>점심 및 간식</td><td colspan="3">식사 전에 손을 비누로 깨끗이 씻어요</td><td colspan="2">음식 먹은 후에는 얼굴을 깨끗이 닦아요</td></tr>
<tr><td>낮잠</td><td colspan="3">선생님 도움 받아 얇은 이불을 덮어요</td><td colspan="2">시원한 옷차림으로 잠을 자요</td></tr>
<tr><td>기저귀 갈이 및 배변활동</td><td colspan="3">옷을 내리고 올려봐요</td><td colspan="2">아기 변기에 관심을 가져요</td></tr>
<tr><td>안전교육</td><td>(실종, 유괴의 예방방지)
부모님이 보이지 않으면 그 자리에 서 있어요</td><td>(재난 대비)
비가 많이 와요</td><td>(교통안전)
보호장구를 착용해요</td><td>(성폭력, 아동학대 예방)
좋은 느낌과 나쁜 느낌</td><td>(생활안전)
안전하게 물놀이해요</td></tr>
<tr><td>컬러푸드 활동 (하얀색)</td><td colspan="3">(3주)
'가루 가루 밀가루야' 책을 읽고 밀가루 반죽과 전병을 탐색하고 찢어보아요</td><td colspan="2">(5주)
닭가슴살 찢어 또띠아 피자 만들어 보아요</td></tr>
<tr><td>행사</td><td colspan="5">7/6 1차 방역 및 소독, 7/13 2차 방역 및 소독, 7/15 보육료 결제, 7/28 소방대피훈련</td></tr>
</table>

출처: 구로구청사랑채움어린이집(2020).

〈만 2세 월간 보육(놀이) 계획 예시〉

주		1주	2주	3주	4주
등원 및 맞이하기		친구를 반갑게 맞이해요			
일상생활	기본생활습관	교실에서는 걸어 다녀요			
	점심 및 간식	친구들과 즐겁게 식사해요			
	낮잠 및 휴식	이불을 잘 덮고 자요			
	배변 활동	배변 후 비누로 손을 깨끗하게 씻어요			
놀이 및 활동 (바깥놀이 포함)		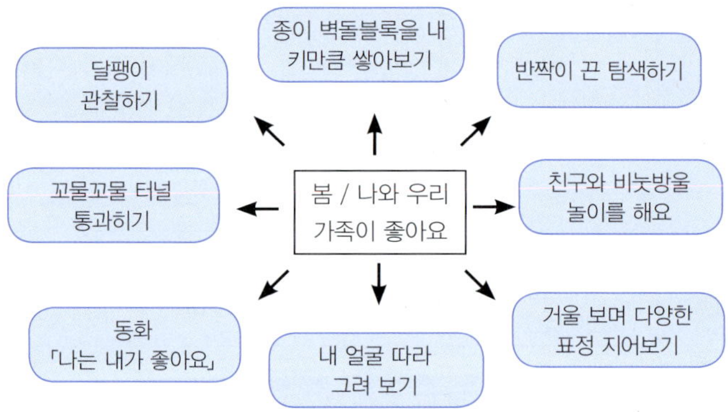			
안전교육		• 감염병 및 약물의 오용 · 남용 예방 등 보건위생관리 교육– 손을 깨끗이 씻어요 • 성폭력 및 아동학대 예방 교육– 목욕은 즐거워 • 소방대피훈련			
지역사회연계		상자 텃밭			
귀가 및 가정과의 연계		• 꽃모종에 물 주기 • 내가 아기였을 때 사진 보며 이야기 나누기			
행사		1학기 학부모 상담 / 생일을 축하해요			
개정 표준보육과정 반영		개정 표준보육과정은 영아의 주도적 놀이를 중점으로 하고 있습니다. 위의 놀이 계획과 실행이 다를 수 있으므로 월 말에 제시하는 놀이 실행 기록으로 안내해 드리겠습니다.			

출처: 갈미어린이집(2020).

〈만 3~5세 월간 보육(놀이) 계획예시〉

주제 : 흙(모래) 놀이

주	ㅇ월 1주 부엽토를 탐색해요	ㅇ월 2주 내가 심은 모종	ㅇ월 3주 모래로 놀아요	ㅇ월 4주 고마운 흙
놀이 및 활동	※ 예상되는 놀이 및 활동 흙 (모래) **부엽토를 탐색해요** · 부엽토 탐색하기 · 모종을 심어요 · 부엽토와 모래는 어떻게 다를까? · 흙으로 그린 그림 **내가 심은 모종** · 내가 심은 모종에 물주기 · 모종이 잘 자라려면? · 내가 꾸민 모종 이름표 · 식물의 성장 **모래로 놀아요** · 두꺼비집 만들기 · 모래시계 탐색 · 구덩이 파기, 수로 놀이 · 물을 섞은 모래로 놀이하기 · 유토로 만들어요 / 모래 그림 **고마운 흙** · 흙이 없다면? · 땅속에서 자라는 작물 · 땅속의 곤충 · 땅속의 별님반 타임 캡슐			
환경지원	• 미술 영역에 다양한 색깔의 색모래 와 일반 모래 지원하기 • 다양한 흙과 모래, 부엽토 탐색 자료 지원하기 • 샌드아트 놀잇감 지원하기			
가정과의 연계	• 우리집에서 키우는 모종에 물 주기 • 나만의 모종 이름 짓기 • 땅속의 곤충 관련 과학 서적 부모님과 함께 보기			
지역사회 연계	상자텃밭			
안전교육	• 실종 · 유괴의 예방 방지 교육 : 길을 잃었어요 • 감염방 및 약무의 오용,남용 예방 등 보건위생 관리 교육 : 약은 무엇일까요? • 성폭력 · 아동학대 예방교육: 소중한 우리 몸 • 소방안전 : 소중한 불, 위험한 불			
행사일정	상자텃밭 (모종심기)	생일잔치		1학기 학부모상담
개정누리과정은 유아의 주도적 놀이를 중점으로 하고 있습니다. 위의 놀이 계획과 실행이 다를 수 있음을 월 말에 제시하는 놀이 실행 기록으로 안내 드리겠습니다.				

출처: 갈미어린이집(2020).

주제	장난감	소요시간	5월 3주 ~
주제 선정 이유	'장난감'은 유아가 하루 일과 중 가장 많이 사용하는 친숙한 놀이 대상입니다. 흔히 놀이기구로 사용하는 장난감에 대한 유아들의 호기심을 해결하고, 자유롭게 표현되는 장난감 놀이를 통해 다양한 상상력과 창의력이 표현되어질 유아들의 놀이를 기대하며 주제로 선정하게 되었습니다.		

영역별 예상 놀이

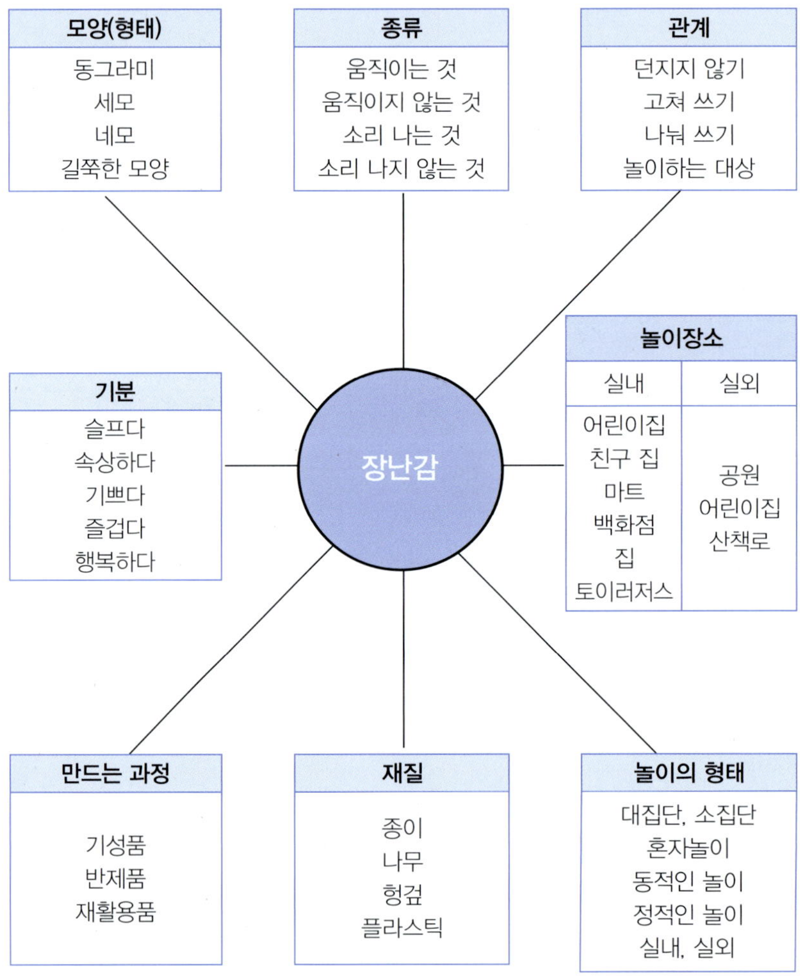

<table>
<tr><td rowspan="2">예상 활동 지원</td><td colspan="12">(대소집단활동)
– 내가 좋아하는 장난감
– 내가 장난감이라면
– 내가 만든 장난감을 소개해요
– 우리 집에 있는 장난감을 소개해요</td></tr>
<tr><td colspan="2">(동화)
'출동! 장난감 구조대'
'장난감 가게'
'장난감을 정리해요'</td><td colspan="2">(동시)
내 장난감 친구들</td><td colspan="2">(새노래)
장난감</td><td colspan="2">(애니메이션)
토이스토리</td><td colspan="2">(게임)
장난감 자동차 밀고 돌아오기
(사회관계증진)</td><td colspan="2">(과학)
장난감 분류하기</td></tr>
<tr><td rowspan="6">물리적 환경 지원</td><td colspan="4">미술영역</td><td colspan="8">자동차 바퀴(도장), 재활용품, 붓, 물감, 테이프, 크레파스, 사인펜, 풀, 종이 등</td></tr>
<tr><td colspan="4">쌓기영역</td><td colspan="8">고리 끼우기, 동물 모형, 맥포머스 자석블록, 자동차 모형, 레고블록, 띠블록, 퍼즐블록 등</td></tr>
<tr><td colspan="4">역할영역</td><td colspan="8">헝겊인형, 판매기, 소꿉놀이, 역할 의상, 병원놀이, 음식 모형, 사진기, 미용실놀이 등</td></tr>
<tr><td colspan="4">과학영역</td><td colspan="8">아기곰돌이 양팔저울, 면적측정기, 점보확대경, 체중계 등</td></tr>
<tr><td colspan="4">언어영역</td><td colspan="8">손가락인형, 마이크, 헤드폰, 소리 나는 장난감, 핸드폰, 사운드 북, 그림책 등</td></tr>
<tr><td colspan="4">수조작영역</td><td colspan="8">퍼즐, 보드게임, 실꿰기, 숫자 놀잇감 등</td></tr>
<tr><td>기타 자원</td><td colspan="12">• 인터넷 자료(장난감이 만들어지는 과정)
• 인적자원(형님반이 만든 장난감)</td></tr>
<tr><td>가정과의 연계</td><td colspan="12">• 우리 집에 있는 장난감의 종류 알아보기
• 유아와 함께 필요한 장난감을 알아보고, 직접 장난감가게에 방문하기
• 장난감과 관련된 재미있는 놀이나 경험에 대해 부모님과 즐겁게 경험을 이야기 나누기</td></tr>
<tr><td>기본생활 습관</td><td colspan="6">(소통) 친구에게 관심을 가져요</td><td colspan="6">(나눔) 나의 것을 나눠 주어요</td></tr>
<tr><td>점심 및 간식(일상생활관련활동)</td><td colspan="6">점심시간에 지켜야 할 약속</td><td colspan="6">오늘의 점심 메뉴를 소개해요</td></tr>
<tr><td>안전 교육</td><td colspan="3">(재난대비)
소화기를 사용할 수 있어요</td><td colspan="3">(성폭력 및 아동학대 예방)
행복해질 권리 방패</td><td colspan="3">(감염병 및 약물의 오용, 남용 예방)
친구의 약을 먹으면 안 돼요</td><td colspan="3">(교통안전)
나를 지켜주는 보호 장구</td></tr>
<tr><td>행사 및 견학</td><td colspan="12">방역 및 소독 / 운영위원회 / 소방대피훈련 / 열린어린이집 / 생태교육 / 인성예절교육/ 지역사회연계 / 경제활동 / 현장학습 / 3월 생일잔치</td></tr>
</table>

출처: 구로구청사랑채움어린이집(2020).

(3) 주간 보육계획

월간 보육계획을 기초로 주간 보육계획을 작성한다. 주간 보육계획은 선정된 활동을 다양한 측면에서의 균형을 고려하고 수립 시 요일별로 어떻게 배분할지를 결정한다. 주간 보육계획을 구성할 때에는 단계적 · 연속적으로 배치한 후 연령별 · 수준별 · 발달단계별 보육목표에 맞는 활동을 고르게 선정한다.

[주간보육일지] 보육사업안내 서식 활용 보육일지 작성 사례[영역구분 삭제]

〈일지 작성 tip〉

보육사업안내 서식을 활용하여 한 주간의 계획과 실행 내용을 기록함

❶ 개정 누리과정의 '추구하는 인간상'을 중심으로 이번 주에 유아가 어떻게 지냈으면 하는지를 기술

❷ 놀이 시간에 정리 및 전이 시간이 포함되므로 이를 고려하여 충분한 놀이시간을 확보 · 실시하고 놀이가 진행되는 흐름에 따른 각 놀이의 변화를 놀이명 수준으로 간단히 기록
  – 추가되는 놀이는 파란색으로 기록

❸ 낮잠 후 자연스럽게 실시되는 놀이를 실내외 구분 없이 기록

❹ 실행된 놀이에 대한 간단한 평가, 일과계획에서 그 날 변동된 시간, 운영의 특이사항 기록

○○ 반 보육일지 (만 세)

기간	년 월 일 ~ 월 일			담임	원장
❶ 이번주 교사의 기대	친구와 함께하는 놀이가 이루어지고 있으므로, 친구와 더불어 즐겁게 활발하게 어울렸으면 함				
일과 \ 요일	월	화	수	목	금
등원 및 통합보육 (7:30 ~ 9:00)					
오전간식 (9:00 ~ 9:20)					
❷ 오전 실내놀이 (9:20 ~ 10:40)	데굴데굴 자동차를 굴려요	------------>	------------>	------------>	------------>
	블록으로 만든 길	------------>	------------>	여러 가지 길 (오르막, 내리막, 넓고 좁은 길 등)	------------>
	------------>	------------>	도로에서 볼 수 있는 것 (신호등, 표지판 만들기)	------------>	------------>
	다양한 자동차가 있어요	------------>	내가 만든 자동차	------------>	------------>
	------------>	------------>	------------>	내가 만든 자동차를 전시해요	------------>
활동 (10:40 ~ 11:00)	-	【교통안전교육】 신호등을 보고 건너요	내가 만든 자동차를 소개해요	자동차길을 만들 때 조심해요	-
바깥놀이(대체) (11:00 ~ 12:20)	놀이터에서 자동차 굴리기 *유희실에서 자동차 굴리기	산책하며 자동차길 살펴보기 *유희실에서 자동차 굴리기	산책하며 자동차길 살펴보기	놀이터에 길 만들기 *복도에 길 만들기	------------>
점심식사 (12:20 ~ 13:20)					
낮잠 및 휴식 (13:20 ~ 14:20)					
❸ 오후 놀이 (14:20 ~ 15:40)	오전에 진행되었던 자유놀이 확장하여 놀이하기				
오후간식 (15:40 ~ 16:00)					
귀가 및 통합보육 (16:00 ~ 17:00)					
❹ 놀이 평가 및 다음날 지원계획	한 유아가 자동차 굴리기를 하자 아이들이 점차 친구에게 관심을 보이며 주변으로 모여 놀이가 시작되었다. 자동차를 바닥에 굴리며 놀이하다가 블록으로 길을 만들어 그 위에서 움직이는 것으로 놀이가 변화하더니 놀이터에서도 자동차 굴리기가 계속되었다. 다양하고 넓은 공간에서 놀이해볼 수 있도록 실외에서도 진행해보아야겠다.	미세먼지로 인해 실외놀이가 어려워 유희실에서 대체놀이가 진행되었다. 그에 따라 실내놀이 시간을 20분(9:20~11:00) 확대하고 바깥놀이 시간에 대체한 유희실 놀이는 1시간(11:20~12:20)으로 조정하여 진행하였다. 내일 미세먼지 수치가 낮아지면 충분한 바깥놀이 기회를 제공해주어야겠다.	오늘은 미세먼지 수치가 낮아져서 어제 하지 못한 산책하며 자동차 길을 살펴보며 바깥놀이를 1시간 30분(10:50~12:20)으로 조정하여 진행하였다. 실외 공간에서 자동차길을 만들며 안전문제가 발생하기 시작함에 따라 안전하게 놀이할 수 있는 방법에 대해 유아들과 이야기를 나눌 필요가 있겠다.		
반 운영 특이사항	수족구 발생으로 결석 ○○○				

[주간 보육일지] 놀이계획과 실행을 함께 기록한 보육일지 작성 사례

〈일지 작성 tip〉

주간보육계획을 활용하되, 계획과 실행 기록을 통합하여 작성함

❶ 놀이 시간에 정리 및 전이 시간이 포함되므로 이를 고려하여 충분한 놀이시간을 확보 · 실시하고 계획된 놀이와 우연히 일어난 놀이 등의 실행(파란색으로 표시)을 중심으로 간단히 기록

❷ 낮잠 후 자연스럽게 실시되는 놀이를 실내외 구분 없이 기록

❸ 실행된 놀이에 대한 간단한 평가와 일과계획에서 그 날 변동된 시간 등을 기록

❹ 한 주의 놀이평가를 바탕으로 다음 주 예상 놀이와 지원 계획 및 특이사항을 간략히 기록

보 육 일 지 (만○세)

담임	원장

기간	년 월 일 ~ 월 일				
일과(시간)	계획 및 실행				
	월	화	수	목	금
등원 및 통합보육 (7:30~9:00)					
오전간식 (9:00~9:20)					
❶ 오전 실내놀이 (9:20~10:40)	[데굴데굴 자동차를 굴려요] - 여러 가지 자동차와 자동차 사진을 준비함 * 자동차 굴리기에 관심을 보이며 여러 유아가 함께 자동차 굴리기를 함				
		[도로에서 볼 수 있는 것] - 신호등, 표지판 등 도로에서 볼 수 있는 교통관련 사진과 소품을 준비함 * 산책활동에서 살펴 본 신호등, 표지판을 만들어 도로 꾸미기 놀이를 함			
			[여러 가지 길] - 여러 가지 길을 만들 수 있는 블록 등을 준비함 * 블록을 높이 쌓아가며, 터널, 오르막, 내리막길 등에서 여러 가지 길에서 자동차 굴리기를 함(다양한 길에 관심을 보임)		
활동 (10:40~11:00)	-	[교통안전교육] 신호등을 보고 건너요	내가 만든 자동차를 소개해요	-	자동차길을 만들 때 조심해요
바깥놀이(대체) (11:00~12:20)	놀이터에서 자동차 굴리기, 산책하며 자동차길 살펴보기 (대체놀이 : 유희실, 복도에서 나동차 굴리기) 놀이터에서 자동차 굴리기를 하더니 산책을 통해 살펴본 자동차길을 구체적으로 만들어 놀이함				
점심식사 (12:20~13:20)	- 골고루 먹기 *유아들의 식사량이 크게 늘어남				
낮잠 및 휴식 (13:20~14:20)	- 조용한 음악을 들으면서 휴식을 취하거나 낮잠이 필요한 유아들은 낮잠 자기 * 미술영역에서 종이접기를 하며 휴식을 취함				
❷ 오후 놀이 (14:20~15:40)					
오후간식 (15:40~16:00)					
귀가 및 통합보육 (16:00~17:00)	- 자유롭게 놀이 후 순차적으로 귀가하기				

❸ 놀이 평가 및 다음날 지원계획				
월	화	수	목	금
한 유아가 자동차 굴리기를 하자 아이들이 점차 친구에게 관심을 보이며 주변으로 모여 놀이가 시작되었다. 자동차를 바닥에 굴리며 놀이하다가 블록으로 길을 만들어 그 위에서 움직이는 것으로 놀이가 변화하더니 놀이터에서도 자동차 굴리기가 계속되었다. 다양하고 넓은 공간에서 놀이해 볼 수 있도록 실외에서도 진행해보아야겠다.	미세먼지로 인해 실외놀이가 어려워 유희실에서 대체놀이가 진행되었다. 그에 따라 실내놀이 시간을 20분(9:20~11:00) 확대하고 바깥놀이 시간에 대체한 유희실 놀이는 1시간(11:20~12:20)으로 조정하여 진행하였다. 내일 미세먼지 수치가 낮아지면 충분한 바깥놀이 기회를 제공해주어야겠다.	오늘은 미세먼지 수치가 낮아져서 어제 하지 못한 바깥놀이를 1시간 30분(10:50~12:20)으로 조정하여 진행하였다. 확장된 실외 공간에서 자동차 길을 만들며 안전문제가 발생하기 시작함에 따라 안전하게 놀이할 수 있는 방법에 대해 유아들과 이야기를 나눌 필요가 있겠다.		
❹ 다음 주 예상 놀이 및 지원 계획	다음 주에는 계절에 맞는 놀이로 변경하여 진행하고자 한다. 날씨가 추워진 만큼 겨울이 다가왔음을 알고 유아들과 함께 겨울에 대해서 알아보며 관심을 가질 수 있도록 계획해야겠다. 그러나 이번 주까지 자동차 놀이에 관심을 많이 보인 만큼 유아들의 자동차 놀이에 대한 흥미가 지속된다면 관련 놀잇감을 계속 제공해 주고 유아들의 흥미가 줄어들면 정리해야겠다.			
반 운영 특이사항	안전사고: ○○○ 바깥놀이 시 넘어져서 찰과상으로 소독 후 처치함			

[주간보육일지] 일과를 일상생활, 놀이, 활동으로 구분한 보육일지 작성 사례

〈일지 작성 tip〉

일과를 일상생활(간식, 점심, 낮잠 및 휴식), 놀이(실내 · 외), 활동으로 구분하여 기록

❶ 놀이 시간에 정리 및 전이 시간이 포함되므로 이를 고려하여 충분한 놀이시간을 확보 · 실시하고 계획된 놀이와 우연히 일어난 놀이 상황을 기록

❷ 실행된 놀이에 대한 간단한 평가, 일과계획에서 그 날 변동된 시간, 운영의 특이사항 기록

❸ 한 주의 놀이평가를 바탕으로 다음 주 예상 놀이와 지원 계획을 간략히 기록

<table>
<tr><td colspan="3">주 간 보 육 일 지 (만○세)</td><td rowspan="2">결재</td><td>담임</td><td>원장</td></tr>
<tr><td colspan="2">기 간</td><td>20 년 월 일 ~ 월 일</td><td></td><td></td></tr>
<tr><td colspan="2">통합보육</td><td>등원 (7:30~9:00)</td><td colspan="3">하원 (16:00~17:00)</td></tr>
<tr><td colspan="2">일과(시간)</td><td colspan="4">계획 및 실행</td></tr>
<tr><td rowspan="3">일상생활</td><td>간식
(9:00~9:20)
(15:40~16:00)</td><td colspan="4"></td></tr>
<tr><td>점심식사
(12:20~13:20)</td><td colspan="4"></td></tr>
<tr><td>낮잠 및
휴식
(13:20~14:20)</td><td colspan="4"></td></tr>
<tr><td rowspan="2">❶ 놀이</td><td>실내놀이
(9:20~10:40)
(14:20~15:40)</td><td colspan="4"> 
▸놀이상황)
놀이터에서 진행한 나무껍질 딱지놀이를 교실에서도 계속 하기 희망함. 미술영역 등에서 다양한 재질의 종이를 찾더니 딱딱한 종이를 찾아 딱지접기를 함
▸놀이지원)
유아들이 딱지에 관심이 높아 기존 재료 외로 부족한 두꺼운 재질의 종이, 잡지 등을 추가로 제시함. 또한, 유아들이 이야기하는 딱지 크기에 맞추어 종이를 잘라서 딱지 접기를 지원함</td></tr>
<tr><td>바깥놀이(대체)
(11:00~12:20)</td><td colspan="4">
▸놀이상황)
놀이터에서 유아들이 나무 밑에 떨어진 나무껍질을 수집하며 딱딱한 성질을 발견하더니 한 유아가 "이거 딱지 같아"라고 이야기함. 유아들이 나무껍질을 모아 딱지놀이를 시작함</td></tr>
<tr><td colspan="2">활동
(10:40~11:00)</td><td colspan="4">▸ 교통안전교육
'신호등을 보고 건너요' 라는 주제로 안전교육이 이루어지면서 길을 건너는 상황에 따라 안전하게 신호등을 보고 건너는 방법을 알아 볼 수 있었음. 가정연계로 유아들이 부모님과 신호등을 보고 길을 건너 볼 수 있도록 안전교육 내용을 안내해야겠음</td></tr>
<tr><td colspan="2">❷ 날 짜</td><td colspan="3">놀이평가 및 다음날 지원 계획</td><td>반 운영 특이사항</td></tr>
<tr><td colspan="2">0일(월)</td><td colspan="3">유아들이 다양한 재질을 활용할 수 있도록 재료를 추가로 제공할 필요가 있음. 딱지놀이 시 다른 놀이를 하는 유아들의 놀이공간이 확보될 수 있도록 실외 또는 유희실 등의 다양한 공간을 활용해야겠음</td><td>부모개별면담)
OOO, OOO, OOO</td></tr>
<tr><td colspan="2">0일(화)</td><td colspan="3">미세먼지로 인해 실외에서 진행하고자 했던 딱지놀이를 유희실에서 진행하였음. 그에 따라 실외놀이 대체활동 시간을 1시간(11:20~12:20)으로 조정하였고 유아들의 요구에 따라 오전 실내놀이를 20분(9:20~11:00)확대하여 진행하였음</td><td>미세먼지 발생으로 인해 유희실에서 대체놀이를 함.</td></tr>
<tr><td colspan="2">0일(수)</td><td colspan="3">어제 진행하지 못한 실외 딱지놀이를 충분히 해볼 수 있도록 실외놀이 시간을 1시간 30분(10:50~12:20)으로 확대하여 진행하였음</td><td></td></tr>
<tr><td colspan="2">0일(목)</td><td colspan="3"></td><td></td></tr>
<tr><td colspan="2">0일(금)</td><td colspan="3"></td><td></td></tr>
<tr><td colspan="2">❸ 다음 주 예상
놀이 및 지원계획</td><td colspan="4">바깥놀이를 하면서 발견한 딱지놀이에 대한 유아들의 흥미가 지속되어 실내놀이에도 딱지놀이가 활발하게 진행되었으므로 충분한 놀이 공간을 확보하기 유희실을 활용하거나 영역을 통합하여 놀이공간을 마련해 주어야겠음</td></tr>
</table>

〈영아반 주간 보육일지 예시 1〉

<table>
<tr><td>기 간</td><td colspan="5">2020년 ○월 ○일 ~ ○월 ○일</td><td>보육
일 수</td><td>담
임</td><td>원
장</td></tr>
<tr><td>이번 주
교사의
기대</td><td colspan="5">자신의 몸에 관심을 갖고 명칭과 기능을 탐색하며 자신의 신체에 대한 긍정적인 인식을 형성한다.</td><td>○○
~
○○일</td><td></td><td></td></tr>
<tr><td>요일
일과</td><td>월</td><td>화(어린이날)</td><td>수</td><td>목</td><td>금</td><td colspan="3">토</td></tr>
<tr><td>날 씨</td><td>맑음</td><td>맑음</td><td>맑음</td><td>맑음</td><td>흐림</td><td colspan="3">비</td></tr>
<tr><td>등원 및
통합보육
(7:30~9:00)</td><td colspan="5">영아와 반갑게 인사하고 윗옷을 정리한 후, 영아 스스로 양말을 벗어 가방에 넣도록 안내하고, 편안한 옷차림으로 하루일과를 시작할 수 있도록 함.</td><td colspan="3" rowspan="8">토요
보육
없음</td></tr>
<tr><td>오전간식</td><td>채소스틱
유아용치즈</td><td rowspan="2">어린이날
(휴원)</td><td>제철과일
우유</td><td>브로콜리죽
두유</td><td>제철과일
우유</td></tr>
<tr><td>점심식사
및 이 닦기
(11:30~13:00)</td><td>잡곡밥
대파달걀국
돼지불고기
오이무침
배추김치</td><td>차수수밥&
짜장소스
부추계란국
군만두
단무지무침
얼갈이김치</td><td>차조밥
조갯살미역국
두부부침&양념장
새송이감자조림
깍두기</td><td>찹쌀밥
유부장국
닭살떡조림
시금치나물
백김치</td></tr>
<tr><td>낮잠 및 휴식
(13:00~15:00)</td><td colspan="5">자신의 매트를 스스로 찾아 편안히 휴식하거나 낮잠을 잘 수 있도록 함. 교사는 영아의 개별 수면 습관을 고려하여 토닥이기, 다리 주무르기 등을 해주며, 정서적, 언어적 지원함.</td></tr>
<tr><td>오후간식
(15:00~15 :30)</td><td>후라이드치킨
과일주스</td><td>어린이날
(휴원)</td><td>잔치국수
결명자차</td><td>자른꿀떡
우유</td><td>꽈배기빵
우유</td></tr>
<tr><td>귀가 및
통합보육
(16:00~17:00)</td><td colspan="5">하루일과 중 특이사항에 대해 부모님께 전달하고 바르게 인사하며 하원할 수 있도록 교사가 모델링 하며 언어적 격려함.</td></tr>
<tr><td rowspan="2">오전 자유놀이
(9:30~11:00)</td><td colspan="2">예상 보육 계획</td><td colspan="3">실행 보육 내용</td></tr>
<tr><td colspan="2">〈신체영역〉
• 활동명: 블록으로 징검다리 만들기
• 목표: 블록을 이용하여 징검다리를 만든다. 높이가 다른 징검다리를 만든다.
• 물리적 환경: 종이벽돌블록
• 활동내용
– 영역 내 제시된 벽돌블록을 이용하여 자유롭게 다리를 구성한다.
– 높이가 다른 징검다리를 자유롭게 구성한다.</td><td colspan="2">• 활동명: 도둑 잡기 놀이
• 경찰관 복장에 대한 자발적 흥미로 경찰관과 도둑잡기놀이로 변화됨.</td><td>• 활동명: 슈퍼맨 놀이
보자기에 대한 자발적 흥미로 슈퍼맨 놀이와 경찰관 놀이가 연계되어 이루어짐.</td></tr>
</table>

<table>
<tr>
<td rowspan="5">오후 자유놀이
(15:00~16:00)</td>
<td>〈역할 및 쌓기영역〉
• 활동명: 뽐내기 무대를 만들어요
• 목표: 블록으로 무대를 구성해보고 친구와 함께 공연을 해본다.
• 물리적 환경: 블록, 무대장식, 꽃소품
• 활동내용
– 블록으로 자유롭게 무대를 구성해본다.
– 무대를 자유로운 소품을 활용하여 꾸며 본다.
– 무대 위에 올라가 자유롭게 움직이며 자신을 표현해본다.</td>
<td>• 활동명: 경찰관, 내 집, 친구 집 만들기
경찰관 놀이에 대한 자발적 흥미로 경찰관, 내 집, 친구 집 만들기로 변화됨.</td>
<td rowspan="5">토요
보육
없음</td>
</tr>
<tr>
<td colspan="2">〈감각 탐색영역〉
• 활동명: 내 몸에 스티커 붙이기
• 목표: 나의 모습에 관심을 갖고 자신의 사진 위에 스티커를 붙인다.
• 물리적 환경: 영아의 얼굴사진, 여러 가지 모양의 스티커
• 활동내용
– 자신의 얼굴 사진을 보고 관심을 갖는다.
– 자신의 얼굴 사진 속 얼굴 부위 명칭에 관심을 갖고 사진 위에 스티커를 붙이며 탐색한다.</td>
</tr>
<tr>
<td>〈언어영역〉
• 활동명: 나의 몸이 하는 일
• 목표: 신체부위 그림카드를 보며 신체의 명칭을 알고 몸이 하는 일에 대해 관심을 갖는다.
• 물리적 환경: 신체부위 그림카드
• 활동내용
– 신체부위 그림카드를 탐색한다.
– 신체부위 그림카드를 보고 신체의 명칭을 말하고 듣는다.
– 신체부위 그림카드를 보고 몸이 하는 일에 대해 관심을 갖는다.</td>
<td>• 활동명: 직업관련 자동차 색칠하고 끼적이기
신체부위 그림카드에 관심을 보이지 않고 직업관련 자동차 그림에 대한 자발적 흥미로 직업관련 자동차 색칠하고 끼적이기로 변화됨.</td>
</tr>
<tr>
<td colspan="2">〈미술영역〉
• 활동명: 카네이션 꾸미기
• 목표: 다양한 꾸미기 재료를 이용하여 카네이션을 꾸민다.
• 물리적 환경: 반구, 습자지, 색연필
• 활동내용
– 반구, 습자지, 색연필 등 다양한 꾸미기 재료를 이용하여 카네이션을 꾸민다.
– 종이 위에 쓰여진 엄마, 아빠 감사해요 글자 위에 끼적이기 한다.</td>
</tr>
<tr>
<td>〈음률영역〉
• 활동명 : 머리,어깨,무릎,발(새노래)
• 목표: 새로운 노래를 익히고 노래에 맞추어 신체 각 부분을 움직여본다.
• 물리적 환경: 노래음원
– 새로운 노래를 들으며 흥미를 갖는다.
– 새로운 노래에 맞추어 신체의 각 부분을 움직여 본다.</td>
<td>• 활동명: 슈퍼맨 노래들으며 움직이기
머리, 어깨, 무릎, 발 새노래에 관심을 보이지 않고 슈퍼맨 노래에 흥미를 보여 실내대체활동인 슈퍼맨 놀이로 변화되어 통합적으로 이루어짐.</td>
</tr>
</table>

<table>
<tr><td colspan="2">바깥놀이
(대체)
(11:00~11:30)</td><td>코로나19 감염 확산으로 인한 긴급보육 실시로 바깥놀이 대신 실내대체활동 실시함
※실내대체활동
〈신체영역〉
• 활동명: 풍선이 동동
• 목표: 신체부위를 이용하여 줄에 매달린 풍선을 쳐본다.
• 물리적 환경: 풍선, 고무줄
• 활동내용:
– 다양한 색상의 풍선을 고무줄에 매어 영아의 키보다 높은 위치에 제시한다.
– 영아들은 풍선을 자유롭게 탐색한다.
– 영아들은 자신의 신체를 이용하여 줄에 매달린 풍선을 쳐본다.</td><td>• 활동명: 도둑 잡기 놀이
경찰관 복장에 대한 자발적 흥미로 경찰관과 도둑잡기놀이로 변화됨.</td><td>• 활동명: 슈퍼맨 놀이
보자기에 대한 자발적 흥미로 슈퍼맨 놀이와 경찰관 놀이가 연계되어 이루어짐.</td><td rowspan="10">토요
보육
없음</td></tr>
<tr><td rowspan="5">월</td><td>놀이실행</td><td colspan="2">○○와 ○○이가 역할영역에 제시된 직업관련 복장에 자발적 흥미를 나타냄. ○○는 경찰복을 입고 교사에게 “선생님, 경찰이예요”라고 말하여 교사가 “경찰은 뭐하는 사람일까?”라고 발문하니, “도둑 잡는 사람”이라고 대답함. 도둑에 대한 교사의 발문에 ○○는 “나쁜 사람이에요”라고 대답하며 “잡아야 해요”라고도 함. 유희실로 이동하여 연계된 ‘도둑 잡기 놀이’에서 영아들은 도둑의 역할을 맡은 교사를 적극적으로 잡으러 뛰어 이동함. 교사는 도둑과 경찰관의 역할을 영아들이 스스로 선택할 수 있도록 의견을 물어 놀이함.</td><td rowspan="4"></td></tr>
<tr><td>평가</td><td colspan="2">영아들은 경찰관, 소방관, 요리사 등 다양한 직업관련 복장에 대한 흥미 중 유독 경찰관에 대한 자발적 흥미를 나타냄. 스스로 또래와의 놀이를 통해 경찰의 역할을 맡아 경찰이 하는 일에 대해 관심을 나타냄. 특히 경찰관이 하는 일은 나쁜 사람을 잡는 정의로운 사람이라는 인식을 가지고 있음을 보임.</td></tr>
<tr><td>지원</td><td colspan="2">교사는 경찰복을 입고 놀이하는 영아들의 모습을 계속 관찰하고, 신체놀이로 확장할 수 있도록 실내대체활동장소인 유희실을 활용하여 영아의 놀이가 지속되도록 공간을 확장·지원함. 교사는 놀이에 참여하여 도둑의 역할을 하며 놀이 참여자로 관찰하기, 질문하기, 정서적 지원하기 등으로 놀이를 지원함.</td></tr>
<tr><td>다음날 계획 및 교사의 고민</td><td colspan="2">영아들이 자발적 흥미를 보인 ‘도둑 잡기 놀이’를 통해 교사는 영아들이 잡고 잡히기를 통한 신체놀이를 좋아하는지 아니면 경찰과 도둑이라는 역할에 대해 흥미를 보이는 것인지 고민이 됨. 수요일에는 신체놀이에 대한 흥미를 확장하고 관찰하기 위해 슈퍼맨 보자기와 유희실 활동공간을 지원할 예정임.</td></tr>
<tr><td colspan="4"></td></tr>
<tr><td rowspan="4">화</td><td>놀이실행</td><td colspan="2" rowspan="4">어린이날(휴원)</td><td rowspan="4"></td></tr>
<tr><td>평가</td></tr>
<tr><td>다음날 계획 및 교사의 고민</td></tr>
<tr><td>지원</td></tr>
</table>

요일	구분	내용	사진	
수	놀이실행	월요일에 계획된 슈퍼맨 보자기가 유희실에 제시되자, ㅇㅇ, ㅇㅇ, ㅇㅇ, ㅇㅇ는 자발적 흥미를 나타내며 보자기를 슈퍼맨처럼 목에 매고 능동적으로 이동함. 슈퍼맨 보자기를 두른 영아들은 손을 슈퍼맨처럼 한 팔은 길게, 다른 한 팔은 주먹을 쥐고 옆구리에 붙인 후, 앞으로 달려 나감. ㅇㅇ이가 "악당을 잡아야 해요"라고 표현하며 악당이 된 교사를 잡으러 빠른 속도로 이동함. 영아들은 악당 역할을 하는 교사를 향해 모두 달려가며 잡기를 반복하며 놀이함.		토요 보육 없음
	평가	월요일에 자발적 흥미를 보였던 '도둑 잡기 놀이'가 보자기를 지원함으로 '슈퍼맨 놀이'로 변화되었음. 영아들이 능동적으로 뛰고 이동하고 잡고 잡히기에 대한 신체놀이에 흥미를 보임을 알 수 있었음. 또한 교사가 놀이의 역할을 맡으며 적극 참여하여 교사의 참여가 놀이에 미치는 영향도 알 수 있었음. 지난해 부모참여수업으로 진행된 슈퍼맨 놀이의 사전경험도 놀이에 영향을 미쳤다고 평가됨.	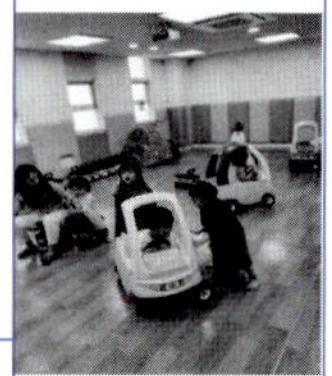	
	지원	교사는 수퍼맨 놀이를 하는 영아들을 위해 슈퍼맨 영화 음원을 지원함. 슈퍼맨이 되어 빠른 속도로 뛰어 이동하는 영아들의 안전을 위해 안전하게 놀이할 수 있도록 영아의 안전을 수시로 확인함.		
	다음날 계획 및 교사의 고민	슈퍼맨 놀이를 마친 영아들이 교실로 이동할 때도 보자기를 벗지 않고 이동함. 하지만 교실로 이동한 후, 슈퍼맨 보자기를 벗고 다시 경찰관, 소방관 의상에 관심을 보임. 영아들은 경찰관 놀이의 지속적인 흥미와 슈퍼맨 놀이 모두에 흥미를 보이는 것으로 보여 내일은 직업관련 그림자료와 끼적이기 자료를 지원할 예정임.		
목	놀이실행	언어와 미술영역에 제시된 직업관련 그림자료와 끼적이기 자료를 보고 ㅇㅇ, ㅇㅇ, ㅇㅇ이가 자발적 흥미를 보임. 그림자료에 자신이 선호하는 색깔로 색칠하고 가위로 오리기 함. 교사가 영아 옆에서 경찰관 모자를 색칠하고 오려 골판지띠를 활용하여 경찰관 모자 머리띠를 만들자, 주아가 흥미를 보임. 라음이는 벽돌블록으로 공간을 만들어 교사가 "여긴 누구 집이야?"라고 발문하자, "경찰관 집이야"라고 대답하며 구성함.		
	평가	직업관련 의상에 대한 흥미가 신체놀이 뿐만 아니라 언어와 미술영역과 연계되어 색칠하고 끼적이기, 만들기 등으로 확장됨. 벽돌블록으로 공간구성을 할 때도 자신이 만든 공간을 "경찰관 집이야"라고 표현하며 경찰관에 대한 지속적인 흥미가 통합적인 놀이로 연계됨.		
	지원	미술영역에서 만든 경찰관 모자 머리띠에 대한 영아들의 흥미가 발현되는 것을 보고 유희실 놀이에서도 활용할 수 있도록 지원함. 상호작용을 통해 관찰하기, 정서적 지원하기를 지원함. 슈퍼맨 놀이에 흥미를 나타내는 영아들을 고려하여 슈퍼맨 보자기도 지속적으로 놀이에 지원함.		
	다음날 계획 및 교사의 고민	그림자료와 끼적이기 자료 중 '로보캅 폴리'관련 캐릭터에 관심을 보이는 영아가 있어, 영아의 흥미를 고려하여 지원해야 하는지 여부에 대한 고민이 됨. 내일은 오늘 지원했던 직업관련 그림자료와 함께 로보캅 폴리 그림자료를 함께 지원하여 놀이의 흥미도와 지속성을 관찰하고자 함.		

<table>
<tr><td rowspan="4">금</td><td>놀이실행</td><td colspan="3">어제 계획했던 로보캅 폴리 그림자료를 지원하자 그림자료에 대한 영아의 흥미도가 높아 서로 관심을 보이는 캐릭터 그림을 자발적으로 색칠하고 끼적이기 함. ㅇㅇ는 로보캅 폴리에 대한 흥미를 보이고, ㅇㅇ는 엠버에 대해 관심을 보임. 유희실에서 예준이는 교사가 머리에 쓴 경찰관 머리띠에 흥미를 보이고 자신도 머리에 쓰며 따라함. 주아는 경찰관 머리띠를 자동차 위에 놓고 경찰차로 가작화함. ㅇㅇ는 슈퍼맨 로고가 그려진 티셔츠를 입고 놀이하며 슈퍼맨에 대한 흥미를 지속적으로 나타냄. 경찰관 놀이와 슈퍼맨 놀이가 모두 연계되어 함께 통합적으로 이루어짐.</td><td rowspan="4"></td><td rowspan="4">토요
보육
없음</td></tr>
<tr><td>평가</td><td colspan="3">영아들은 사전경험으로 접한 영상자료인 로보캅 폴리 캐릭터 그림을 통해 각각의 그림이 의미하는 역할에 대한 인지를 하고 있음. 경찰을 표현하는 모자와 머리띠 등 관련 놀잇감과 자료에도 흥미를 보이며 기존 놀잇감을 놀이의 도구로 가작화하는 용도로 사용함. 경찰관 놀이와 슈퍼맨 놀이 모두 영아의 흥미를 지속적으로 이끌고 있음.</td></tr>
<tr><td>지원</td><td colspan="3">경찰관, 소방관 모자 머리띠에 자발적 흥미를 보이지만 만들기를 원하는 영아들 중 교사의 도움을 원하는 영아를 지원하며 함께 만듦. 만들기 할 때 만들기에 필요한 지테이프와 양면테이프, 자른 골판지 등을 지원함.</td></tr>
<tr><td>다음날 계획 및 교사의 고민</td><td colspan="3">직업관련 그림자료보다 관련 캐릭터 영상 관련 그림자료에 더 흥미를 보이는 영아들에게 함께 지원하는 것이 맞는지 고민이 됨. 하지만 영아들은 캐릭터 그림자료도 그림을 통해 각자 갖고 있는 역할로 인지함을 알 수 있어, 언어와 미술자료, 역할 놀잇감으로 활용을 연장하기로 함. 또한 신체놀이와 함께 영아들이 흥미를 보이며 구성하고 있는 벽돌블록에 대한 다양한 공간구성을 위해 영아의 놀이를 관찰하면서 필요한 순간에 질문하기, 제안하기, 놀이 참여하기, 정서적 지원하기 등의 다양한 상호작용으로 놀이를 지원할 계획임.</td></tr>
<tr><td colspan="2">반 운영 특이사항
(알러지/전화
상담/전염병)</td><td>없음</td><td>어린이날</td><td>없음</td><td>양해슬
안부전화 드림</td><td>남규민, 박시현
안부전화 드림</td></tr>
<tr><td colspan="2">출결사항</td><td>현원: 0
결석: 0
출석: 0
결석사유: 0</td><td>현원: 0
결석: 0
출석: 0
결석사유: 0</td><td>현원: 0
결석: 0
출석: 0
결석사유: 0</td><td>현원: 0
결석: 0
출석: 0
결석사유: 0</td><td>현원: 0
결석: 0
출석: 0
결석사유: 0</td></tr>
</table>

출처: 강서구 거점형 공공직장 어린이집(2020).

〈영아반 주간 보육일지 예시 2〉

<table>
<tr><td colspan="4">영아들은 스스로 주변의 환경을 탐색하고 관심 있는 자원을 선택하여 놀이에 자유롭게 활용합니다. 놀이에 집중하며 배우는 영아들을 보면 놀이에 대한 자유를 보장하고 마음껏 즐길 수 있도록 지원하는 것이 영아들에게 얼마나 중요한지 깨닫게 됩니다.
이번 주에는 지난주에 이어 '튼튼해져요'라는 주제에 따라 맨몸 운동(요가, 체조, 달리기 등) 및 도구를 활용한 운동(리듬체조, 장애물달리기 등)을 알아보고 직접 경험해보며 운동은 몸을 건강하게 하는 수단임을 인식할 수 있도록 운동하는 모습이 담긴 사진, 운동에 대해 소개하는 책 그리고 리본, 공, 스카프, 유니바 등의 신체 도구를 제공하였습니다.</td></tr>
<tr><th>주제</th><td>체조를 해요 / 낚시 놀이</td><th>기간</th><td>6월 2주</td></tr>
<tr><th>놀이의 배경 및 경험</th><td colspan="3">벽면에 게시되어 있는 운동 관련 사진 중 체조 사진을 보고 영아들이 관심을 가지며 동작을 따라 하기 시작하였다. 사진 속의 동작뿐 아니라 스스로 신체를 자유롭게 움직이며 여러 동작을 만들어 내고 친구와 선생님에게 보여주며 성취감을 느끼기도 하였다. 이에 영아들은 자발적으로 신체를 조절하여 표현하는 경험을 통해 자신감을 갖고 움직임을 즐기며 신체 균형 감각을 기를 수 있었다.
한편 한 영아가 신체 도구 중 리본에 관심을 갖고 흔들어 보다가 낚싯대로 활용하여 낚시하는 놀이를 시작하자, 다른 영아들도 관심을 갖고 리본으로 낚시 놀이를 하기 시작하였다. 이에 교사는 물고기 모형을 제공하여 낚시 놀이를 할 수 있도록 하였다. 뿐만 아니라 배에서도 낚시할 수 있다는 사실을 알고 블록으로 배를 구성하며 사전 경험을 표상한 것은 물론 또래와 함께 놀이하는 즐거움을 알고 긍정적인 사회관계를 형성하고 있음을 알 수 있었다.</td></tr>
<tr><th>6월 2주 예상 놀이 주제망 (바깥놀이 포함)</th><td colspan="3">골고루 먹어요 — 튼튼해져요 — 몸을 움직여요
튼튼해져요 — 소중한 내 몸</td></tr>
<tr><th>6월 2주 놀이 실행</th><td colspan="3">  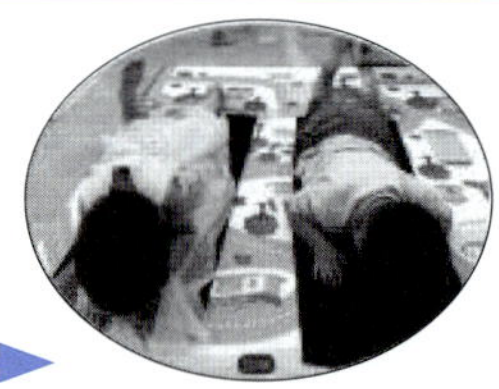
〈놀이의 시작〉
영아들이 교실 안에 게시되어 있는 운동 관련 사진 중 체조 사진에 관심을 갖고 사진 속의 동작을 따라하기 시작했다.
〈놀이의 전개〉
사진 속의 다양한 동작을 따라해 보며 신체를 조절해 보고 친구와 함께 같은 동작을 표현해 보기도 하였으며 난이도가 조금 더 높은 동작의 사진을 추가로 제공해주자 적극적으로 표현해 보는 모습이었다.
〈놀이의 확장〉
사진 속 동작의 대부분을 따라 해 본 뒤 한 영아가 교사에게 "선생님 나 이렇게 할 수 있어요"라고 하며 사진과는 다른 새로운 동작을 보여주자 다른 영아들도 각자 신체를 움직여 다양한 동작을 표현하였다.</td></tr>
</table>

<table>
<tr><td>6월 2주
놀이 실행</td><td colspan="3"> →  → 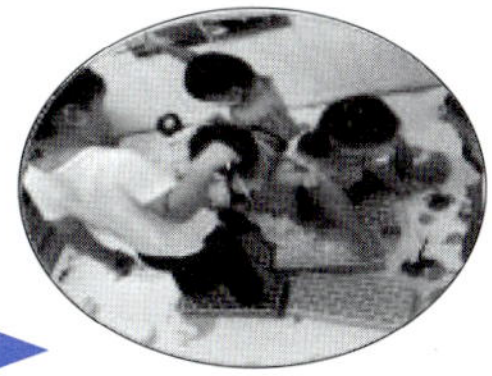

〈놀이의 시작〉
신체 표현 도구로 제공한 리본에 관심을 갖고 흔들어 보기도 하고 춤을 추며 흔들기, 던지기 등을 하기도 하여 교사가 음악을 틀어주자 음악의 속도에 맞춰 리본을 흔들며 춤을 추기도 하였다.

〈놀이의 변화 및 전개〉
한 영아가 리본을 맞닿아 있는 교구장 사이에 넣고 낚싯대처럼 활용하였다. 이를 본 다른 영아들도 리본을 낚싯대로 활용하기 시작하였다. 교사가 리본 끝에 자석을 달아주고 물고기를 제공하자 낚시놀이가 더욱 활발하게 이루어졌다.

〈놀이의 확장〉
교사가 낚시 관련 사진을 게시하여 영아들이 보고 놀이에 참고할 수 있도록 하였으며, 사진 속에 배를 타고 낚시하는 사람을 본 한 영아가 블록으로 배를 만들고 싶어하여 영아들이 함께 벽돌 블록으로 배를 구성하여 낚시 놀이를 하였다.

※ 사진은 놀이 흐름 설명을 위한 자료임을 알려드립니다.</td></tr>
<tr><td rowspan="2">기본생활
습관 및
안전교육</td><td>기본생활습관</td><td>식습관</td><td>점심, 간식 시간에 나온 음식에 관심을 가져요</td></tr>
<tr><td>안전교육</td><td colspan="2">(실종 · 유괴 예방교육) – 멈추기, 생각하기, 도와주세요</td></tr>
<tr><td>지역사회
연계</td><td colspan="3">코로나19로 인해 지역사회 연계 활동은 연기함</td></tr>
<tr><td>행사일정</td><td colspan="3"></td></tr>
</table>

출처: 강서구 거점형 공공직장 어린이집(2020).

〈유아반 주간 보육일지 예시 1〉

작성자: ○○○

<table>
<tr><td rowspan="2">결재</td><td>담임</td><td>원감</td><td>원장</td></tr>
<tr><td></td><td></td><td></td></tr>
</table>

<table>
<tr><th>날짜</th><td>2020년 5월 4일~2020년 5월 9일</td><th>주제</th><td>나와 가족</td><th>보육일수</th><td>52~57</td></tr>
<tr><th>주요 활동</th><td>어버이날 카드 만들기 / 배 구성하기</td><th>통합 보육</th><td colspan="3">등원(7:30~9:00),
하원(16:00~19:30)</td></tr>
<tr><th>활동 시간</th><td colspan="5">활동계획 및 실행</td></tr>
</table>

<table>
<tr><th></th><th>날씨</th><th>오전간식
(9:00~9:30)</th><th>점심
(12:00~13:00)</th><th>오후간식
(15:00~15:30)</th></tr>
<tr><th rowspan="6">간식 및 점심</th><td>4일 (월)</td><td>채소스틱, 유아용치즈</td><td>잡곡밥,
대파달걀국,
돼지불고기,
오이무침,
배추김치</td><td>후라이드치킨,
과일주스</td></tr>
<tr><td>5일 (화)</td><td colspan="3">어린이날</td></tr>
<tr><td>6일 (수)</td><td>제철과일(딸기), 우유</td><td>차수수밥, 짜장소스, 부추계란국,
군만두,
단무지무침,
얼갈이김치</td><td>잔치국수,
결명자차</td></tr>
<tr><td>7일 (목)</td><td>브로콜리죽, 두유</td><td>차조밥, 조갯살미역국, 두부부침,
양념장,
새송이감자
조림, 깍두기</td><td>자른꿀떡,
우유</td></tr>
<tr><td>8일 (금)</td><td>제철과일(참외), 우유</td><td>찹쌀밥,
유부장국,
닭살떡조림,
시금치나물,
백김치</td><td>꽈배기빵,
우유</td></tr>
<tr><td>9일 (토)</td><td>곡물시리얼, 우유</td><td>돼지고기깍두기볶음밥,
새우맑은국,
호두연근조림,
배추겉절이</td><td></td></tr>
</table>

예상 보육 계획	【쌓기영역】 • 활동명: 블록으로 내 몸 구성하기 • 목표: 블록으로 나의 몸을 구성할 수 있다. • 물리적 환경: 다양한 신체 부위 사진 • 활동내용 – 나의 몸을 탐색한다. – 블록으로 나의 몸을 구성한다.	【역할영역】 • 활동명: 나를 소개해요(쌓기연계) • 목표: 나에 대해 다양한 방법으로 소개를 한다. • 물리적 환경: 마이크 • 활동내용 – 무대 위에 올라간다. – 나에 대해 다양한 방법으로 소개를 한다.	【수조작영역】 • 활동명: 얼굴의 구조 세어 보기 • 목표: 봄 얼굴 구조의 수에 대해 안다. • 물리적 환경: 얼굴 구조 사진 • 활동내용 – 나의 얼굴을 탐색한다. – 각 구조의 수를 세어 본다.	【과학영역】 • 활동명: 움직이는 내 몸 사진·동영상 촬영하기 • 목표: 몸의 움직임에 대해 관심을 갖는다. • 물리적 환경: 카메라 • 활동내용 – 몸을 다양하게 움직인다. – 몸의 움직임을 사진 혹은 동영상으로 촬영한다.	【언어영역 – 구어활동】 • 활동명: 어떤 기분 일까요?(감정표현 수수께끼) • 목표: 상황에 맞는 적절한 감정을 표현한다. • 물리적 환경: 다양한 상황을 나타내는 그림 자료 • 활동내용 – 그림 자료 속의 기분(감정)에 대해 이야기 나눈다. – 감정표현방법에 대해 이야기 나눈다. 【언어영역 – 문어활동】 • 활동명: 기분이 좋아지는 방법 써보기 • 물리적 환경: 표상용지 • 활동내용 – 다양한 표정을 보고 이야기 나눈다. – 기분이 좋아지는 방법에 대해 써 본다	【미술영역】 • 활동명: 얼굴 사진을 이용한 꼴라주 • 목표: 나의 다양한 모습을 보고 긍정적으로 인식한다. • 물리적 환경: 얼굴 사진, 풀, 가위 • 활동내용 – 잡지에서 다양한 모습의 사람들이 나온 사진을 오린다. – 마음에 드는 사진 위에 나의 얼굴을 붙여 다양한 모습의 나를 감상한다.	【음률영역】 • 활동명: 내 몸은 다양한 악기 • 목표: 몸을 활용하여 다양한 소리를 낼 수 있다. • 활동내용 – 몸에서 나는 소리를 탐색한다. – 몸을 활용하여 여러 가지 소리를 내어 본다.
실내 자유 놀이 (10:00 ~ 11:00) (15:30 ~ 17:00)	【미술영역】 • 활동명: 나만의 가방 입체표상하기 • 목표: 다양한 가방의 특징과 필요성에 대해 인식한다. • 물리적 환경: 얼굴 사진, 풀, 가위, 점토 • 활동내용 – 다양한 가방 사진자료를 탐색한다. – 천사 점토를 사용하여 자신만의 가방을 구성한다. – 자신이 구성한 가방을 다양한 꾸미기 재료를 활용하여 꾸민다.						

<table>
<tr>
<td rowspan="2">실내
자유
놀이
(10:00
~
11:00)

(15:30
~
17:00)</td>
<td colspan="3">【미술영역】
• 활동명: 어버이날 카드 꾸미기
• 목표: 어버이날의 의미에 대해 안다.
• 물리적 환경: 얼굴 사진, 풀, 가위, 점토, 색종이, 스티커
• 활동내용
– 어버이날에 대해 이야기 나눈다.
– 쓰기 도구를 활용하여 어버이날 편지에 들어갈 내용을 작성한다.
– 자신이 작성한 어버이날 카드에 다양한 꾸미기 재료를 활용하여 어버이날 카드를 꾸민다.</td>
<td></td>
<td></td>
<td></td>
</tr>
<tr>
<td colspan="2">【쌓기영역】
• 활동명: 블록으로 교통기관 배 구성하기
• 목표: 블록으로 다양한 배를 구성할 수 있다.
• 물리적 환경: 다양한 배 사진
• 활동내용
– 배의 모양에 대해 탐색한다.
– 블록으로 배를 구성한다.</td>
<td></td>
<td></td>
<td></td>
<td></td>
</tr>
<tr>
<td></td>
<td>예상 보육 계획</td>
<td colspan="5">실행 보육</td>
</tr>
<tr>
<td rowspan="2">바깥
놀이
(11:00
~
11:30)</td>
<td>【실외활동–산책하기/어린이집 주변 탐색하기】
• 활동명: 어린이집 주변 산책하기
• 목표: 실외놀이터에서 놀이하며 날씨변화와 자연변화에 대해 안다.
• 활동내용
– 변화된 자연풍경을 감상한 뒤 이야기 나누며 자유롭게 신체활동에 참여한다.</td>
<td colspan="5">【실외 및 산책활동】
• 활동명 : 산책하기
• 목표: 산책을 통해 봄을 느낀다./ 산책을 통해 봄을 느끼고 날씨 변화를 인식한다.
• 활동내용
– 어린이집 주변을 산책한다.
– 산책하며 주변의 자연을 감상한다.
– 불어오는 바람을 느낀다</td>
</tr>
<tr>
<td>※실내 대체활동
【신체영역】
• 활동명: 민들레 씨앗 되어 보기
• 목표: 신체를 조절하여 민들레 씨앗을 몸으로 표현한다.
• 활동내용
– 민들레 씨앗의 생김새와 특징에 대해 이야기 나눈다.
– 민들레 씨앗에 관한 영상을 시청한다.
– 음악을 들으며 민들레 씨앗을 몸으로 표현한다</td>
<td colspan="5">※실내 대체활동
【신체영역】
• 활동명: 코레카 타기
• 목표 : 자신의 신체를 인식하고 조절하며 코레카를 탄다.
• 활동내용
– 자신의 신체에 관심을 갖는다.
– 자신의 신체에 인식하고 조절하며 코레카를 탄다.
– 동요 음원에 맞춰 또래들과 코레카를 탄다.</td>
</tr>
</table>

<table>
<tr><td>낮잠
및
휴식

(13:00
~
15:00)</td><td colspan="3">【낮잠 및 휴식】
- 블라인드를 내리고 조명을 조절하여 잠자기에 편안한 환경을 조성한다.
- 유아의 개별 수면패턴에 따라 잠들 수 있도록 도와준다.
- 유아의 수면 시 주의 깊게 관찰하며 유아의 수면습관을 파악한다.
【조용한 놀이】
- 교사는 잠들지 않은 유아들이 조용한 놀이를 할 수 있도록 돕고 놀이할 때 보이는 행동이나 말에 반응하며 언어적·비언어적으로 상호작용한다.</td><td>▶교사는 낮잠을 자지 않는 유아들은 정적인 활동을 하며 자연스럽게 휴식을 취하거나 놀이를 할 수 있도록 지원하였다.</td></tr>
<tr><td>등원
및
통합
보육
(17:00
~
19:30)</td><td colspan="3">[사화관계증진활동·인사 나누며 하원하기]
- 개별 유아들이 하루의 일과를 정리하고 즐거운 마음으로 부모님을 만날 수 있도록 돕는다.
- 보호자에게 유아의 상태 및 특이사항 등을 전달한다.</td><td>▶교사는 부모님들께 유아들의 건강상태와 일과 중 특이사항을 전달하며 유아들이 즐거운 마음으로 하원할 수 있도록 도왔다.</td></tr>
<tr><td rowspan="4">실행
및
평가</td><td rowspan="4">월</td><td>실행</td><td rowspan="4">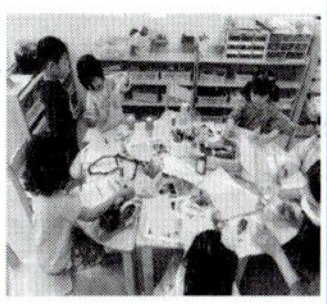</td><td>ㅇㅇ이는 "선생님 오늘 점토놀이를 하고 싶어요"라고 말하여 교사는 유아들에게 천사점토를 제공하였다. 교사는 "점토로 무엇을 만들고 싶어요.?"라고 발문하였다. ㅇㅇ이는 "예쁜 가방을 만들거예요."라고 말하며 점토를 활용해 가방을 입체 표상하는 모습을 보였다.</td></tr>
<tr><td>평가</td><td>아린이는 또래들과 가방의 디자인과 패턴에 대해 이야기하며 교사가 제공한 천사점토를 활용하여 자신들만의 가방을 구성하는 모습을 보였다. 또한 자신들이 구성한 가방들을 다양한 영역에 제시하고 판매하고, 또래들이 가방에 대해 질문하였을 경우 가방의 특징과 쓰임새에 대해 설명하며 지속적으로 가방을 판매하는 역할놀이를 하는 모습을 보였다.</td></tr>
<tr><td>지원</td><td>유아들은 교사가 제공한 천사점토를 활용하여 놀이를 진행했을 때 꾸미기 재료를 활용하여 가방을 꾸미는 모습을 보였다. 유아들은 자신들의 사전경험에 바탕으로 놀이를 진행하였을 때 가방의 패턴이 단순하거나 다양한 가방의 모양에 대해 질문하는 모습을 보여 교사는 유아들에게 다양한 가방 그림자료를 인쇄해 제공하였다.</td></tr>
<tr><td>교사
의
고민</td><td>하루일과를 진행하였을 때 유아들의 흥미를 기초로 자유선택활동을 진행하였을 경우 다양한 놀이가 진행되고 있다. 주제별 활동이 아닌 유아들이 스스로 계획하고 실행하며 놀이를 진행할 때 교사는 주도적 발문이 아닌 확장형 발문을 통하여 상호작용을 하지만 유아들에게는 교사의 주관적인 지식과 경험을 전달할 수 있다는 생각이 들어 교사는 함께 반을 운영하는 선생님과 지속적으로 하루일과에 운영과 상호작용에 대해 이야기 나누고 있다.</td></tr>
</table>

구분	요일	항목	사진	내용
실행 및 평가	화	실행		어린이날
		평가		
		지원		
		교사의 고민		
	수	실행		ㅇㅇ는 "선생님 금요일에는 어버이날이라서 엄마, 아빠 카드를 만들고 싶어요"라고 말하여 교사는 ㅇㅇ와 어버이날 카드를 어떤 재료를 사용해서 만들면 좋을지에 대해 이야기 나누었다. 유아들은 미술영역에 제시된 다양한 미술재료(색종이, 색지, 도화지, 사인펜, 색연필, 등)를 사용하여 어버이날 카드를 구성하는 모습을 보였다.
		평가		유아들은 미술영역에 제시된 다양한 다양한 미술재료(색종이, 색지, 도화지, 사인펜, 색연필, 등)를 사용하여 자신만의 어버이날 카드를 구성하는 모습을 보였다. 또한 또래들과 어버이날 카드를 구성하며 어버이날 카드를 만드는 이유와 어버이날의 의미에 대해 인식하며 지속적으로 어버이날 카드를 구성하는 모습을 보였다.
		지원		교사는 유아들이 다양한 미술재료를 사용하기를 원하여 교사는 유아들과 다양한 미술재료들에 대해 이야기 나누었다. 유아들은 "선생님 자료실 가서 우리가 쓰고 싶은 것들을 찾고 싶어요"라고 말하여 교사는 유아들과 함께 교재교구 자료실에 함께 이동하여 유아들이 직접 다양한 미술재료들을 탐색하고 선정하여 사용할 수 있도록 지원하였다.
		교사의 고민		유아들이 다양한 미술재료들을 직접 탐색하고 사용할 수 있도록 지원을 하고 있다. 유아들은 교재교구 자료실에서 다양한 미술 재료들을 선정하였을 때 또래들과 미술 재료들을 어디에 사용할 것인지에 대해 이야기 나누며 선정하고 놀이에 반영하고 있다. 그러나 한번에 많은 재료들을 소진해서 놀이를 하기 때문에 누리과정 운영에 있어 평가를 할 때 교사의 의견을 제시해도 되는 것인지에 대한 많은 고민이 된다.
	목	실행		유아들은 5월 6일 화요일 활동을 지속적으로 하며 어버이날 카드 만들기 활동에 많은 흥미를 보이는 모습을 보였다. 유아들은 "선생님 그런데 우리가 만든 카드에 카네이션 꽃을 달면 좋을 것 같아요"라고 말하여 교사는 유아들과 함께 카네이션을 어떻게 만들면 좋을지에 대해 이야기 나누었다. 유아들은 미술영역에 제시된 색종이와 컵페이퍼를 활용하여 자신들이 구성한 어버이날 카드 위에 붙이며 어버이날 카드를 구성하는 모습을 보였다.
		평가		유아들은 미술영역에 제시된 컵페이퍼와 색종이를 활용하여 접으며 카네이션을 구성하는 모습을 보였다. 또한 자신이 구성한 카네이션을 컵페이퍼에 올리고 감싸며 꽃다발 형식으로 표현하고 구성한 뒤 어버이날 카드 위에 올리며 어버이날 카드를 꾸미는 모습을 보였다. 유아들은 자신들이 꾸민 어버이날 카드를 또래들에게 설명하고 어버이날 카드에 적힌 내용을 공유하며 지속적으로 놀이하는 모습을 보였다.
		지원		유아들은 "선생님 카페처럼 조용한 음악을 들으면서 놀이하면 좋을 것 같아요"라고 말하여 교사는 유아들의 의견을 수용하여 다양한 정적인 음악들을 제공하였다. 또한 유아들이 주도적으로 활동을 계획하고 활동하였을 때 다양한 영역에서의 놀잇감을 공유하여 사용할 수 있도록 허용하며 유아들의 놀이 흐름에 따라 녹아들 수 있도록 지원하였다.
		교사의 고민		지속적으로 코로나19 바이러스로 인해 바깥활동을 못하고 있어 유아들의 바깥놀이 활동에 대해 높은 기대감을 보이고 있다. 교사는 현재 다양한 실외활동을 계획하고 유희실에서 진행하고 있으나 대근육 활동을 충분한 시간을 제공하여 진행하지 못하고 있기 때문에 공간과 시간적인 부분에서 어떻게 유아들에게 충분한 대근육 활동을 제공하여야 하는지 고민이다.

<table>
<tr><td rowspan="5">실행 및 평가</td><td rowspan="4">금</td><td>실행</td><td rowspan="4"></td><td>유아들은 배를 타고 여행을 갔던 경험에 대해 이야기 나누는 모습을 보여 교사는 유아들과 함께 배를 타고 여행한 경험에 대해 이야기 나누었다. 유아들은 쌓기영역에서 다양한 벽돌블록을 사용하여 배의 밑부분을 네모 모양으로 나열하며 돛단배를 구성하는 모습을 보였다.</td></tr>
<tr><td>평가</td><td>유아들은 역할영역과 쌓기영역을 연계하여 놀이하는 모습을 보였다. 유아들은 자신들이 구성한 돛단배에 역할영역에 제시된 음식모형과 식사도구를 돛단배에 제시하며 놀이하는 모습을 보였다. 세현이는 “그런데 배가 이동하려면 노를 저어야 해”라고 말하며 빗자루를 활용하여 돛단배에 앉아 노를 저으며 놀이하였다. 또한 자신이 구성한 배에 다른 또래들을 초대하고 음식을 나누어 먹으며 지속적으로 놀이하는 모습을 보였다.</td></tr>
<tr><td>지원</td><td>교사는 유아들이 구성한 배에서 다양한 놀이가 진행되었을 때 필요한 놀잇감을 모든 영역에서 가져와 놀이하고 싶어하여 교사는 유아들의 의견을 수용하여 놀이가 확장될 수 있도록 지원하였다. 또한 하루일과를 진행하였을 때 유아들이 선정한 정리시간에 맞추어 정리할 수 있도록 지원하였다.</td></tr>
<tr><td>교사의 고민</td><td>교사는 유아들이 점심식사를 평균시간보다 30분 정도 늦게 먹고 싶어하는 모습을 보여 교사는 점심식사를 제시간에 먹어야 하는 이유에 대해 이야기 나누었다. 하지만 원의 운영과 교사의 주도적인 생각으로 아이들에게 이야기 한것이라는 생각이 들며, 유아들의 놀이의 흥미의 흐름이 끊어진 것은 아닌지 고민이 된다.</td></tr>
<tr><td>토</td><td colspan="3">토요 보육 없음</td></tr>
</table>

출결 상황	요일	4일(월)	5일(화)	6일(수)	7일(목)	8일(금)	9일(토)
	현원	○	○	○	○	○	○
	결석	○	○	○	○	○	○
	출석	○	○	○	○	○	○
	결석 사유	○	○	○	○	○	○

출처: 강서구 거점형 공공직장 어린이집(2020).

〈유아반 주간 보육일지 예시 2〉

<table>
<tr><td colspan="3">유아놀이중심 교육과정은 유아의 놀이가 가지는 배움의 의미를 새롭게 이해하는 데서 출발합니다. 놀이를 통해 유아는 자신과 주변 사람들을 이해하게 되고, 의사소통하며, 사회화하고, 미래의 삶을 위한 유용한 기술을 습득하게 됩니다. 따라서 놀이는 유아의 발달영역에 있어 신체, 인지, 사회, 정서, 창의성을 포함한 유아의 전인적 발달을 도모합니다. 유아들의 이번 주 놀이는 '캠핑놀이'에서 확장되어 유아들의 흥미가 일상생활의 사전경험을 바탕으로 전이되어 다른 주제로 놀이가 이루어질 수 있습니다.</td></tr>
<tr><th>놀이 주제</th><th>주요 놀이</th><th>활동기간</th></tr>
<tr><td>캠핑</td><td>바다 만들기 / 캠핑놀이</td><td>2020년 6월 2주</td></tr>
<tr><td>유아들의 놀이 주제망</td><td colspan="2">
</td></tr>
<tr><td>놀이의 배경 및 경험</td><td colspan="2">바다를 구성한 유아들이 바다생물에 관심을 가지면서 직접 그림으로 표현해 보고, 다양한 바다생물의 특징과 종류에 대해 알아보았습니다. 바다를 완성한 다음 사전에 만들어 보았던 배를 띄워 보기도 하고, 백업 낚싯대를 이용해 낚시활동을 경험하는 등 바다에서 할 수 있는 다양한 놀이들을 경험하였습니다.
그리고 바다에서 캠핑 놀이도 할 수 있다는 유아들의 의견을 반영하여 교실에 텐트를 제시해두었고, 자연스럽게 유아들은 텐트를 탐색하고 친구와 함께 하고 싶은 놀이를 이야기 나누어 보았습니다.
캠핑에 대한 경험 이야기 나누기, 텐트 안에서 누워 보기, 요리도구를 이용한 캠핑요리 만들기, 캠핑장에서 할 수 있는 놀이, 캠핑카 관심 갖기 등을 경험하였습니다.</td></tr>
<tr><td>이번 주 유아들의 관심과 놀이</td><td colspan="2">• 교실에 바다를 꾸며 바다생물 놀잇감을 올려 놀던 유아들은 직접 바다생물을 그려 붙이고 싶다고 이야기하였습니다. 교실에 제시되어 있던 바다생물 그림 자료를 유아들이 색칠하고 가위로 오려 바닥에 붙여 보며 다양한 바다생물이 서식하는 바다를 꾸며 보았습니다.
유아들이 완성한 멋진 바다 위에 배를 띄워 노를 저어 보기도 하고, 낚시놀이도 하면서 바다에서 할 수 있는 다양한 놀이들을 경험해 보았습니다.
• 교실에 제시된 텐트에 관심을 가진 유아들은 캠핑장에 온 것 같다며 다양한 캠핑도구들을 찾아보고 캠핑장에서 먹을 수 있는 음식들을 만들어 보았습니다.
캠핑에 대한 생각모으기를 하던 중 유아들은 캠핑카에 대해 관심을 보였으며, 캠핑카 그림 자료를 함께 관찰하고, 캠핑카 안에는 무엇이 있을지 호기심을 보이며 함께 찾아보기도 했습니다.</td></tr>
</table>

이번 주 놀이를 통해 경험한 개념	1. 바다생물의 종류 – 자연과 더불어 생활하기, 주변의 동식물에 관심 가지기(바다생물 관찰하기–영상자료, 수조 등), 바다생물 이름 따라 쓰기(언어–쓰기), 바다생물 표현하기(미술) 2. 캠핑에 대해 관심 가지기 – 캠핑에 대한 문화에 관심 가지기(캠핑을 경험한 이야기 나누기, 낚시와 캠핑의 연관성) – 생활 속에서 탐구하기, 캠핑에 필요한 도구와 기계에 관심 가지기(캠핑카, 텐트, 요리도구 등)
놀이 실행 전개도	 〈놀이의 전개〉 유아들은 바다에 더 많은 바다생물의 사진을 잘라 붙이고, 매직으로 직접 그리고 싶다며 제안하였습니다. 꾸미는 과정 속에서 유아들은 다양한 바다생물들을 탐색하고 자신이 알고 있는 생물들의 이름과 특징을 또래와 함께 이야기 나누었습니다.  〈놀이의 전개〉 유아들은 "이제 바다 위에 배를 올릴 수 있겠다!"라며 바다 위에 구성해둔 배를 옮기려고 시도하였습니다. 혼자 배를 옮기는 과정에서 어려움을 느낀 유아는 친구에게 도움을 요청하며 문제에 대한 해결방법을 찾아 배를 성공적으로 바다 위에 올려둔 후 다양한 바다 놀이를 하였습니다.  〈새로운 놀이의 시작〉 주말을 보내고 온 유아들은 교실에 제시된 텐트에 큰 관심을 보이며 텐트의 구조에 대해 탐색하였습니다. 텐트의 문이 앞뒤로 구성되어 있는 것을 파악한 후 문을 닫고 싶다고 이야기하였고, 교사와 안전에 대한 약속을 정한 뒤 뒷문만 닫아 보기로 약속하였습니다.  〈놀이의 전개〉 다음날 텐트 안에 다양한 음식과 캠핑용 조리도구를 챙겨 들어가며 캠핑놀이를 주도적으로 놀이하였습니다. 불판 위에 올려둔 음식을 집게를 사용하여 뒤집으며 손으로 만지는 친구에게는 뜨겁다고 주의를 주기도 하였습니다. 실제로 자신이 캠핑갔던 경험을 친구들과 이야기 나누기도 하였습니다.

<table>
<tr><th>놀이 실행 전개도</th><td colspan="2">

〈놀이의 전개〉
캠핑을 가기 위해 필요한 음식 재료를 마트에 가서 구매해야 한다는 유아들은 교실에 제시되어 있던 캐셔를 찾아 놀이하였습니다. 필요한 물품과 음식을 사고팔며 캠핑놀이와 마트놀이를 연계하여 놀이하는 모습을 보였습니다.
〈놀이의 전개〉
캠핑에 대한 흥미가 많은 유아들과 생각 모으기를 하던 중 캠핑카에 대한 경험들을 이야기 나누었습니다. 이야기 나누는 과정에서 유아들은 캠핑카의 생김새, 안에는 어떻게 생겼을지 예측해 보았습니다. 캠핑카 사진을 관찰하던 중 유아는 교실 벽면과 교구장에 붙이고 싶다고 제안하였습니다. 어디에 붙일지 친구들과 정한 후 붙이는 방법을 고안하여 한 명은 종이를 잡고, 한 명은 데이프를 잘라 붙이며 협업할 수 있었습니다.</td></tr>
<tr><th>다음 주 유아들의 예상 놀이</th><td colspan="2">캠핑카에 관심을 나타나기 시작하여 캠핑카 만들기를 이야기 나누었고, 구성계획 및 재료선정에 대해 이야기 나누기가 진행될 것으로 예상됩니다.</td></tr>
<tr><th>가정 연계 놀이</th><td colspan="2">생활도구로(이불, 의자, 소파 등) 텐트 만들기, 캠핑요리 마트에서 장보기, 캠핑요리 직접 만들어 먹어 보기</td></tr>
<tr><th>행사일정</th><td colspan="2">다음 주 행사일정은 없습니다.</td></tr>
<tr><th>기본생활 습관 및 안전교육</th><td>30초 동안 손 씻기</td><td></td></tr>
</table>

출처: 강서구 거점형 공공직장 어린이집(2020).

〈유아반 주간 보육일지 예시 3〉

<table>
<tr><th>들꽃
향기반
이번 주
놀이 및
활동</th><th colspan="2">놀이</th><th>활동</th></tr>
<tr><td></td><td colspan="2">**(쌓기)**'모두 다 있어' 공장
(과학) 다양한 도구와 기계 탐색하기
다양한 종이 분쇄 실험
(미술) 다양한 재료로 만든 활</td><td>**(이야기 나누기)**
우리 반 도구와 기계 분류하기
'도구와 기계' 브레인스토밍
(대체활동) 몸으로 도구와 기계 표현하기</td></tr>
<tr><td rowspan="4">놀이 및
활동 사진</td><td colspan="2"></td><td></td></tr>
<tr><td colspan="2">건이는 지민이와 함께 다양한 도구와 기계를
탐색하며 그중 '종이 분쇄기'에
대해 많은 관심을 보입니다.</td><td></td></tr>
<tr><td colspan="2"></td><td>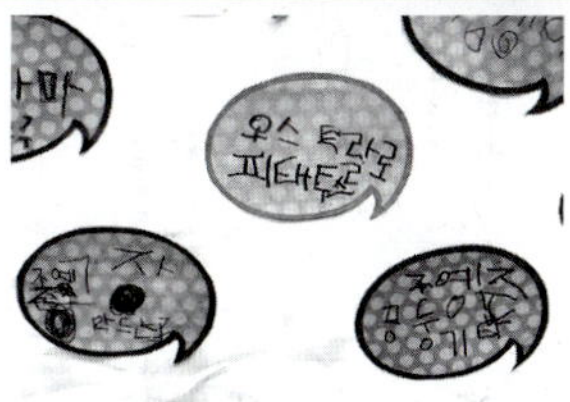</td></tr>
<tr><td colspan="2">미술영역에 있는 종이, 색종이, 포장지, 종이컵,
두꺼운 도화지, 여러 번 접은 종이 등
다양한 종이를 이용해
분쇄 실험을 했답니다.</td><td>들꽃향기반 아이들이 선생님께
'도구와 기계 브레인스토밍' 활동을 제안하여
지원하자 예준이는 옛 도구와 도구의 쓰임의
시작에 대한 자신의 의견을 적극적으로
표현하였어요.</td></tr>
<tr><td rowspan="2">관찰을
반영한
유아 놀이
및 활동
의미 찾기</td><td>다양한 종이분쇄 실험</td><td>다양한 재료로 만든 활</td><td>'도구와 기계' 브레인 스토밍</td></tr>
<tr><td colspan="3">'기계와 도구'라는 주제로 다양한 자원을 지원하자 준서는 과학영역에 배치된 다양한 도구와 기계에 대해 많은 관심을 보이며 자발적으로 탐색하는 모습을 보였다. 건이와 함께 '종이 분쇄기'에 대해 도구의 사용법, 종이에 따른 힘의 차이와 종이의 모양 등을 30~40분 정도 몰입하며 탐색하고 교사에게 지속적으로 질문하며 궁금한 점을 이야기한 다음 브레인스토밍 활동에서는 옛 도구에 대해 많은 관심을 보이며 자신의 의견을 적극적으로 표현하였다.</td></tr>
</table>

<table>
<tr><td rowspan="3">다음 주 예상 관심과 놀이</td><td>도구 사용의 시작 (오스트랄로피테쿠스)</td><td rowspan="2">(미술) 도구와 기계 만들기</td></tr>
<tr><td>다양한 도구와 기계 탐색</td></tr>
<tr><td colspan="2">다양한 도구와 기계에 대한 쓰임을 자발적으로 탐색하는 과정에서 자신이 만들고 싶은 도구 및 기계를 만들기 위한 준비 자원과 도구의 시초에 대해 질문을 하는 모습을 보였다. 다양한 도구와 기계에 대한 지식을 자발적으로 습득하여 특징을 파악하는 모습을 통해 앞으로 전개될 활동에서는 다양한 도구와 기계에 대한 창의적 미술표현이 기대된다.</td></tr>
<tr><td>가정과의 연계 활동</td><td colspan="2">우리집 '도구와 기계' 친구들에게 소개하기(놀이 및 활동 소감 나누기를 통해 아이들의 의견을 반영하여 우리 집에서 사용하는 도구와 기계를 가져와 친구들에게 소개해 보는 시간을 가져보려고 합니다. 크기가 클 경우 사진 자료로 보내주셔도 좋습니다. 원활한 진행을 위해서 10일(월)까지 보내 주시면 감사하겠습니다. 활동 외 사용하지 않는 도구와 기계 및 관련 책 등 어린이집으로 보내주셔 지원해 주시면 활동에 많은 도움이 될 것 같습니다.</td></tr>
</table>

출처: 구로구청사랑채움(2020).

〈유아반 주간 보육일지 예시 4〉

담임	원장

<table>
<tr><th>주 제</th><td colspan="2">빛</td><th>기 간</th><td colspan="2">2020년 5월 11일(월) ~ 15일(금)</td></tr>
<tr><th>행사</th><td colspan="5">없음</td></tr>
<tr><th>소방대피훈련</th><td colspan="5">없음</td></tr>
<tr><th rowspan="2">일과(시간)</th><td colspan="5">계획 및 실행</td></tr>
<tr><td>11일(월)</td><td>12일(화)</td><td>13일(수)</td><td>14일(목)</td><td>15일(금)</td></tr>
<tr><th>등원 및 통합보육
(7:30~9:00)</th><td colspan="5">• 유아의 기분과 건강상태 확인하기
• 투약의뢰서 유무 확인하기
※ 등원: 등원하며 부모님께 인사 드리기</td></tr>
<tr><th rowspan="2">실내놀이 및 오전간식</th><th>실내놀이
(9:00~11:50)
(14:30~16:00)
(15:20~16:00)</th><td colspan="5">빛
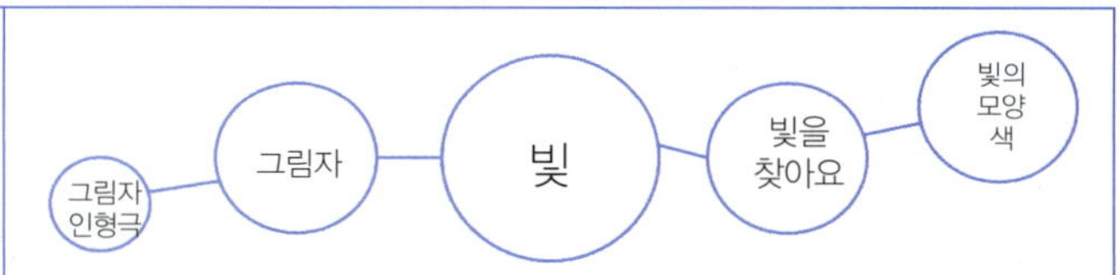

빛이 나는 물건을 찾아요
빛의 느낌 말놀이
어떤 그림자가 생길까?
그림자 인형극
큰 그림자 작은 그림자
그림자 밟기 놀이</td></tr>
<tr><th>오전간식
(9:30~10:00)</th><td colspan="5">• 화장실 다녀오기 / 손 씻기
• 등원한 후 자유롭게 간식을 먹는다.
• 간식 메뉴에 대해 알아보기</td></tr>
<tr><th colspan="2">점심 식사
(11:50~12:40)</th><td colspan="5">• 화장실 다녀오기, 손 씻기
• 오늘의 식단 알아보기
• 점심 식사
• 점심을 먹고 난 후 양치하기</td></tr>
<tr><th colspan="2">바깥 놀이(대체)
(12:40~13:40)</th><td colspan="5">• 빛과 그림자
– 빛과 그림자 찾기, 그림자 놀이
대체활동: 리본끈을 이용한 놀이 및 자유놀이</td></tr>
<tr><th colspan="2" rowspan="2">대 · 소집단활동
(13:40~14:00)
(안전교육포함)</th><td></td><td>빛과 그림자</td><td>개미를 잡을까요?</td><td>큰 그림자,
작은 그림자</td><td></td></tr>
<tr><td>성교육 및 아동
학대 예방교육</td><td></td><td></td><td></td><td></td></tr>
<tr><th colspan="2" rowspan="2">특별활동
(14:00~14:30)
(월)14:00~15:00</th><td>없음</td><td>없음</td><td>없음</td><td>없음</td><td>없음</td></tr>
<tr><td colspan="5">대체활동: 리본끈을 이용한 놀이</td></tr>
<tr><th colspan="2">오후간식
(15:00~15:20)</th><td colspan="5">• 화장실 다녀오기 / 손 씻기
• 간식 메뉴에 대해 알아보기</td></tr>
<tr><th colspan="2">연장 보육 및
귀가 지도
(16:00~19:30)</th><td colspan="5">※ 가정과의 연계: 빛이 나는 도구 찾아보기
– 연장 보육하면서 개별적 귀가 지도</td></tr>
</table>

날짜 및 날씨	놀이평가 및 총평	반 운영 특이사항
11일(월) 날씨: 미세먼지 나쁨	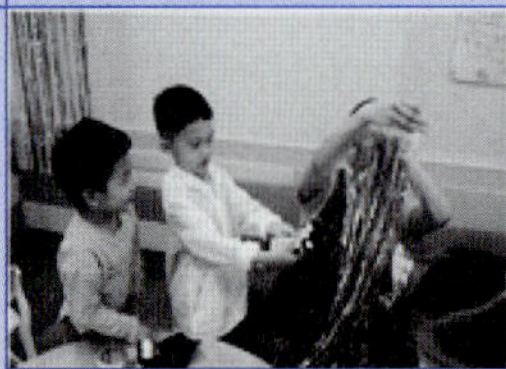   지난주 빛에 대한 놀이가 축소되어 가는 것 같아 빛에 관련된 새로운 소재를 준비해 주었음. 유아들이 등원하며 바로 볼 수 있도록 문 앞에 반짝이 수술을 달아주었음. 새롭게 변화된 환경에 흥미를 갖게 되었음. 교실 안쪽에도 달아주었더니 처음에는 바람에 흩날리는 모습을 관찰하다가 반짝이 수술에 비춰지는 빛을 관찰하게 됨. 수정이도 흩날리는 것을 지속적으로 손으로 건드리며 놀이함. 그러다가 동현이가 손전등을 가져와 비추자 빛의 움직이는 모양, 비춰지는 모양 등을 관찰하며 다시 한번 빛에 대한 흥미를 가질 수 있게 됨. 몇몇의 여자 아이들은 만들기 재료로 쓰거나 직접 창문에 달아보는 등의 놀이를 이어감.	
12일(화) 날씨: 흐림	   미술재료에 대한 흥미가 컸던 수정이에게 반짝이 수술이 굉장히 매력적인 소재가 되었음. 스스로 각각 떨어져 있던 수술을 모아 기다랗게 만듦. 길게 늘어뜨린 수술을 끼우고 다니는 것을 좋아하며 실외놀이 시에도 가지고 나가 바람에 날리는 것을 관찰해보기로 결정함. 바깥놀이에서는 생물들의 집 만들기 놀이가 지속적으로 이뤄지고 있음. 그중 개미집 만들기가 가장 활발하게 이뤄지고 있는데 개미를 잡는 것에 대한 찬반이 나뉘며 이야기도 활발하게 진행됨. 눈으로만 지켜보는 게 좋다는 쪽과 잡아서 놀이해도 된다는 쪽으로 나뉘었음. 놀이하고 싶은 유아들이 많아 놀이를 진행하기로 결정하였고, 놀이를 한 후에는 개미가 있었던 곳에 다시 놓아주기로 협의함.	
13일(수) 날씨: 맑음	   지난 놀이 모습을 되돌아보니, 그림자, 빛과 관련된 환경 변화를 적극적으로 시도해 보는 것이 좋다고 생각됨. 한쪽의 영역에 암막을 설치하고 빔 프로젝터와 다양한 오브제를 준비해 주었음. 유아들도 변화된 환경에 흥미를 느끼며 적극적으로 참여함. 그림자의 높이가 낮아 책상에서 영역장으로 변경하였고, 영역장 위에도 유닛블록을 쌓아 높이를 다르게 구성할 수 있었음. 그림자를 선명하게 보려면 교실 전등을 일부 소등해야 했음. 다른 놀이를 하는 유아들에게 방해되지 않는 정도로 소등하여 놀이할 수 있도록 지원함. 이 공간에서의 놀이 형태가 어떤 형식으로 달라질지 관찰해보도록 해야겠음.	

<table>
<tr><td>14일(목)
날씨:
맑음</td><td>  
영역의 공간 이름을 '그림자 영역'으로 명칭하기로 함. 오늘은 동요, 클래식 등의 음악을 깔아주고, 화분도 함께 놓아주었음. 처음에는 어제와 같은 놀이를 하며 구성한 것을 가지고 놀이를 하다가 근처에 있는 나무에 관심을 보이며 나무의 그림자도 보기를 원함. 손전등을 여러 각도에 비춰 나무의 그림자를 만드는 시도를 하다가 나무를 이동하는 게 좋을 거라는 추론을 함. 나무를 가까이 옮겨 주었더니, 나무와 다양한 생물들이 함께 모여 좀 더 생동감 있는 환경이 구성되었음. 라이트 테이블 위치도 함께 변경함. 빛이 많아지고 그림자도 다양하게 구성되면서 놀이가 더 풍부해졌음을 느낌.</td><td></td></tr>
<tr><td>15일(금)
날씨:
비</td><td> 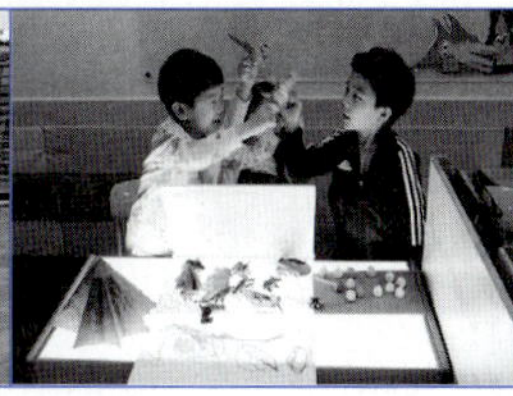 
공룡 종이접기를 구성할 수 있는 공간을 구성할 수 있도록 우드락과 크기가 다른 종이를 준비함. 병준이와 동현이가 같이 화산을 구성하면서 조금 더 구성에 대한 흥미와 재미를 느끼며 활발하게 놀이하는 것을 느낌. 병준이가 공룡 연극 놀이를 하고 싶다는 제안에 라이트 테이블을 이용해보는 것을 제안함. 라이트 테이블 위에 공룡의 공간을 구성하고 동현이 집에서 가져온 몰랑이 인형들을 배치해 연극을 진행할 수 있었음. 관객으로 유아들이 보기도 했지만 연극을 하는 유아들 위주로 공연이 이뤄지면서 보는 유아들은 상대적으로 재미를 느끼기 어려웠음. 자유로운 놀이 공간으로 이뤄나갈 것으로 생각됨.</td><td></td></tr>
</table>

(4) 일일 보육계획 및 운영

주간 보육계획안을 기초로 일일 보육계획안은 선정한 활동과 영유아의 흥미와 활동에 대한 반응 등을 고려하여 영유아들과 하루 동안 이루어질 활동을 계획하는 것이다. 실행 후에는 실제 진행된 활동 및 일과를 함께 기록한 다음 보육계획에 반영하도록 한다.

하루 일과는 조용하고 활발한 놀이, 실내와 실외놀이, 개별활동과 소집단활동, 영유아 주도 활동과 교사 주도 활동이 균형감 있게 운영되도록 한다. 또한 영유아의 신체적, 사회적, 언어적, 인지적, 정서적 발달을 도모할 수 있는 활동을 적절히 안배한다(고문숙 외, 2008).

일일 보육계획안에는 일상생활처럼 매일 반복되는 활동을 일정한 순서로 계획하여 영유아가 하루를 예상하게 함으로써 심리적인 안정감을 가질 수 있도록 한다. 계획한 활동대로 실행하기보다 영유아의 건강상태, 흥미나 관심, 발달 정도, 놀이실의 상황 등을 고려하여 융통성 있게 운영하는 것이 중요하다(윤희경 외, 2005).

일일 보육계획 시 그날의 주요한 자유놀이활동과 놀이활동들은 다양한 활동 유형으로 제시된다. 각 활동은 표준보육과정영역의 내용범주, 내용, 수준에 근거하며, 표준보육과정의 6개 영역 내용이 어느 정도 균형감 있게 반영되었는지 파악할 수 있도록 계획하는 것이 바람직하다.

영유아를 위한 일일 보육계획을 수립할 때 고려해야 할 사항은 다음과 같다.

- 주간 보육계획에 다루어질 내용을 기초로 현재 담당하고 있는 영유아들의 능력, 흥미, 보육시설의 특성을 고려하여 소주제의 실행 기간, 활동의 난이도, 활동의 수 등을 조절한다.
- 하루일과 중심은 등원 및 맞이하기, 실내 자유놀이, 실외 자유놀이, 점심 및 낮잠, 기본생활습관을 구분하고, 실내 자유놀이는 그리기 · 만들기 영역, 소꿉영역, 책 보기 영역, 탐색 · 조작영역, 쌓기 · 대근육, 음률영역으로 구분하여 활동을 계획한다.
- 영유아의 하루 일과는 조용한 놀이와 활발한 놀이, 실내놀이와 실외놀이, 개별 활동과 소집단활동, 영유아가 주도하는 활동과 교사가 주도하는 활동 등이 균형 있게 이루어지도록 계획되어야 한다.
- 일일 보육 실행은 매일 반복되는 일이나 순서를 포함시켜 영유아가 하루 일과를 예상할 수 있게 운영한다.
- 영유아가 규칙적인 생활 습관을 형성하기 위해 청결, 자조, 정리정돈, 질서에 관련된 기본생활습관 지도를 일과 운영에서 실행하여야 한다.
- 교사가 계획한 일일 보육을 실행한 후, 실시된 활동과 실시되지 않은 활동, 영유아의 흥미에 따라 추가된 활동들에 대한 평가를 기록하여 다음 보육계획에 반영하도록 한다.

일일보육일지 작성의 예는 다음과 같다.

[일일보육일지] 보육사업안내 서식 활용 보육일지 작성 사례 [영역 구분 삭제]

〈일지 작성 tip〉

보육사업안내 서식을 활용하여 일일 계획과 실행 및 평가 내용을 기록함

❶ 개정 누리과정의 추구하는 인간상을 중심으로 유아가 오늘 하루 어떻게 지냈으면 하는지를 기술

❷ 낮잠 후 자연스럽게 실시되는 놀이를 실내외 구분 없이 기록

❸ 실행된 놀이에 대한 간단한 평가와 다음날 놀이 지원 계획 기록

❹ 반 운영 특이사항(부모면담, 안전사고, 감염병 발생 등) 기록

<table>
<tr><th colspan="4">○○ 반 보육일지 (만○세)</th></tr>
<tr><td>날짜</td><td>20 년 월 일</td><td>담임</td><td>원장</td></tr>
<tr><td>❶ 교사의 기대</td><td>친구와 함께 하는 놀이가 이루어지고 있으므로, 친구와 더불어 즐겁고 활발하게 어울렸으면 함</td><td></td><td></td></tr>
<tr><td>일과</td><td>계획 및 실행</td><td colspan="2">❸ 놀이 평가 및 다음날 지원계획</td></tr>
<tr><td>등원 및 통합보육
(7:30 ~ 9:00)</td><td></td><td colspan="2" rowspan="10">유아들이 자동차 경주 게임을 진행하며 속도의 차이에 대한 호기심이 생겼고 경사도나 바닥의 촉감에 따라 속도가 달라짐을 발견하게 되었다. 특히 유아들이 바닥의 촉감에 관심이 많아 내일은 다양한 촉감 길을 구성해볼 수 있도록 재료를 추가로 제시해주어야겠다.

또한, 유아들이 만든 자동차 길이 공간의 제약으로 끊기지 않고 이어질 수 있도록 교구장 및 책상을 정리하여 공간을 확장을 해주어야겠다.</td></tr>
<tr><td>오전간식
(9:00 ~ 9:20)</td><td></td></tr>
<tr><td>오전 실내놀이
(9:20 ~ 10:40)</td><td>【데굴데굴 자동차를 굴려요】
자동차 굴리기를 하는 유아의 곁에 관심을 보이며 모여 들어 놀이가 시작됨. 바닥에서 자동차를 움직여 굴려보다가 한 유아의 어떤 자동차가 더 빠른지 대결을 하자는 제안에 자동차 경주가 진행되었고 더 빨리 자동차를 굴리기 위해 책상 위, 매트 등 공간을 바꾸어 가며 놀이하였음

【내가 만드는 자동차 길】
유아들이 자동차를 굴리며 놀이하다가 "자동차가 가는 곳은 어디지?"하는 유아의 질문에"음..도로야!"하고 대답한 것을 듣고 자동차 길 만들기가 이루어 짐. 무엇으로 만들지 의견을 나누고 큰 벽돌 블록, 작은 벽돌 블록으로 만들어 봄. 자동차 길을 만든 뒤 터널이 있다는 유아의 말에 우유팩을 뜯어 길 위에 놓거나 반원 벽돌 블록으로 만들어 봄</td></tr>
<tr><td>활동
(10:40 ~ 11:00)</td><td></td></tr>
<tr><td>바깥놀이(대체)
(11:00 ~ 12:20)</td><td>【바깥놀이】 놀이터에서 자동차 굴리기
【대체놀이】 유희실에서 자동차 굴리기</td></tr>
<tr><td>점심식사
(12:20 ~ 13:20)</td><td></td></tr>
<tr><td>낮잠 및 휴식
(13:20 ~ 14:20)</td><td></td></tr>
<tr><td>❷ 오후 놀이
(14:20 ~ 15:40)</td><td></td></tr>
<tr><td>오후간식
(15:40 ~ 16:00)</td><td></td></tr>
<tr><td>귀가 및 통합보육
(16:00 ~ 17:00)</td><td></td></tr>
<tr><td>❹ 반 운영 특이사항</td><td colspan="3">부모 개별면담 진행- ○○○, ○○○</td></tr>
</table>

2. 보육과정 일과 운영

영유아 · 놀이 중심 보육과정에서는 교사가 미리 계획하여 하루 일과를 운영하기보다는 영유아의 흥미와 관심에 따라 놀이를 충분히 즐길 수 있도록 탄력적으로 융통성 있는 하루 일과로 편성 · 운영하는 것이 중요하다.

어린이집의 하루 일과는 영유아가 주도하는 놀이를 중심으로 편성 · 운영하여 하루 일과에서 놀이, 일상생활, 활동 등을 하면서 다양한 경험을 하도록 도와야 하며 놀이는 바깥놀이를 포함하여 하루 일과 중 가장 길게, 우선적으로 편성 · 운영하여 영유아가 충분히 놀이할 수 있도록 한다. 일상생활에서 포함되는 등원, 손 씻기, 화장실 다녀오기, 간식, 점심, 낮잠, 휴식 등은 영유아의 신체적 리듬을 반영하여 편성 · 운영함으로써 영유아들이 즐겁게 하루를 보낼 수 있도록 한다. 놀이시간은 짧게 여러 번 제공하기보다는 2시간 이상의 충분한 놀이시간을 편성 · 운영하여 놀이의 흐름이 끊기지 않고 영유아가 충분히 놀이하고 몰입할 수 있도록 한다.

교사는 바깥놀이를 포함하여 놀이시간을 2시간 이상 확보하되, 날씨와 계절, 어린이집의 상황, 영유아의 관심사와 놀이 특성을 고려하여 융통성 있게 편성 · 운영한다. 예를 들어, 하루 일과에서 바깥놀이는 미세먼지, 날씨 등을 고려하여 실내놀이로 편성 · 운영할 수 있고, 다른 날은 바깥놀이를 길게 편성할 수 있다.

하루일과는 등원, 일상생활, 간식 및 식사 시간, 실내외 자유놀이, 대 · 소집단활동, 낮잠시간, 귀가시간 등이 포함된다. 그러나 실질적으로 보육과정은 보육 활동과 일상적인 활동을 명확하게 구분하지 않는다. 효율적인 일과운영을 위해 고려해야 할 사항 등을 살펴보면 다음과 같다(Colker & Doger, 1997; 윤희경 외, 2006).

① 매일의 계획은 일관성 있어야 한다

일관성 있는 활동은 영유아로 하여금 무엇을 언제 어디서, 어떻게 해야 하는

지를 알게 하므로, 영유아가 안정감을 가지고 자신의 행동과 욕구를 조절하여 능동적으로 활동할 수 있게 해 준다. 일과활동에서 매일 일정한 순서로 일어나는 일과들을 영유아의 눈높이에 그림이나 사진을 이용해 붙여 놓는다.

② 전인적 발달에 초점을 둔 보호와 교육이 통합되어 구성된 양질의 활동을 제공한다

영아를 대상으로 일과를 구성할 때 수면, 수유, 대소변 가리기 등 신체욕구 충족을 위한 활동이 대부분이므로, 이러한 활동을 교육적으로 접근시켜 나가야 할 것이며, 유아를 대상으로 일과를 구성할 때에는 신체적 욕구충족을 위한 활동의 시간이 감소하고, 교육을 위한 활동시간이 증가할 수 있다.

③ 일과계획을 할 때에는 간식, 배변, 휴식 등의 활동이 포함되어 영유아의 신체적 욕구나 리듬을 반영해야 한다

놀이에 열중하게 되면, 영유아는 자신의 신체적 욕구를 적절히 조절할 수 없어 화장실에 가는 것을 잊어버려 실수하거나 신체적으로 지쳐 피곤이 쌓이거나 배가 고파 짜증을 내기 쉽다. 따라서 일과계획은 영유아의 신체적 요구를 조절할 수 있도록 계획되어야 한다.

④ 활동 간의 균형을 맞춰 배치한다

일과 안에 동적 활동과 정적 활동, 실내활동과 실외활동, 개별활동과 소집단활동, 교사중심활동과 아동중심활동을 균형감 있게 배치한다.

⑤ 일과활동계획은 여러 유형의 상호작용이 일어날 수 있도록 계획한다

영유아의 사고나 언어발달을 촉진하기 위해 교사와 개별상호작용 및 대·소집단 영유아의 상호작용 또래와의 상호작용, 영유아와 교구 상호작용의 기회가 균형 있게 배치되어야 한다.

⑥ 융통성 있게 운영되어야 한다

일과계획은 주간계획에 기초하여 작성하나 교사는 순발력 있게 영유아의 흥

미나 요구, 우발적인 사건 등을 반영하여 계획을 수정할 수 있어야 한다.

⑦ 활동의 계획과 실행에 대한 평가를 한다

영유아가 하루에 무엇을 성취했다는 성취감과 함께 하루 활동을 평가해 볼 수 있는 시간을 갖는다. 교사는 활동의 목표가 어느 정도 성취되었는지, 계획대로 실행되었는지, 문제점은 무엇인지, 어떤 점이 수정 · 보완되어야 하는지 등에 대하여 반성하고, 반드시 이를 기록으로 남겨 후속 활동계획에 평가결과를 반영한다.

1) 만 0~1세반 일과운영

만 0~1세 영아는 발달의 성장 폭이 크기 때문에 세심한 보육과 교육적 자극이 구체적이며 체계적으로 제공되도록 준비한다. 또한 만 0~1세 영아의 개별적인 특성을 고려한 보살핌을 제공하고 생리적인 욕구에 맞추어 일과운영을 계획한다(김영희 외, 2003).

2) 만 3~5세 하루일과 운영

영유아 · 놀이 중심 보육과정에서는 교사가 미리 계획하여 하루 일과를 운영하기보다는 영유아의 흥미와 관심에 따라 놀이를 충분히 즐길 수 있도록 탄력적으로 융통성 있는 하루 일과로 편성 · 운영하는 것이 중요하다. 유아의 하루일과는 연령별에 따라 차이는 있지만 교사와 유아, 유아와 유아, 유아와 놀잇감 간에 다양한 상호작용이 일어나도록 계획하여야 한다(조성연 외, 2005).

만 3세 유아의 하루 일과 계획은 만 4세와 만 5세보다는 짧아서 소집단활동이나 개별활동 위주로 계획하는 것이 바람직하다. 또한 만 3세는 스스로 해야 하는 활동(기본생활습관, 낮잠 및 식사, 정리정돈)을 다소 힘들어할 수 있으므로 교사의 세심한 배려가 제공되어야 한다.

유아는 놀이에 대한 욕구, 흥미, 계절, 날씨, 기분 상태 등에 따라 놀이시간을 연장하거나 변경하는 등 하루 일과를 융통적으로 진행하면 영아와는 달리 대집단활동시간이 제공되며 유아의 하루 일과 운영의 예는 [그림 4-2]와 같다.

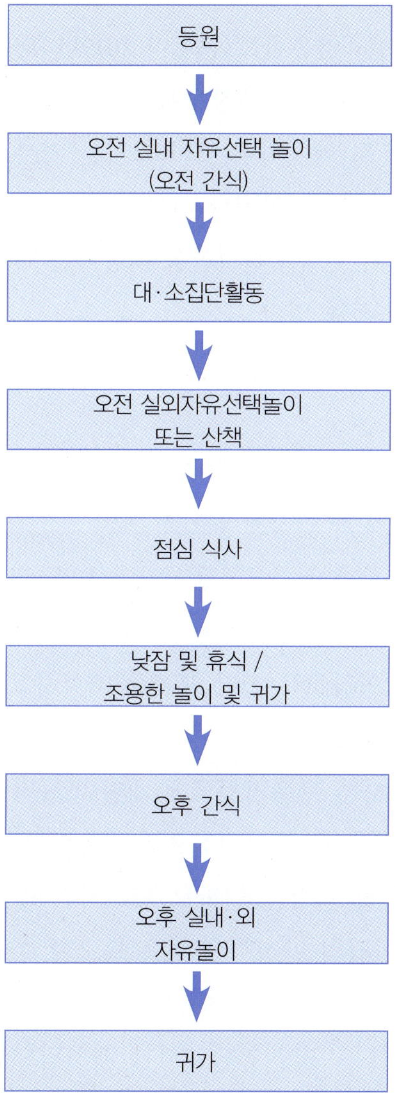

[그림 4-2] 유아의 하루일과

3) 연장보육

2020년 보건복지부의 보육지원체계 개편은 보육시간을 기본보육과 연장보육으로 구분하고 각 보육 시간별 전담 보육교사를 배치하는 것을 주요 내용으로 한다. 이러한 내용을 담은 「영유아보육법」이 2019년 4월 개정되어 2020년 3월부터 시행되었다. 또한, 기본보육과 연장보육으로 보육 시간을 구분하여 연장보육 시간에 전담 교사를 별도로 배치하여, 보육교사는 기본보육이 끝난 후의 업무시간을 보육 준비 등 기타 업무를 하거나 휴게시간으로 활용할 수 있다. 연장보육반에 전담교사를 배치하여 연장보육시간을 이용하는 아동이 안심하고 장시간 어린이집을 이용하는 데 목적이 있다.

(1) 개편 기본방향

보건복지부의 보육지원체계 개편의 기본방향은 세 가지로 설명할 수 있다.

① 보육과정을 기본보육과 연장보육으로 구분

② 보육시간을 오후 4시까지 기본보육시간과 오후 4시부터 저녁 7시 30분까지 연장보육시간으로 구분

③ 연장보육시간에는 연장보육 전담 교사를 배치하고 연장보육료를 지원

위의 세 가지 내용에 따른 보육지원체제 개편의 목적은 부모와 영유아는 눈치보지 않고 필요한 서비스를 보다 안정적으로 이용하고 교사는 업무부담 경감 및 근무환경 개선을 어린이집 원장은 연장보육료 지원 및 보육수요에 맞는 보육서비스 제공을 통해 어린이집의 안정적 운영을 도모할 수 있는 것이다. 즉, 오후 4시까지의 기본보육시간에는 담임교사가 보육을 담당하고 오후 4시부터 7시 30분까지의 연장보육시간에는 연장 전담교사가 배치됨으로써 담임교사의 업무 부담이 줄고, 휴게시간과 수업 준비시간이 확보되어 근무여건을 개선하여 영유아를 돌보는 데 집중할 수 있게 있도록 보육서비스의 질 향상에 목적이 있다.

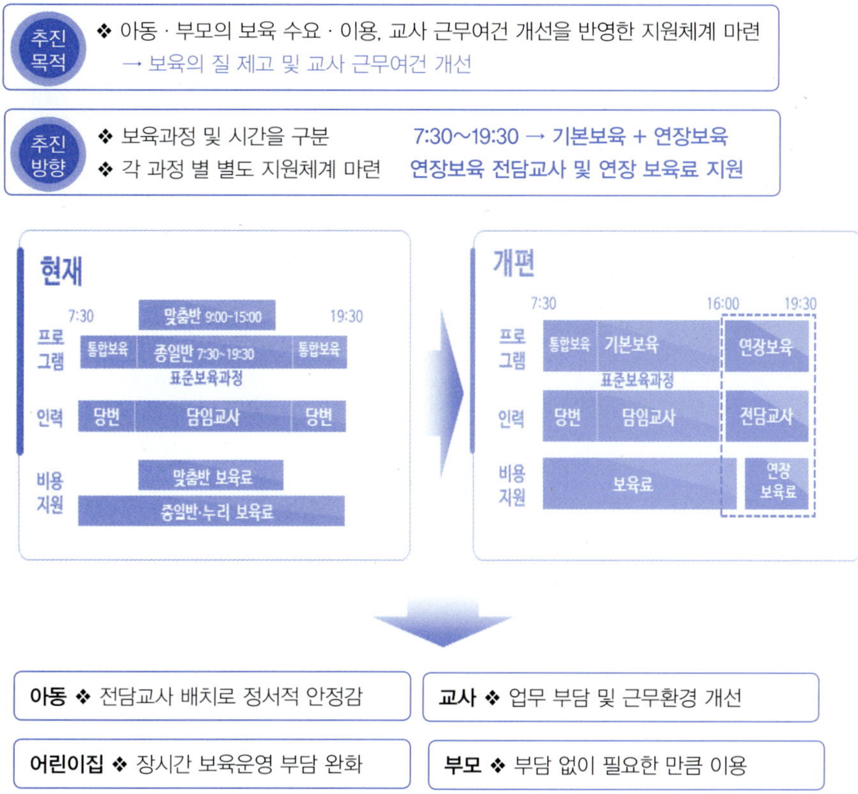

[그림 4-3] 개편 기본방향

출처: 보건복지부(2020).

(2) 연장보육의 운영 시간

연장보육 전담교사는 오후 3시에 출근하여 각 반 담임교사에게 일과와 관련된 내용을 인수인계 후 오후 4시부터 7시 30분까지 연장보육반을 전담하여 보육하게 되며, 연장보육반 교사 1명당 아동 정원은 만 1세 미만과 장애아반은 3명, 영아반(만 1~2세반)은 5명, 유아반(3~5세반)은 15명이며, 연장반이 구성되어 연장보육 전담교사가 보육을 담당한다. 또한 보건복지부에서는 보육지원체계 개편 내용을 효율적으로 실시하기 위해 등 · 하원 시간을 자동으로 확인하는 전자

출결 시스템을 도입 · 운영한다.

〈표 4-1〉 개편안 기본 운영 모형

<table>
<tr><th></th><th>7:30</th><th>9:00</th><th>16:00</th><th>17:00 19:30</th></tr>
<tr><td>과정</td><td>등원 지도</td><td>기본보육</td><td colspan="2">연장보육</td></tr>
<tr><td>아동</td><td colspan="2">어린이집을 이용하는 모든 아동</td><td colspan="2">연장보육 신청 아동
* 0~2세는 자격필요</td></tr>
<tr><td>반 구성</td><td>통합보육</td><td>연령별 반 구성</td><td colspan="2">연장반(연령 혼합)</td></tr>
<tr><td>교사</td><td>당번 교사</td><td>담임 교사</td><td colspan="2">연장보육 전담 교사</td></tr>
<tr><td>보육료</td><td colspan="3">보육료</td><td>시간당 보육료</td></tr>
</table>

출처: 보건복지부(2020).

(3) 연장보육의 보육과정 운영

연장보육 보육과정 운영은 연령 통합 보육프로그램을 제시하여 통합적으로 운영되어야 하며, 어린이집의 상황에 맞추어 별도의 공간을 마련하여 연장보육을 진행하여야 한다. 원활한 교재교구 활용을 위하여 영아반의 경우, 영아반 공간 활용, 유아반의 경우 유아반 공간을 활용하여 보육이 이루어진다.

영아 연장반의 경우, 안정감 제공을 위하여 연장반 전담 공간을 마련하여 매일 동일한 공간에서 보육을 받을 수 있도록 해야 한다. 또한, 연장반 교실에는 반 이름, 담임교사, 아동을 별도 표기하여 안정감을 제공해야 한다. 기본보육 이후 연장보육 신청 아동이라 하더라도 원을 하원한 이후 재등원(병원 방문, 치료 · 재활 기관 방문은 가능)이 불가하며, 연장반 별도의 일지를 작성하여야 한다. 연장반 일지의 예는 다음과 같다.

〈연장반 주간 보육일지 예시〉

<table>
<tr><td colspan="5" rowspan="2">연장반 보육일지
2020년 5월 11일(월) ~ 5월 15일(금)</td><td rowspan="2">결
제</td><td>담당</td><td>원감</td><td>원장</td></tr>
<tr><td></td><td></td><td></td></tr>
<tr><td colspan="2">전담교사</td><td colspan="4">○○○</td><td colspan="2">정원</td><td>13명</td></tr>
<tr><td colspan="2">구분</td><td>월요일(11일)</td><td>화요일(12일)</td><td>수요일(13일)</td><td>목요일(14일)</td><td colspan="3">금요일(15일)</td></tr>
<tr><td rowspan="2">연장
보육
인원</td><td>인원</td><td>7명</td><td>9명</td><td>9명</td><td>10명</td><td colspan="3">8명</td></tr>
<tr><td>아동명</td><td>김○○, 이○○</td><td></td><td></td><td></td><td colspan="3"></td></tr>
<tr><td rowspan="2">간헐적
· 연장
보육</td><td>인원</td><td>4명</td><td>5명</td><td>2명</td><td>4명</td><td colspan="3">2명</td></tr>
<tr><td>아동명</td><td></td><td></td><td></td><td></td><td colspan="3"></td></tr>
<tr><td colspan="2">요일</td><td colspan="4">놀이 및 일과 주요사항</td><td colspan="3">전달사항</td></tr>
<tr><td colspan="2" rowspan="2">월요일
(11일)</td><td rowspan="2">[미술영역]
• 활동명: 예쁜 편지지를 만들어요.
• 목표: 대.소근육을 이용하여 펀치를 사용하고 창의력과 상상력을 표현할 수 있다.
• 물리적 환경: 이면지, 펀치 여러 가지 도장
• 활동내용
1. 도장찍기를 사용하여 편지지를 꾸민다.
2. 펀치를 이용하여 종이를 찍어낸다.
3. 찍어낸 종이로 편지지를 꾸민다.</td><td colspan="3"></td><td colspan="3" rowspan="2">1. ○○○ 할머니
– 놀이 중 발가락 밑부분이 상처를 입어 반창고를 붙여주고 그 사실을 전달함</td></tr>
<tr><td colspan="3">미술영역에서 이타는 이면지에 도장을 나열하여 찍는 모습을 보여주었다.
교사는 “이타야 무슨 놀이를 하고 있니?”라고 물어보자 “엄마한테 선물할 편지지를 만들고 있어요!” 대답했다.
도장을 차례대로 찍고, 나비모양을 본뜰 수 있는 펀치를 사용하여 나비를 만들었다.
○○이는 풀을 사용하여 종이나비를 도장이 찍혀 있는 이면지에 붙였다.
차례대로 도장을 사용하고, 펀치를 수월하게 사용하여 또래 친구들이 “나도 해볼래”라며 모여 들었고, 이타는 친구들에게 펀치사용법을 알려주었다.</td></tr>
</table>

요일	놀이 및 일과 주요사항		전달사항
화요일 (12일)	[쌓기영역] • 활동명: 공룡을 지켜주자! • 목표: 생명체를 도울 수 있는 마음씨를 가진다. • 물리적 환경: 공룡 놀잇감 • 활동내용 1. 공룡놀잇감을 세운다. 2. 운석을 떨어트린다. 3. 공룡이 다치지 않게 도움을 준다.	 ㅇㅇ이는 쌓기영역에서 교사를 다급하게 불렀다. “선생님 도와주세요!” 이유를 묻었다. “운석이 떨어져서 공룡들이 위험에 빠졌어요.” 공룡놀잇감을 차례대로 정열해놓은 ㅇㅇ이는 교사에게 도움을 요청했다. “ㅇㅇ아 왜 운석이 떨어지는 거야?”라고 발문하자 “모르겠어요. 지금 비처럼 운석이 내려서 공룡이 위험해요.! 얼른 우산을 씌어줘야 할 거예요” 대답했다. “그러면 ㅇㅇ라고 말하자 ㅇㅇ이는 자신의 두 팔을 벌려 공룡들이 운석에 맞지 않게 지켜줬다.	없음
수요일 (13일)	[미술영역] • 활동명: 맛있는 국수를 만들자! • 목표: 소근육을 사용하여 종이를 자를 수 있다. • 물리적 환경: 가위, 종이 • 활동내용 1. 종이로 접시를 만든다. 2. 가위로 국수 모양으로 종이를 자른다. 3. 고명을 만든다.	 미술영역에서 ㅇㅇ이는 종이를 자르며 “선생님 제가 국수 만들어줄게요!”라고 말했다. 교사는 “어떻게 만들거야?”라고 발문하자 “제가 종이를 길게 잘라서 위에 김이랑 계란 올려줄 게요!”라고 답했다. 완성된 국수를 젓가락과 함께 주며, “맛있게 먹어요. 선생님! 나도 먹어야지”라고 말했다. 맛있게 먹는 모습에 친구들이 모여 들었다.	없음

요일	놀이 및 일과 주요사항		전달사항
목요일 (14일)	[역할영역] • 활동명: 맛있는 뷔페를 차리자~ • 목표: 창의력과 상상력을 이용하여 다양한 음식을 표현할 수 있다. • 물리적 환경: 음식 모형 식기 모형 놀잇감 • 활동내용 1. 손님을 정한다. 2. 배고픈 손님을 위해 다양한 뷔페 형식의 요리를 마련한다.	 ㅇㅇ이는 ㅇㅇ에게 다가가 "배고프지 않니 ㅇㅇ야?"라고 물었고, ㅇㅇ는 "응 배고픈 것 같아"라고 대답했다. ㅇㅇ이는 그릇에다 음식을 담아 책상에 올렸다. ㅇㅇ는 "이제 먹어도 되니?"라고 묻자 ㅇㅇ이는 "이거 뷔페야! 계속 가져올거니까 기다려야 되!"라고 대답했다. ㅇㅇ이는 음식을 계속 가져왔고, 음식으로 책상을 모두 채웠다. ㅇㅇ가 손으로 음식을 먹으려고 하자 ㅇㅇ이는 "기다려 봐! 숟가락이랑, 젓가락이랑 가져올 거야." 라며 수저를 챙겨왔다. ㅇㅇ이가 음식을 많이 가져와 책상에 놓으니 또래 친구들이 모여서 다같이 음식을 먹는 모습을 보였다.	1. ㅇㅇㅇ 부모 – 일과중 ㅇㅇ이의 얼굴에 빨갛게 상처가 생겨 연고를 발라 주었더니 가라앉음. 그 사실을 전달함
금요일 (15일)	[쌓기영역] • 활동명: 경찰서를 만들어 보자! • 목표: 쌓기블록을 통해 자신이 표현하고자 하는 물체를 떠올려 만들고, 의인화하여 놀이할 수 있다. • 물리적 환경: 쌓기블록 • 활동내용 1. 표현하고자 하는 경찰서에는 어떤 것들이 있는지 생각한다. 2. 표현하고 싶은 경찰서를 직접 꾸며 본다. 3. 완성한 경찰서를 친구들에게 설명해준다.	 ㅇㅇ이는 쌓기놀이영역에서 또래 친구와 함께 경찰서를 만들어 놀이를 하였다. 경찰서에 어떤 것들이 있냐고 물어보았다. ㅇㅇ이는 "경찰서에서 키우는 토끼도 있고, 경찰관도 있고, 경찰이 쉴 수 있는 방도 있어요. 경찰서에는 감옥도 있어야 해서 내가 감옥도 만들었어요!"라고 대답했다. ㅇㅇ이는 친구들이 무슨 놀이를 하냐고 물어볼 때마다 "ㅇㅇ이는 경찰놀이하고 있어. 이렇게 경찰서도 만들었다고!"라고 말했다. "ㅇㅇ이는 경찰이 왜 좋아?"라고 질문하자 "경찰은 힘도 쎄고, 도둑도 잡고, 착한일도 하니까요!"라고 대답했다.	없음

요일		놀이 및 일과 주요사항				전달사항
점검사항	전기 전원	○	○	○	○	○
	정리 상태	○	○	○	○	○
	소등	○	○	○	○	○
	문단속	○	○	○	○	○

출처: 강서구 거점형 공공직장 어린이집(2020).

3. 학급·집단구성

1) 학급구성

어린이집에서 학급구성 시에는 반드시 연령별 인원수를 고려하여야 한다. 또한 효율적인 학급구성을 하기 위해서는 남녀성비, 월령, 교실의 면적 등을 고려하여야 한다. 어린이집은 학급의 구성형태와 정원도 고려해야 하는데, 연령별 학급배정은 동년도 출생아(동년도 1월 1일~동년도 12월 31일 출생아)를 원칙으로 한다.

농촌 소규모 어린이집(소관부처: 농림축산 식품부), 도서, 벽지, 농어촌 지역의 어린이집은 교사 대 아동비율 특례(범 제52조) 등에 의해 예외적인 반편성의 정원책정 기준인 어린이집 전용 면적과 보육실 면적 등을 준수하여야 한다.

어린이집은 가능한 한 만 2세 미만 영아반, 만 2세 영아반 만 3세 이상의 유아반을 동시에 운영하여 한다. 다만, 장애 유아가 있는 경우에는 장애 유아만으로 구성된 반을 운영할 수 있다(시행규칙 제23조). 장애 유아의 경우 장애통합반을 편성하게 되면 장애아 3인당 보육교사 1명이 배치되어야 하고, 장애 유아 9인당 교사 1인은 특수교사 자격소지자여야 한다.

2) 집단구성

연령이 낮을수록 발달적 개인 편차가 크므로 개인차를 고려한 활동과 영유아가 교사와의 상호작용을 일대일로 진행할 수 있는 기회를 늘린다.

(1) 개별활동

개별활동(individual activity)이란 학습자의 능력이나 개성을 존중해 준다는 아동중심사상에 의해 영유아 개개인을 대상으로 개인차에 적합한 교육을 하는 것을 의미한다.

개별활동에서 '개인차'는 영유아 속에 내재되어 있으며, 이러한 개인차의 존재는 수업의 자료와 방법에 있어서 다양한 학습기회의 확대를 요구한다.

효율적인 개별활동을 위한 방법은 다음과 같다(김진영 외, 2001).

① 집단규모의 유연화

교실 내에서 대집단 교수활동을 줄이고 팀별 활동이나 소집단활동, 개별활동을 할 수 있는 자유활동을 비중 있게 운영한다.

② 교수-학습방법 및 자료의 다양화

흥미영역에 제시된 여러 교재 · 교구 중에서 영유아가 자신에게 맞는 것을 선택하고 활용하게 하며 매일 제시되는 선택활동의 종류를 다양하게 제시하여 선택하게 한다.

(2) 집단활동

영유아들이 함께 모여서 진행하는 활동을 집단활동이라 말한다. 대 · 소집단 활동계획 시 교사는 집단활동을 위한 공간, 활동시간대, 집단형태, 집단의 크기에 따른 영유아의 활동 특성 및 주제를 적절하게 결정한다. 집단활동은 대집단

활동(20~30명), 소집단활동(5~10명)으로 나눌 수 있다.

활동에 따라 영유아가 흥미를 느끼지 못하면 활동을 단축하며, 영유아의 흥미를 유발하기 위한 다양한 활동을 적용할 수 있는 구체적인 자료의 제시가 효과적이다. 집단활동은 영유아의 경우에는 10~15분 정도를 넘지 않도록 하고, 집단활동의 종류는 대체로 출석사항 파악, 동화 듣기, 음률활동, 요리, 음악감상활동에서 이용할 수 있다.

대 · 소집단활동을 효과적으로 운영하기 위해서는 영유아의 동기를 유발하고 흥미를 지속시키며, 사전에 주제와 교육내용 및 방법에 관해 세심하게 계획하여야 한다.

① 소집단활동

소집단활동(small group activity)은 5~10명 정도의 영유아가 함께 모여 활동을 하는 것을 말하며, 만 2세 영아부터 진행이 가능하다. 소집단활동은 영유아들 간의 상호작용을 활발하게 한다. 소집단활동에 적합한 수업모형은 역할놀이, 게임 등이 있으며, 활동으로는 관찰 및 실험활동, 동극, 요리, 음악감상 등과 같이 영유아의 적극적인 참여가 많은 활동일 때 효과적이다. 소집단활동의 장점은 다음과 같다.

- 집단참여의 기회가 많고 동기유발이 잘 이루어진다.
- 개별아동이 존중되고 수준별 교수 방법을 적용할 수 있다.
- 의사소통이 가능한 집단구성으로 인해 의사 및 감정표현이 자유롭다.

② 대집단활동

대집단활동(large group activity)이란 한반 전체 유아가 모여서 하는 활동으로, 유아를 대상으로 한 집단활동은 등원 후 아침인사, 하원 전 함께 모여 인사를 나누거나 동화 듣기, 체조 및 율동 등의 활동이 포함되며 하루에 1회 정도 운영하는 것이 효과적이다.

4. 환경구성

1) 보육환경의 중요성 및 구성원리

영유아가 활동하는 환경은 보육에 있어 가장 중요한 부분이라 할 수 있다. 영유아에게 직접적인 영향을 주는 보육환경은 통합적으로 구성되어야 하며 실내·외 환경은 안전하고 청결하며 위생적이어야 한다. 또한 영유아가 편안함을 느낄 수 있도록 가정과 같은 안락함도 필요하다. 피아제(Piaget)는 보육환경이 물리적 환경으로 획득된 지식을 견고하게 하므로 지식을 구성하는 중요한 도구임을 언급하였다. 그리고 보육환경은 그 자체가 일상생활 속에서 다양한 경험들을 반복적으로 연습할 수 있는 수단으로 사용되며, 지식을 창의적으로 적용하기 위한 도구로도 필요하다(양옥승 외, 2003).

2) 발달에 적합한 보육환경 구성 원리

보육환경은 영유아들의 신체·정신적 발달과 깊은 관계가 있다. 영유아의 발달에 적합한 최적의 환경을 구성하기 위한 구성원리를 살펴보면 다음과 같다(권용은, 이하녕, 2004).

(1) 안전성(Safeness)

안전한 환경은 영유아의 활동을 더욱 자유롭고 안전하게 유도하며 다양한 탐색활동을 촉진한다. 또한 새로운 활동에 대한 도전의 기회도 주어진다. 안전성이 있는 보육환경에서 교사는 영유아의 관찰이 더욱 용이하고 안심하며 보육할 수 있다. 안전을 위한 환경은 다음과 같은 사항을 고려하여야 한다.

- 벽, 천장, 바닥 점검하기
  - 지나치게 밝은 색과 많은 색 피하기

- 벗겨진 페인트 점검하기
- 리노륨 바닥, 타일 미끄럼 방지하기
- 가구나 물건들의 날카로운 면 감싸기
- 청소가 쉽고 털이 길지 않은 카펫 사용하기

(2) 건강(Health)

건강한 환경이란 영유아의 신체적 질병이 발생하는 요인에서 보호받는 환경이라고 할 수 있다. 건강을 위한 환경 구성영역으로는 기저귀 갈이, 손 씻기, 화장실, 조리실, 세탁 등 공간 및 설비 등을 구성할 수 있다(이연숙, 1997). 건강을 위한 환경은 다음과 같은 사항을 고려하여야 한다.

- 채광 조절하기
  - 자연광과 조명, 부분 조명 사용하기
  - 전등갓 씌우기
- 신선한 공기
  - 창문 열기
  - 불쾌한 냄새 제거
- 세탁이 용이한 물건 사용하기
- 기저귀 갈이와 음식 먹는 영역 분리하기
- 교사와 영유아의 규칙적인 손 씻기

(3) 안락함(comfortable)

보육환경에서 영유아들은 편안하고 여유로우며 안락함을 느낄 때 주어진 환경을 탐색하며 놀잇감을 즐겁게 이용할 수 있다. 이러한 안락한 환경은 영유아의 주의력, 기억력, 성취감 발달의 촉진제 역할을 하고, 휴식을 통한 재충전의 기회도 제공한다(Olds, 1989).

안락한 환경구성 시 개인의 영역을 형성할 수 있는 공간으로는 의자 및 책상,

침대 및 작고 낮은 공간, 집에서 가져온 놀잇감의 전시를 통한 개인화된 공간으로 배치할 수 있으며 자신의 작품 등을 전시할 수 있는 공간이 영유아의 자존감 조절을 위한 환경이 될 수 있다(이연숙, 1997). 안락한 환경구성 시 고려사항은 다음과 같다.

- 부드러운 중간색(예: 파스텔톤 색)의 벽과 천장 제공하기
- 적절한 채광 조절하기
- 신선한 공기의 유입, 가습기로 습도 유지하기
- 눈높이에 맞게 놀잇감 배치하기
- 쿠션, 양탄자, 베개 등으로 편안한 공간 제공하기

(4) 편리함(Convention)

영유아가 활동하기에 편리한 환경은 교사의 요구도 충족시키고 교사 또한 활동하기 편리하다. 불편한 환경은 영유아를 좌절하게 할 뿐 아니라 교사 또한 피로하게 하고 긴장하게 한다. 편리한 환경의 고려할 점은 다음과 같다.

- 영유아 스스로 놀잇감을 쉽게 꺼낼 수 있게 비치하기
- 공간을 움직이기 편리하고, 활동영역이 영유아의 눈에 잘 띄게 구성하기
- 놀이에 서로 방해받지 않게 활동영역 구성하기
- 바닥을 활동영역에 맞게 다르게 제공하기
- 교사의 물건은 영유아의 손이 닿지 않게 두며, 교사가 꺼내기 쉽게 수납하기

(5) 영유아의 신체 크기(Child-Size)

영유아의 신체 크기를 고려한 환경은 영유아가 주변 환경에 대해 친밀감을 느끼고 영유아 스스로 운동능력을 발휘하여 도전해보고 이를 통해 자신감과 성취감을 갖게 한다. 영유아 발달은 영유아뿐만 아니라 교사의 활동을 지원하는 물리적 환경이 조성될 때 최적으로 이루어진다.

- 손잡이나 안전 난간이 제공된 다양한 놀이를 가진 바닥 제공하기
- 영유아 스스로 물건을 꺼낼 수 있는 낮은 선반 사용하기
- 거울, 이젤, 그림 등을 눈높이에 맞게 붙이기
- 성인 크기의 가구와 영유아 크기의 가구를 섞어 배치하기
- 변기, 세면대, 책상, 진열공간, 개인 수납장 등의 가구, 설비를 영유아 신체 크기로 제공하기

(6) 융통성(Flexibility)

보육환경은 다양한 요인에 의해 변경된다. 특히 영유아의 발달에 따라 흥미나 요구, 참여도에 따라 체계적인 변화부터 즉각적인 변화가 이루어진다. 이러한 변화들은 융통성 있는 환경 제공이 필요하기 때문이다. 융통성 있는 환경변화를 제공하기 위해서는 교사의 민감성이 발휘되어야 하며 영유아의 연령, 소속 집단에 따라 구조적 요구나 공간에 대한 요구를 관찰을 통해 분석하여 물리적 공간 계획이 필요하다.

- 교실 가운데를 비워 두어 변화주기
- 움직임의 욕구를 고려하여 다양한 놀이기구와 비품 제공하기
- 놀이영역을 다양하게 활용하기
- 다양한 놀잇감과 자료, 비품들을 편리하게 수납하기

(7) 이동성(Movement)

이동성이 보유된 보육환경은 영유아의 활동에 다양한 기회를 제공한다. 특히 환경에 대해 스스로 탐색하는 능력이 향상되며 안전한 활동으로 신체적 발달을 향상시켜 대근육 활동을 함으로써 신체와 사물에서 조절능력이 향상된다. 또한 다양한 도구를 활용하므로 자신의 신체 조절 방법들을 익힐 수 있고 다양한 사고능력이 발달할 수 있으므로 영유아의 성장에 필수적인 환경이다. 이동성을 고려한 사항은 아래와 같다.

- 미끄러움을 방지한 안전한 바닥 제공하기
- 기어올라갈 계단이나 사다리 제공하기
- 기어다닐 수 있는 통로 제공하기
- 터널, 미끄럼틀, 매트리스, 움직이는 놀잇감 제공하기
- 다양한 질감을 가진 바닥과 다양한 높이의 바닥 제공하기

(8) 선택(Choice)

영유아는 자신에게 주어진 물리적 환경이나 활동에서 선택을 통해 인지적 능력이 발달한다. 특히 선택이 허용되는 환경에서 활동은 예측 가능하고, 더욱 흥미로우며 새로운 활동에 대해 도전해 볼 만한 기회를 접하게 된다.

- 명확하게 영역을 구성하기
- 교재교구(놀잇감)를 다양하게 제공하기
- 때로 혼자 있게 편안한 장소 만들어주기

3) 실내환경 구성

영유아를 위한 실내 환경은 안전하며 위생적이고 안락해야 한다. 특히 밝은 채광, 쾌적한 공기를 제공할 수 있는 시설이 갖추어져야 한다. 또한 이러한 환경에서 다양한 교재 · 교구들을 갖추는 것이 바람직하다.

(1) 실내놀이 공간 구성

다음에서 영유아의 연령별로 적절한 실내놀이 공간을 구성할 때 고려해야 할 내용을 제시한다(김지은 외, 2011).

① 만 2세 미만 영아에게 적합한 실내놀이 공간

만 2세 미만의 영아의 실내놀이공간은 안전하고 위생적이며 쾌적한 환경이 기

본이며 탐색의 기회를 경험할 수 있는 배치가 고려되어야 한다.

또한 어린이집 생활이 처음인 경우가 많으므로 푹신하고 부드러운 큰 베개나 카펫 등을 마련하여 심리적 · 정서적으로 안정감을 느낄 수 있도록 하고 가정과 같이 편안하고 안락한 분위기로 구성해 주어 부모와 격리되는 불안감을 감소시키도록 한다.

만 2세 미만 영아의 공간으로는 식사 공간, 기저귀 갈이 공간, 낮잠 공간이며, 대근육활동 공간은 영아의 신체발달에 반드시 필요하므로 교실 벽면 한 부분에 낮은 경사면을 두어 기어오르기 등을 안전하게 할 수 있도록 구성하는 것도 좋다.

② 만 2세 영아에게 적합한 실내놀이 공간

신체를 자유롭게 이동할 수 있는 만 2세 영아들은 다양한 공간에 대한 관심으로 탐색이 이루어지므로 실내 공간을 안전하고 쾌적하며 위생적으로 구성해야 한다. 또한 만 2세 미만의 영아보다 신체적 움직임이 많은 만 2세는 넓은 공간 확보가 우선이며 놀이 시 또래와 마찰이 발생하지 않도록 공간 간격을 배치해야 한다.

또한 만 2세 영아는 영역별 구분이 필요하며 일상생활 영역과 대근육영역 및 혼자만의 시간을 보낼 수 있는 개인적 공간까지 고려해야 한다. 영역별 교구는 다양할 필요가 있으나 너무 많은 교구가 제시되면 선택하는 과정에서 혼란스러워할 수 있으므로 비교적 단순하게 구성한다. 만 2세 영아의 실내놀이 공간은 기능놀이, 상징 및 구성놀이, 사회관계놀이, 운동놀이를 진행할 수 있도록 구성하는 것이 바람직하다.

③ 만 3~5세 유아를 위한 실내놀이 공간

만 2세 영아기를 지나 유아기인 만 3~5세가 되면 다양한 놀이활동이 진행될 수 있는 공간을 구성해야 한다. 유아시기의 실내놀이 공간은 안전하고 쾌적하며 위생적으로 구성되어야 하며 각 영역을 명확하게 구분하여 제시해주고 놀이 시 영역 간의 통합도 가능하도록 한다. 영역 간의 경계는 낮은 교구장이나 책상으로 구분해주고 이동 통로를 제공하여 원활한 움직임을 도모한다.

만 3~5세 영역의 구성은 물을 사용하는 영역, 건조한 영역, 조용하거나 시끄러운 영역, 개별 영역, 집단을 위한 영역, 사적이거나 공적인 영역, 딱딱하거나 부드러운 영역으로 구분할 수 있다.

(2) 실내 흥미영역 공간의 배치 원리

실내의 다양한 활동이 이루어지는 공간을 흥미영역(interest center) 또는 활동영역(activity center)이라고 칭한다. 흥미영역은 영유아의 발달단계나 흥미, 주제, 계절적 요인에 따라 다양하게 배치되며 영역 간의 통합성을 충족할 수 있도록 구성할 필요가 있다. 또한 영역활동의 특수성이 드러날 수 있도록 구성하며 영유아의 활동에 한계점이 감소할 수 있는 충분한 공간 배치가 필요하다.

흥미영역은 정해진 공간에 융통성 있으면서 개별적인 느낌을 주어야 한다. 이러한 영역구성을 위해서는 칸막이나 교구장은 一자형이나 L자형, U자형, T자형으로 배치하고, 각 흥미영역의 벽면, 바닥 및 카펫의 색깔이나 명암에 차이를 두면 바람직하다. 각 흥미영역의 활동 내용에 따라 빛의 강도에 차이를 두고 바닥면을 다양하게 마련하여(평면보다 높거나 같거나 낮도록 다양하게 처리할 것) 영역의 활동이 원활하게 진행될 수 있도록 지원해 주는 것도 바람직하다.

(3) 만 0세~ 만 2세 흥미영역

① 낮잠영역 및 휴식영역

교실 내의 낮잠영역은 별도의 영역 구성이 이루어지는 것이 아니라 하루일과 중 낮잠 시간에만 기존의 놀이영역을 넓혀 공간을 마련한다. 낮잠 시 개인별 아기 침대가 필요한 시기는 0~5개월, 6~11개월이다.

영아용 침구는 개별적으로 사용하며 이름을 기록하여 관리한다. 낮잠 시 사용하는 침구류는 통풍이 잘 되는 장 안에 보관하고, 청결하고 위생적인 관리를 위해 정기적인 세탁을 한다. 또한 하루종일 어린이집에서 생활하는 영아를 위해 놀이 중간에 휴식을 취할 수 있도록 배려해주어야 한다.

영역 / 연령	자 료
낮잠영역 (만 0 ~ 만 2세)	영아용 침대와 침구, 모빌, 잡아당길 수 있는 놀잇감, 인형, 녹음기 및 음악, 테이프, 그림이나 사진(가족사진, 친근한 동물사진 등)
	침대와 베개, 개인 애착물(필요한 경우)
낮잠 및 휴식영역 (만 1세, 만 2세)	매트, 쿠션, 소파, 녹음기 및 음악테이프

② 수유영역 및 이유영역

수유 영역 · 이유영역은 영아의 발달과 깊은 관계가 있으므로 위생적이며 청결함을 유지하는 영역이다. 수유가 필요한 영아에게는 교사가 직접 안고 수유해야 하므로 소파를 준비하고, 영아 수유 양, 이유식 종류 및 용량을 일일보고서와 대화장에 기록하여 부모에게 정보를 제공한다.

③ 기저귀 갈이 영역 및 대소변 가리기 영역

만 1세 미만의 영아들은 매일 경험하는 영역이 기저귀 갈이 영역이다. 기저귀 갈이 영역은 영아와 교사가 일대일 관계를 유지하므로 개별적인 상호작용이 깊이 있게 형성된다. 기저귀 갈이 영역은 놀이 및 수유영역과 거리를 두어 위생적인 관리가 필요하다. 또한 세면대나 싱크대와 가까이 있어 기저귀 갈이 후 손을 바로 씻을 수 있도록 한다. 기저귀 갈이 후 뒤처리를 위해 손을 사용하지 않아도 되는 페달형식의 휴지통을 준비하는 것이 좋으며 대변은 위생적인 처리를 위해 위생 팩에 넣어 버리는 것이 좋다.

대소변 가리기는 영아의 성장 과정 중 매우 중요한 과정이므로 자연스럽게 대소변 가리는 경험을 할 수 있는 분위기를 조성해 주어야 한다. 교사는 올바른 화장실 사용법을 지도하고 화장실이 교실과 거리가 있을 경우에는 이동식 변기를 준비하여 수시로 대소변 지도를 할 수 있도록 한다. 대소변을 가리지 못하는 영아를 위해서는 기저귀 갈이대가 설치되어 있어야 한다. 화장실은 위생적이며 청결한 관리가 필요하고 환기 시설이 잘 되어야 하며, 바닥에는 물기가 없어야 한다. 또한 냉 · 온수가 나오는 세면대와 더불어 실수한 영아의 몸을 씻을 수 있는 샤워기 등의 목욕시설이 갖추어져야 한다.

영역 / 연령	자 료
기저귀 갈기 영역 (0~11개월)	여벌의 기저귀, 방수 깔개, 푹신한 쿠션, 모빌, 안전거울, 물휴지, 휴지, 뚜껑 달린 휴지통, 기저귀 갈이대, 위생 팩
대소변 가리기 영역 (만 1세)	이동식 변기

④ 탐색영역(탐색영역, 탐색·표현영역, 감각·탐색영역)

0~5개월 영아는 탐색 놀잇감과 배밀이 및 기어가기 활동을 통해 감각발달을 이루어간다.

6~11개월 영아는 감각을 통해 보고, 듣고, 만지고, 맛보는 등의 활동으로 주변을 탐색한다. 탐색(표현) 영역에 제시되는 놀잇감은 안전하고 위생적이며 청결이 기본이고 영아가 삼킬 수 없는 적당한 크기(3.5cm 이상)이어야 하며, 인체에 무해하고 영아가 던져도 쉽게 손상되지 않도록 안전성과 견고성을 갖추어야 한다.

만 1세 영아는 많은 호기심과 욕구 충족하기 위해 사물을 끊임없이 탐색하므로 감각 · 탐색영역에 다양한 놀잇감을 제공해주어 즐거움과 성취감을 느끼게 해

주어야 한다.

영역 / 연령	자 료
탐색영역 (0~5개월)	•뻗고, 돌고, 기고, 밀기에 적합한 매트 •모빌: 나비, 다람쥐, 물고기 등의 동물이나 비행기 형태 •딸랑이: 잡고 흔들면 소리가 나거나 구슬이 움직임 •침대 걸이 놀잇감: 잡기, 두드리기, 흔들기 •헝겊공: 가볍고 영아가 잡기 쉬운 크기 •음악상자: 태엽을 감으면 음악 소리가 나는 음악상자
탐색·표현영역 (6~11개월)	다양한 딸랑이, 모빌, 누르면 튀어나오는 소리 나는 놀잇감, 2~3조각 퍼즐, 쌓을 수 있는 컵 블록, 끼우는 고리, 치아 발육기, 놀이용 젖꼭지, 오뚜기, 방울
감각·탐색영역 (만 1세)	실물 보관상자, 뚜껑 달린 플라스틱 어항, 자연에 관한 그림이나 사진 촉감자료, 뚜껑이 있는 병, 모양 상자, 누르면 튀어나오는 놀잇감, 끼워 넣기 놀잇감, 소리 나는 놀잇감, 2~3조각 퍼즐, 포개어 끼우는 상장, 각종 소형 자동차

⑤ 조작(놀이) 영역

만 2세 영아는 놀이하는 방법에 대해 관심이 생기므로 다양한 방법의 조작 놀잇감을 제공해 준다. 탐색 · 조작(놀이)영역은 만 2세 영아의 감각과 소근육 발달을 위해 소리를 듣고, 사물을 만지고 조작하는 놀잇감을 낮은 교구장에 배치한다.

⑥ 언어영역(의사소통·사회관계영역, 언어영역)

0~5개월, 6~11개월 영아의 의사소통 · 사회관계영역에서 개인적인 활동으로 편안히 안정을 취할 수 있는 환경구성을 한다. 언어영역은 신체적 · 정서적 안정감을 취할 수 있도록 푹신한 쿠션과 매트, 소파 등으로 영역을 구성한다. 또한 안전거울이나 낮은 책상, 다양한 쓰기 도구를 제공하고, 헝겊책, 입체책, 소리 나는 책, 손인형, 막대인형 등을 비치하며 교사는 적절한 상호작용을 지원하여 인지 및 사회적 발달을 도모한다.

영아의 어휘력은 짧은 기간에 발달하므로 여러 종류의 그림책을 보고 들을 수 있어야 한다. 또한 새로운 단어를 경험하면서 자신의 생각과 느낌을 또래나 교사에게 전달하는 의사소통 능력이 촉진되도록 구성하여야 한다.

⑦ 신체영역(신체·움직임영역, 신체영역)

만 2세 미만의 영아는 신체 · 움직임영역, 만 2세 영아는 신체영역으로 이루어진다. 영아들은 빠른 신체발달이 진행되기 때문에 대근육 발달을 돕기 위해서는 넓고 안전한 공간이 확보되어야 한다.

0~5개월, 6~11개월 영아의 신체영역은 넘어질 때의 충격을 예방할 수 있는 쿠션감이 있는 카펫, 매트리스 등을 설치하고 청결하게 관리한다. 만 1세, 만 2세 영아는 활발한 신체적 움직임이 이루어지므로 소근육 발달과 신체 협응력을

도울 수 있는 놀잇감을 비치해야 한다. 이시기의 영아들은 기기, 기어오르기, 걷기, 뛰기, 던지기 등 다양한 신체적 활동을 지원할 수 있는 영역환경이 마련되어야 한다.

⑧ 창의적 표현(미술, 음악, 음률)

영아들은 감각을 활용하여 창의적 활동에 참여한다. 손이나 손가락을 이용하여 스티커 붙이기, 그림 그리기, 주무르기 등을 즐기며, 탐색활동을 통한 조형활동을 한다. 따라서 다양한 감각 자료 및 매직, 무독성의 크레파스 등의 놀잇감을 제시해주어 영아가 탐색하고 자유롭게 표현해 보도록 한다. 또한 악기를 흔들기, 두드리기, 누르기, 치기 등의 활동을 통해 소리를 탐색하고 친숙한 노래를 반복해 들음으로써 리듬감과 창의적인 표현 및 의사소통의 발달이 일어나도록 준비한다. 영아들이 음율활동을 통해 즐거움을 느끼므로, 편안하고 자유롭게 표현하고 움직일 수 있는 충분한 공간과 다양한 악기를 제공한다.

⑨ 역할영역

역할영역은 모든 연령대가 좋아하며 활발한 활동이 이루어지는 영역이다. 특히 영아는 또래나 교사의 활동을 모방하고 상징 놀이를 즐긴다. 따라서 영아의 표상 능력을 길러줄 수 있는 놀잇감이 제공되어야 한다. 또한 역할영역은 영아들이 한 번에 여러 명이 모일 수 있는 공간으로 다른 영역보다 좀 더 넓은 공간으로 구성해야 하고 또래 간의 갈등상황과 놀잇감의 파손이 자주 일어나는 영역이므로 교사의 민감한 관찰이 필요한 영역이다. 역할영역의 놀잇감은 주제, 계절, 영아의 흥미에 따라 다양한 놀잇감을 제공한다.

또한 놀잇감 자체가 영아들이 직접적으로 호흡기에 닿는 일이 많으므로 청결과 위생적 관리가 필수적이며 영아들의 건강에 유해한 물질이 없는지 반드시 확인해야 한다.

⑩ 쌓기영역

쌓기영역은 모든 영아가 흥미로워하는 영역이다. 또한 쌓기영역은 영아들의 다양한 표상물이 나오는 장소로 영아들의 표상물을 전시할 수 있는 공간 확보도 필요하다. 쌓기영역에서는 여러 종류의 블록과 놀잇감이 제공돼 소음이 발생할 수 있으므로 바닥에 소음방지용 카펫이나 매트를 설치한다. 놀잇감 정리는 무거운 것은 아래쪽에 자리를 마련하고 가벼운 것은 위쪽으로 비치하여 영아들이 안전하게 활용할 수 있도록 한다.

(4) 만 3~만 5세를 위한 보육 환경구성

만 3~만 5세 유아의 놀이활동을 위해서는 실내 환경을 영역별로 구분하여 구성하고 자료를 적절하게 배치하고 제공한다.

① 계획영역

영아 보육환경에는 없는 영역이 계획영역이다. 계획영역은 유아들이 자유선택활동을 시작하기 전 자신의 생각대로 영역별 활동을 계획하는 곳이다. 그러므로 계획영역의 위치는 모든 영역이 잘 보이는 장소로 배치한다.

계획영역에 교사는 책상, 계획 용지, 계획장과 보관통, 필기도구를 제공하고 달력 등을 계획판 가까이에 비치하여 유아가 스스로 계획하는 데 도움이 될 수 있도록 한다.

② 쌓기영역

쌓기영역은 만 3세반과 만 4세반의 유아를 위해서는 큰 블록영역과 작은 블록영역을 한 공간에 배치하여 하나의 블록영역으로 통합할 수 있는 반면에, 만 5세반은 큰 블록영역과 작은 블록영역을 각각 다른 위치에 배치하여 유아들이 작은 블록영역에서 좀 더 세밀한 구성을 할 수 있도록 배려한다.

쌓기 영역은 또한 소음방지 카펫이나 매트를 깔아 블록을 옮기거나 쌓으면서 발생되는 소음을 방지하도록 한다. 교구장 정리는 유닛블록, 자석블록, 무거운 소품 등은 아랫부분에 정리하고 종이블록, 플라스틱 놀잇감은 위쪽에 정리한다. 그리고 4~6명의 유아들이 모여 놀이가 이루어지므로 놀잇감의 양도 넉넉하게 준비한다.

③ 역할영역

유아들은 역할영역에서 다양한 이야기로 활동을 전개한다. 역할영역에서는 주로 여러 명의 유아가 함께 활동을 하므로 넓은 공간이 마련되어야 하고, 쌓기 영역과 근접하여 놀이에 따라 통합할 수 있도록 융통성 있게 구성해주어야 한다.

역할영역은 낮은 선반이나 옷장, 싱크대 등을 이용하여 다른 영역과의 경계를 구분하며, 다양한 직업과 사회구성원의 역할을 해볼 수 있도록 여러 종류의 옷과 다양한 소품들을 제공한다.

④ 언어영역

언어영역은 듣기, 말하기, 읽기, 쓰기와 같은 활동이 이루어는 공간이면서 개인적 휴식을 취할 수 있는 공간이기도 하다. 언어영역의 위치는 밝고 조용하고 안락한 분위기에서 방해받지 않고 책 읽기나 쓰기 활동을 할 수 있도록 시끄럽고 움직임이 많은 영역과는 거리를 두어 배치한다.

또한 언어영역은 편안한 자세로 책을 읽을 수 있는 소파나 매트, 쿠션, 낮은 책상을 준비해주며 유아가 직접 책을 선택하여 보고 정리할 수 있는 책꽂이를 비치한다. 책은 앞면이 보이도록 비치하여 유아들이 책을 내용을 추리해보는 과정을 제공하는 방법도 바람직하다. 쓰기 영역 내에는 다양한 필기도구와 함께 종이, 모양 종이 등을 마련해주고, 녹음기를 사용할 수 있도록 전기 콘센트와 가까운 곳에 듣기 영역을 배치한다.

⑤ 미술영역

미술영역은 유아의 직접적인 참여가 이루어지는 영역이다. 또한 유아가 자신의 생각과 느낌, 사전지식을 바탕으로 창의적 표현물을 생성하는 공간이다.

미술영역의 위치는 밝은 곳으로 정하고 유아들의 작품을 전시할 수 있는 공간도 마련한다. 바닥 표면은 물이나 물감이 흘렀을 때 유아가 쉽게 닦을 수 있도록 타일이나 모노륨과 같은 재료로 설비하거나 미술영역의 바닥에 부분적으로 비닐장판을 깔아주어서 물감이 떨어지거나 물감을 엎질렀을 때 정리가 용이하도록 배려한다.

또한 물이 있는 공간과 가까이하여 물의 사용이 용이하도록 한다. 자료를 놓아두는 위치에 그림과 글씨로 자리를 표시하여 유아가 스스로 자료를 꺼내 쓰고, 제자리에 정돈할 수 있게 배려하여 유아들이 활동하는 과정에서 자연스럽게 정리정돈 습관을 형성하고 분류능력이 증진될 수 있도록 하는 것도 바람직하다.

⑥ 수영역

수영역은 놀잇감을 통해 수학적 요소를 경험할 수 있는 영역이다. 수영역은 다른 영역에 비해 조용하게 활동이 진행되므로 소음이 많은 영역과는 거리를 두고 배치하는 것이 필요하다. 수영역은 게임판이나 교구를 바닥에 놓고 사용하거나 앉아서 활동할 수 있도록 책상과 의자를 배치한다. 또한, 작업결과나 도표, 견본, 구성물 등의 전시를 위한 게시판과 구슬, 단추 등의 준비된 사물을 분류 및 보관할 수 있도록 교구장 내 별도 공간도 배려한다.

⑦ 조작영역

조작영역은 유아들이 혼자나 또래와 함께 활동하는 영역으로 놀잇감의 특성을 반영하여 공간의 크기를 마련한다. 놀잇감은 유아의 발달단계 및 수준에 적합하고 신체 및 인지적 발달이 통합적으로 촉진될 수 있도록 한다.

조작영역에는 유아들의 신체적 발달과 놀잇감의 활용 특성에 따라 적절하게 진행할 수 있도록 낮은 책상이나 카펫을 깔아주어야 한다. 또한 교구장의 정리 바구니를 준비하여 놀잇감 활용 후 바로 정리가 될 수 있도록 하며 정리 바구니에는 이름과 놀잇감 사진을 함께 붙여놓아 스스로 선택과 정리를 할 수 있도록 배려한다.

⑧ 음률영역

음률영역은 여러 종류의 악기연주와 음악을 듣고 부를 수 있는 영역으로 소리를 탐색하고 음악을 감상하는 공간이다. 음악을 들으면서 신체활동을 통해 움직임이 활발한 영역이므로 적절한 크기의 공간이 고려되어야 한다.

또한 악기연주, 음악 듣기, 부르기 활동으로 소음이 많이 발생되는 영역이므로 다른 영역에 방해되지 않도록 시끄러운 영역 가까이에 배치하고 바닥에는 소음 방지용 카펫이나 매트를 깔아준다.

악기장이나 교구장 위에는 각각의 악기 모양을 표시해 두어 유아들이 악기를 쉽게 꺼내고 정리할 수 있도록 배려하고, 악보 그리기, 물컵 연주, 게임 등의 활동을 위해 한쪽에 책상을 준비한다.

4) 실외환경 구성

실외공간은 실내에서는 경험할 수 없는 다양한 활동과 동식물 관찰, 대근육활동 등이 제공되며, 정서적인 회복감과 적극성을 길러줄 수 있는 공간으로의 활동이 가능하다. 실외공간에서 영유아들은 마음껏 움직일 수 있고 소음에 대한 부담감이 없기 때문에 실외공간 구성 시에는 신체활동, 자연학습, 물 · 모래놀이뿐 아니라 극놀이, 음률활동, 신체 게임활동, 미술활동 등도 포함할 수 있다. 또한 실외환경 구성 시에는 안전성, 청결성, 견고성에 대한 고려가 반드시 필요하다.

실외환경에는 대근육활동 영역, 물 · 모래놀이 영역, 조용한 놀이영역, 식물재배영역, 동물사육장, 타이어나 통을 이용한 터널, 창고, 휴식공간 등으로 구성할 수 있다.

실외환경이 갖추어야 할 조건으로 데커와 데커(Decker & Decker, 1976)는 실내환경에서 이루어지는 활동과 비슷한 활동이 이루어지도록 구성해야 하며, 심리적인 즐거움을 줄 수 있도록 구성되어야 하고, 안전해야 한다는 세 가지 구성원리를 이야기한다(서영숙 외, 2003).

실외환경 구성 시 영역배치 기준은 다음과 같다(Wellhousen, 2002).

- 고정된 복합시설들은 눈에 잘 보이는 공간에 배치하고, 대근육을 사용하는 놀이를 위한 다양한 기회를 제공해야 한다.
- 극화놀이를 위해서 사용할 수 있는 기구와 소품을 준비하며, 이러한 기구들은 같은 공간에 비치한다.
- 자전거 길은 재미있는 형태로 이루어지도록 구성한다. 자전거 길 위에는 교통표지판을 준비해서 유아들이 상징체계에 대해서 학습할 수 있도록 한다.
- 페인트용 이젤, 물놀이영역, 모래상자 등의 활동영역은 놀이터 가장자리에 배치한다.
- 조용한 휴식공간을 위해서 나무 그늘 아래 벤치를 놓는 것도 바람직하다.
- 영유아들이 자유로운 놀이를 할 수 있는 공간을 마련해 준다.
- 나무들 주변으로 풀밭을 만들어 놀이터의 미적 수준을 높인다.

실외환경은 안전을 최우선시해야 한다. 실외환경은 영유아들의 행동 범위가 넓기 때문에 서로 부딪치기 쉽고, 영유아의 동적인 활동이 장려되는 곳일 뿐만 아니라 다양한 기구들에 의해 상처를 입기 쉬운 곳이므로 안전규칙을 엄격하게 시행해야 한다. 물 · 모래놀이, 바깥놀이 기구 사용 시 교사는 활동이 시작되기 전에 지켜야 할 규칙을 정해주고 지켜야 할 규칙을 영유아들이 잘 볼 수 있는 곳에 붙여 안전하게 놀 수 있는 환경을 제공해 주는 것이 바람직하다.

PART 3

국가 수준의 교육과정

CHAPTER 5

어린이집 표준보육과정(누리과정)의 개요

1. 어린이집 표준보육과정의 개발배경 및 과정

나라마다 국가 수준의 보육과정을 통해 영유아의 신체, 사회, 언어, 정서, 인지 등의 전인발달을 도모하며, 더 나아가 미래의 능력 있는 민주시민의 기초를 기르고자 한다. 우리나라는 1991년 「영유아보육법」이 제정되어 보육의 법적 토대를 구축하였다. 이는 종전의 단순 '탁아' 사업이 '보육' 사업으로 확대 발전하면서 어린이집의 수가 급증하였고 이에 따른 보육의 질적 수준 향상에 대한 요구가 더욱 높아졌다. 그동안 국가수준의 구체적인 보육목표와 내용에 대한 지침 없이 어린이집을 운영하였기에 어린이집마다 보육목표와 내용이 달라 질적 차이를 초래하였고 이는 보육에 대한 사회적 신뢰를 형성하는 데 방해 요인이 되었다(표준보육과정의 구체적 보육내용 및 교사지침 워크북, 2011).

이에 보육의 질 개선요구를 반영하여 2004년에 개정된 「영유아보육법」 제29조에 의거하여 표준보육과정 개발 및 보급을 위한 근거를 제시하였고 어린이집에서 이를 시행하도록 하였다.

2005년 11월 보육관련 6개 학회가 참여하여 표준보육과정 기초연구에 이어

보육관련 학계 교수와 현장 보육교사들이 참여하여 표준보육과정의 내용 개발, 영역전문가와 초등학교 교사의 자문을 거쳐 지역별 협의 · 총괄자문 공청회를 통해 표준보육과정을 연구하였다(여성가족부, 2005). 2006년에는 「표준보육과정」이 개발되었고 「영유아보육법 시행규칙」 제30조 관련 표준보육과정령을 개정하였다. 이에 2007년 1월 최초의 「표준보육과정의 구체적 보육내용」(여성가족부 고시 제2007-1호)이 고시되었고 교사지침과 해설서를 함께 고시하여 시범과정을 통해 2008년부터 전국적으로 어린이집에서 시행하고 있다.

「표준보육과정」 고시로 2007년부터 2세 미만 보육과정, 2세 보육과정, 3~5세 보육과정으로 운영되는 가운데 사회 및 보육환경의 변화를 반영하여 「표준보육과정」에 대한 부분 개정의 필요성이 언급되었다.

2010년 6월 '표준보육과정 개정안 연구'가 시작되어 2011년 3월 공청회를 앞둔 상태에서 5월 국무총리 주재로 어린이집과 유치원의 교육과정을 일원화하는 공통과정 제정을 발표하였다.

2012년 2월, 2011년에 개정 고시를 앞두었던 「표준보육과정」에서 5세 유아를 위한 보육과정을 제외하고 「5세 누리과정」과의 연계를 고려하여 다시 수정한 후 0~4세 영유아를 대상으로 한 「제2차 표준보육과정」을 고시하였다(제3차 표준보육과정 해설서, 2013).

「5세 누리과정」제정 이후, 2013년부터 3~4세까지 누리과정을 확대되는 계획이 발표되었고, 2012년 3월부터 「5세 누리과정」과 연계하여 「3~4세 연령별 누리과정」이 개발되어 2012년 7월에 고시와 함께 「5세 누리과정」은 개정되었다(보건복지부 고시 제2012-82호).

2013년 1월 어린이집에 다니는 영유아의 보육과정을 담은 「제3차 어린이집 표준보육과정」이 개정 고시되었다. 이번 고시에서는 만 3~5세 누리과정에 맞춰 기존 제2차 표준보육과정을 개편한 것으로 어린이집 만 3~5세(누리과정)뿐만 아니라 만 0~2세(영아 보육과정)까지 모든 영유아를 대상으로 하였다(보건복지부 고시 제2013-8호). 「제3차 어린이집 표준보육과정」의 보육대상은 '0세부터 5

세 영유아'로 일관되게 사용하며, 이에 따라 각론은 「0~1세 보육과정」, 「2세 보육과정」, 「3~5세 보육과정(누리과정 포함)」으로 구성하였다(제3차 표준보육과정 해설서, 2013).

2019년 7월에는 유아가 중심이 되고 놀이가 살아나는 「개정 누리과정」이 고시되었다.

누리과정 개정안은 '유아교육 혁신 방안' 이라는 '국정운영 5개년 계획'에 근거하여 '유아'가 중심이 되는 교육패러다임 전환을 가져왔다.

이어서, 2020년 4월에는 「4차 표준보육과정 개정」이 고시되었다. 3~5세 개정 누리과정 고시('19. 7. 24., '20. 3. 1. 시행)에 따라, 아동의 경험 간 연결, 연령 간 발달연계, 보육현장의 안정적 적용을 돕는 차원과 보육과정의 일관성을 높이기 위해 동일한 방향으로 개정(안)을 고시하였다.

(어린이집 표준보육과정 및 0~2세 영아보육 프로그램의 이해, 보건복지부. 중앙육아종합지원센터 참고)

표준보육과정 개정과정		개정 내용
2004. 1	「영유아보육법」 전문 개정	표준보육과정 개발의 근거 마련
2005. 11	표준보육과정 연구	보육관련 6개 학회가 참여하여 기초연구 후 보육관련교수 및 현장보육교사가 참여하여 내용개발. 영역전문가와 초등학교 교사의 자문을 거쳐 지역별 협의, 총괄자문, 공청회 실시
2007. 1	표준보육과정 고시	(여성가족부 고시 제2007-1호) 표준보육과정의 구체적 보육내용 및 교사지침 고시
2008. 7	제1차 표준보육과정에 기초한 0~5세 연령별 보육 및 장애아 보육 프로그램 개발 및 보급	제1차 표준보육과정에 기초하여 총론(1권) 0~5세용 어린이집 프로그램, 장애용 프로그램 개발 및 보급
2011. 9	5세 누리과정 고시	보건복지부, 교육과학기술부에서 어린이집과 유치원 5세를 위한 공통과정으로 5세 누리과정을 제정 고시함
2012. 2	누리과정에 기초한 5세 어린이집 프로그램 개발 및 보급	5세 누리과정에 기초하여 5세 프로그램과 DVD, 연령연계 프로그램을 개발하여 보급

표준보육과정 개정과정		개정 내용
2012. 2	제2차 표준보육과정 개정 고시	(보건복지부 고시 제2012-28호) 5세 누리과정 제정과 더불어 0~4세를 포함하여 제2차 표준보육과정을 고시
2012 .7	3~4세 누리과정 제정고시 및 5세 누리과정 개정 고시	보건복지부와 교육과학기술부가 함께 5세 누리과정 개정과 더불어 3~4세 누리과정을 제정하여 고시함
2013. 1	제3차 어린이집 표준보육과정 개정 고시	(보건복지부 고시 제2013-8호) 0~1세 보육과정, 2세 보육 과정, 3~5세 보육과정(누리과정)을 포함하여 전체적으로 개정 고시함
2019. 7	2019년 개정 누리과정 고시	보건복지부 고시 제2019-152호를 통해 개정 발령함
2020. 4	4차 표준보육과정 개정 고시	보건복지부 고시 제2020-75호 「제3차 표준보육과정」 현장 적용 결과 및 「2019 개정 누리과정」에 따른 보완 요구 적용 「표준보육과정」 개정 마련

2. 누리과정의 도입과 확대 배경

최근 우리나라는 세계 최저 수준의 저출산이 고착화되는 현상으로 인해 인구의 구조 변화로 노동력 감소, 노인 인구의 증가, 이에 따른 사회적 비용증가 등 심각한 사회 문제를 초래할 것이라는 우려가 확대되고 있다. 이러한 상황에서 부모들이 부담하는 영유아 교육 · 보육비 부담은 저출산을 더욱 심화시키는 요인 중의 하나로 지적되었다. 또한 2010년 기준 우리나라 10% 정도의 영유아가 경제적인 이유로 유치원이나 어린이집의 교육 · 보육의 혜택에서 제외되고 있는 실정이며 각 가정의 소득 격차로 인하여 고소득층 가정의 영유아들은 고가의 영어학원 및 놀이학교 등의 선호 및 재원으로 인해 교육의 격차까지 가중되는 문제점이 제기되었다(5세 누리과정 해설서, 2012).

우리나라의 경우 1997년 이래 「유아교육법」과 「영유아보육법」에 만 5세아에 대한 무상 교육, 보육이 명문화되어 있으나, 2011년 기준 소득 하위 70% 이하에 대해서만 지원하였다. 이를 바탕으로 만 5세 교육 · 보육에 대한 국가 책임을 강화해야 한다는 요구 아래 국가지원의 확대가 필요했다.

세계적인 추세와 만 5세아에 대한 국가의 투자라는 국제적 흐름 아래 OECD 회원국들은 유아교육과 보육의 공공성을 강화하기 위하여 무상 교육 · 보육을 확대하고 있으며, 지원대상도 만 5세에서 만 2세까지 점점 낮추었다(5세 누리과정 해설서, 2012).

영유아기는 인지 · 정서 · 신체 · 사회영역 등의 기초능력이 형성되는 중요한 시기이다. 또한 생애단계별로 투자비용을 동일하게 산정할 경우[OECD(2006). Strong Strong(Ⅱ), Heckman 외 연구(2006)] 영유아기의 인적 자원 투자 대비 회수율이 가장 크게 나타나는 시기이다.

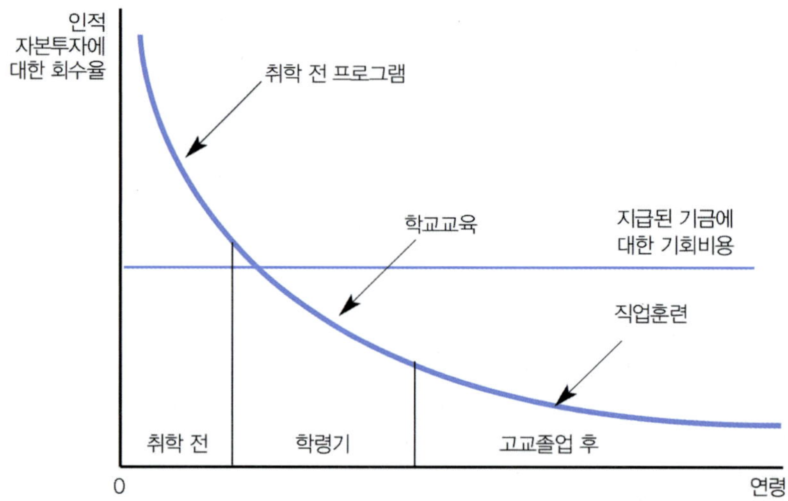

[그림 5-1] 동등 투자금 환산에 의한 대비 교육시기별 회수율

출처: 교육부 · 보건복지부(2012).

정부는 이와 같은 연구결과를 기초로 2011년 5월 만 5세 공통과정의 시행을 발표하면서 만 5세 유아의 교육 · 보육에 대한 국가의 책임을 강조하였다.

만 5세 공통과정 도입을 발표한 후 고시된 만 5세 누리과정은 어린이집의 표준보육과정과 유치원의 교육과정을 일원화하면서 교육과 보육과정을 통합해 만 5세의 모든 유아에게 국가수준의 공통과정을 배울 수 있도록 하는 것과 만 5세의 모든 유아는 소득수준에 상관없이 유치원이나 어린이집을 다닐 경우 유아학비, 보육료를 지원받게 됨에 따라 의무교육이 10년으로 확대되었다는 의의를 가진다(서영숙 외, 2012).

정부는 2012년 3월에 도입한 '5세 누리과정'에 이어 2013년에는 만 3~4세까지 누리과정을 확대하는 '만 3~5세 누리과정 도입계획'을 발표하였다. 이는 취학 전 유아에 유아교육과 보육에 대한 국가 책임을 강화하겠다는 의지로 우리나라 만 3~5세 유아에게 적합한 공통과정을 개발하여 무상으로 제공하고, 유치원이나 어린이집에 다니는 모든 만 3~5세 유아에게 가구소득에 상관없이 동일한 과정을 지원하는 것이다. 이는 만 3~5세 유아가 공정한 출발선으로서의 교육 및 보육 기회를 보장받게 되는 의의를 가진다(육아정책포럼 29호, 2012).

교육부는(2017) '유아교육에 대한 국가 책임 강화와 교육문화 혁신을 통해 교육의 공공선 실현'이라는 비전으로 「2019 개정 누리과정」을 발표하였다. 이번 개정안에는 추구하는 인간상을 추가하여 교육의 목적과 방향성을 제시하였다.

그동안의 누리과정이 교육의 방향에 대한 내용과 방법을 강조하였다면 개정된 누리과정에서는 유아교육 공동체 구성원의 삶과 교육이 추구해야 하는 가치와 방향성을 강조한다(조부경, 서현경, 김명희, 2020). 또한 '유아중심, 놀이중심'의 교육(보육)과정이 실현되도록 현장과 교사의 자율성을 강조하며, 이를 통해 모두가 행복한 보육과정을 실현하고자 한다.

3. 어린이집 표준보육과정 총론

[보건복지부(2020). 4차 어린이집 표준보육과정 개정(안)]

어린이집 표준보육과정(이하, '표준보육과정'이라 함)은 어린이집의 만 0~5세 영유아들에게 적용되는 국가 수준의 교육과정으로, 영유아가 놀이를 통해 심신의 건강과 조화로운 발달을 이루고 바른 인성과 민주시민의 기초를 형성하는 데 목적이 있다.

어린이집 표준보육과정은 0~1세 보육과정, 2세 보육과정, 3~5세 보육과정(누리과정 포함)으로 구성한다. 국가 수준의 어린이집 표준보육과정을 시행함으로써 영유아의 전인적 발달과 우리 문화에 적합한 내용을 일관성 있고 연계적으로 실천하며, 궁극적으로 사회에서 추구하는 인간상을 구현하고 전국 어린이집의 질적 수준을 높이는 데 기여하고자 한다.

1) 표준보육과정의 성격

어린이집 표준보육과정(이하, '표준보육과정'이라 함)은 0~5세 영유아를 위한 국가 수준의 보육과정이며 0~1세 보육과정, 2세 보육과정, 3~5세 보육과정(누리과정)으로 구성한다.

가. 국가 수준의 공통성과 지역, 기관 및 개인 수준의 다양성을 동시에 추구한다.
나. 영유아의 전인적 발달과 행복을 추구한다.
다. 영유아 중심과 놀이 중심을 추구한다.
라. 영유아의 자율성과 창의성 신장을 추구한다.
마. 영유아, 교사, 원장, 부모 및 지역사회가 함께 실현해 가는 것을 추구한다.

2) 표준보육과정의 기초

(1) 추구하는 인간상

표준보육과정이 추구하는 인간상은 다음과 같다.

가. 건강한 사람

나. 자주적인 사람

다. 창의적인 사람

라. 감성이 풍부한 사람

마. 더불어 사는 사람

(2) 구성의 중점

표준보육과정 구성의 중점은 다음과 같다.

가. 영유아는 개별적인 특성을 지닌 고유한 존재임을 전제로 구성한다.

나. 0~5세 모든 영유아에게 적용할 수 있도록 구성한다.

다. 추구하는 인간상 구현을 위한 지식, 기능, 태도 및 가치를 반영하여 구성한다.

라. 표준보육과정은 다음의 영역을 중심으로 구성한다.

1) 0~1세 보육과정과 2세 보육과정은 기본생활, 신체운동, 의사소통, 사회관계, 예술경험, 자연탐구의 6개 영역을 중심으로 구성한다.

2) 3~5세 누리과정은 신체운동 · 건강, 의사소통, 사회관계, 예술경험, 자연탐구의 5개 영역을 중심으로 구성한다.

마. 0~5세 영유아가 경험해야 할 내용으로 구성한다.

바. 초등학교 교육과정과의 연계성을 고려하여 구성한다.

3) 목적과 목표

표준보육과정의 목적은 영유아가 놀이를 통해 심신의 건강과 조화로운 발달을 이루고, 바른 인성과 민주 시민의 기초를 형성하는 데에 있다.

이를 실현하기 위한 목표는 다음과 같다.

가. 0~2세 보육과정

1) 자신의 소중함을 알고, 건강하고 안전한 환경에서 즐겁게 생활한다.
2) 자신의 일을 스스로 하고자 한다.
3) 호기심을 가지고 탐색하며 상상력을 기른다.
4) 일상에서 아름다움에 관심을 가지고 감성을 기른다.
5) 사람과 자연을 존중하고 소통하는 데 관심을 가진다.

나. 3~5세 보육과정 목표

1) 자신의 소중함을 알고, 건강하고 안전한 생활 습관을 기른다.
2) 자신의 일을 스스로 해결하는 기초능력을 기른다.
3) 호기심과 탐구심을 가지고 상상력과 창의력을 기른다.
4) 일상에서 아름다움을 느끼고 문화적 감수성을 기른다.
5) 사람과 자연을 존중하고 배려하며 소통하는 태도를 기른다.

4) 편성과 운영

(1) 편성과 운영

다음의 사항에 따라 표준보육과정을 편성 · 운영한다.

가. 어린이집 운영시간에 맞추어 편성한다.

나. 표준보육과정을 바탕으로 각 기관의 실정에 적합한 계획을 수립하여 운영

한다.

다. 하루 일과에서 바깥 놀이를 포함하여 영유아의 놀이가 충분히 이루어지도록 편성하여 운영한다.

라. 성, 신체적 특성, 장애, 종교, 가족 및 문화적 배경 등에 따른 차별이 없도록 편성하여 운영한다.

마. 영유아의 발달과 장애 정도에 따라 조정하여 운영한다.

바. 가정과 지역사회와의 협력과 참여에 기반하여 운영한다.

사. 교사 연수를 통해 표준보육과정의 운영을 개선할 수 있도록 한다.

(2) 교수·학습

교사는 다음 사항에 따라 영유아를 지원한다.

가. 영유아의 의사 표현을 존중하고 민감하게 반응한다.

나. 영유아가 흥미와 관심에 따라, 놀이에 자유롭게 참여하고 즐기도록 한다.

다. 영유아가 놀이를 통해 배우도록 한다.

라. 영유아가 다양한 놀이와 활동을 경험할 수 있도록 실내외 환경을 구성한다.

마. 영유아와 영유아, 영유아와 교사, 영유아와 환경 사이에 능동적인 상호작용이 이루어지도록 한다.

바. 각 영역의 내용이 통합적으로 영유아의 경험과 연계되도록 한다.

사. 개별 영유아의 요구에 따라, 휴식과 일상생활이 원활히 이루어지도록 한다.

아. 영유아의 연령, 발달, 장애, 배경 등을 고려하여 개별 특성에 적합한 방식으로 배우도록 한다.

(3) 평가

평가는 다음 사항에 중점을 두고 실시한다.

가. 표준보육과정 운영의 질을 진단하고 개성하기 위해, 평가를 계획하고 실시한다.

나. 영유아의 특성 및 변화 정도와 표준보육과정의 운영을 평가한다.

다. 평가의 목적에 따라 적합한 방법을 사용하여 평가한다.

라. 평가의 결과는 영유아에 대한 이해와 표준보육과정 운영 개선을 위한 자료로 활용할 수 있다.

개정 누리과정에서의 평가하기

개정 누리과정에서는 기관 및 학급 수준 교육과정 운영의 자율성을 강조하여 평가 역시 그 방법과 시기에 대해 자율성을 갖는다. 교사는 관찰과 기록, 수집, 부모 설문지 등의 다양한 방법을 이용하여 유아와 누리과정 운영을 평가한다.

1. 평가를 위한 자료 모으기

평가를 위해 유아의 놀이와 일상생활, 활동 속에서 이루어지는 놀이와 일상을 관찰하여 기록한다. 이때, 평가자료의 수집과 기록으로 교사가 유아를 지원하는 데 어려움을 갖지 않도록 유의한다.
교사는 많은 기록보다 유아 이해 및 놀이 지원에 의미 있다고 판단되는 자료를 선별하여 기록한다.

2. 자료 활용하여 평가하기

평가는 유아 평가와 누리과정 운영 평가로 나눈다. 유아 평가는 유아의 고유한 특성과 시간의 흐름에 따른 변화를 이해하는 것이다. 누리과정 운영 평가는 놀이, 일상생활, 활동이 연계되어 유아에게 의미 있는 경험의 내용이 통합적으로 운영되었는지를 알아보는 것이다. 어린이집의 상황이나 필요에 따라 적합한 평가방법을 선택하여 자율적으로 실시한다.

3. 누리과정 운영을 평가한다.

누리과정 운영 평가는 일과구성의 적절성과 일상생활과 활동이 놀이를 지원하는 방식으로 어떻게 진행되었는지, 놀이를 통해 어떤 경험이 일어났는지 등에 대해 반성적 사고로 들여다보는 과정이다. 교사는 학급 내 놀이내용을 통해 유아들의 배움과 참여가 어떻게 일어나는지 기록을 통해 평가하여 다음 교육과정 개선 계획에 반영한다.

4. 놀이에서 누리과정 5개영역을 경험하였는지 돌아본다.

누리과정의 5개 영역은 유아가 놀이를 통하여 경험해야 할 내용이다. 교사는 놀이상황에서 5개 영역과 관련된 경험이 어떻게 이루어졌는지를 연계한다. 하지만 5개 영역의 내용을 유아가 모두 달성해야 할 성취의 기준으로 삼아 매일 5개 영역으로 연계할 필요는 없다. 일과(놀이, 일상생활, 활동) 후 또는 하나의 놀이 흐름이 마무리되었을 때 5개 영역의 경험이 어떻게 나타났는지 검토하고 지원을 계획해 본다.

출처: 교육부·보건복지부(2019).

CHAPTER 6

기본생활영역

1. 기본생활영역의 목표 및 성격

기본생활영역은 영아가 익숙하고 규칙적인 일과에서 일상을 즐겁고 안전하게 경험하도록 하고, 건강한 의식주 습관의 기초를 경험하고 일상에서 안전하게 놀이하는 경험을 통하여 심신의 건강과 생활습관을 즐겁게 형성하도록 돕는다.

2. 0~1세 기본생활영역의 운영

1) 목표

건강하고 안전한 일상생활을 경험한다.

1) 건강한 일상생활을 경험한다.

2) 안전한 일상생활을 경험한다.

2) 내용

내용범주	내용
건강하게 생활하기	• 도움을 받아 몸을 깨끗이 한다. • 음식을 즐겁게 먹는다. • 하루 일과를 편안하게 경험한다. • 배변 의사를 표현한다.
안전하게 생활하기	• 안전한 상황에서 놀이하고 생활한다. • 안전한 상황에서 교통수단을 이용해 본다. • 위험하다는 말에 주의한다.

출처: 보건복지부(2020).

3) 성격

- 기본생활 영역의 목표는 청결, 식습관, 수면과 휴식, 배변, 놀이 등의 기본생활을 통해 건강하고 안전한 일상생활을 경험하는 것임.
- 기본생활 영역의 목표를 달성하기 위해서 이 영역에서는 영아들이 즐겁고 편안하고 안전하게 놀이하고 생활하는 것을 통해 건강하고 안전한 일상생활을 경험하도록 하는 데 중점을 둠.

건강하게 생활하기	• 도움을 받아 몸을 깨끗이 한다. – 영아가 몸을 깨끗이 할 때의 기분 좋음을 경험하며 위생과 청결에 대한 기본적인 감각을 기르기 위한 것으로, 교사의 도움을 받아 손을 씻고 이를 닦는 경험을 하는 내용임. • 음식을 즐겁게 먹는다. – 영아가 먹는 것에 대한 즐거움을 알고, 우유(모유)–이유식–고형식 등 다양한 음식을 섭취하는 과정을 즐겁게 경험하는 내용임. • 하루 일과를 편안하게 경험한다. – 어린이집에서의 수면, 휴식, 놀이 등의 일상생활을 건강하고 편안하게 경험하는 내용임. • 배변 의사를 표현한다. – 배변 훈련 전 영아가 대소변의 마려움을 인식하고 배변 의사를 나타낼 수 있도록 하는 내용임.

안전하게 생활하기	• 안전한 상황에서 놀이하고 생활한다. – 영아의 생활환경을 안전하게 조성하고 영아가 안전한 상황에서 놀이하고 생활하도록하는 내용임. • 안전한 상황에서 교통수단을 이용해 본다. – 영아가 어린이집 차량을 이용해야 할 경우 안전 장구를 착용하고 안전하게 이동하도록 하는 내용임. • 위험하다는 말에 주의한다. – 영아가 위험하다는 말을 듣고 이에 반응을 보이며 주의할 수 있도록 지도하는 내용임.

출처: 한국보육진흥원·육아정책연구소·보건복지부(2019).

3. 2세 기본생활영역의 운영

1) 목표

건강하고 안전한 생활생활 습관의 기초를 형성한다.

1) 건강한 생활습관의 기초를 경험한다.

2) 안전한 생활습관의 기초를 경험한다.

2) 내용

내용범주	내용
건강하게 생활하기	•자신의 몸을 깨긋이 해 본다.. •음식에 관심을 가기고 즐겁게 먹는다. •하루 일과를 즐겁게 경험한다. •건강한 배변 습관을 갖는다.
안전하게 생활하기	•일상에서 안전하게 놀이하고 생활한다. •교통수단을 안전하게 이용해 본다. •위험한 상황에 대처하는 방법을 경험한다.

출처: 보건복지부(2020).

3) 성격

- 기본생활 영역의 목표는 청결, 식습관, 수면, 휴식, 배변, 놀이 등의 기본생활을 통해서 건강하고 안전한 생활습관의 기초를 형성하는 것임.
- 기본생활 영역의 목표를 달성하기 위해서 이 영역에서는 영아들이 즐겁고 편안하고 안전하게 놀이하고 생활하는 것을 통해 건강하고 안전한 생활습관의 기초를 마련하는 데 중점을 둠.

건강하게 생활하기	• 자신의 몸을 깨끗이 해 본다. – 건강한 생활을 위한 기초로, 영아가 스스로 손과 몸 씻기와 이 닦기를 시도해 보는 내용임. • 음식에 관심을 가지고 즐겁게 먹는다. – 영아가 신체 건강을 유지하기 위해 다양한 음식을 즐기며 건강한 식습관을 경험하는 내용임. • 하루 일과를 즐겁게 경험한다. – 규칙적인 수면과 휴식, 또래와의 놀이 등의 일과를 즐겁게 경험하는 내용임. • 건강한 배변 습관을 갖는다. – 배변 조절능력이 생긴 영아가 배변 훈련에 성공할 수 있도록 지원하는 내용임.
안전하게 생활하기	• 일상에서 안전하게 놀이하고 생활한다. – 영아가 안전한 상황과 장소에서 놀이하며 주변의 위험 요소를 알고 이를 조심하는 내용임. • 교통수단을 안전하게 이용해 본다. – 영아가 교통수단을 안전하게 이용해보는 경험을 통해 교통수단의 위험을 알고 사고의 위험으로부터 자신을 보호하는 안전습관의 기초를 형성하는 내용임. • 위험한 상황에 대처하는 방법을 경험한다. – 영아가 위험한 상황에 처했을 때 적극적으로 대처하는 것이 어려우므로 어른의 지시에 따라 행동하여 위험에 대처할 수 있도록 하는 내용임.

출처: 한국보육진흥원·육아정책연구소·보건복지부(2019).

4. 기본생활영역의 실제

1) 0세 기본생활영역의 실제

〈놀이명 : 손을 씻어요〉

주 제	일상생활
놀이유형	개별활동
놀이지원 방향	기본생활 〉 건강하게 생활하기 〉 도움을 받아 몸을 깨끗이 한다.
놀이자료	세면대, 거울
놀이지원 사례	• 영아들이 세면대 등 물에 대한 관심이 커질 때 지원한다. 1. 교사는 세면대 수돗물을 틀어 영아가 흐르는 물을 느껴 볼 수 있도록 한다. – 물이 주르륵 흐르네. – 와, 시원한 물이네. 2. 영아의 손에 물을 묻히고, 영아가 물기를 만져 볼 수 있도록 한다. – ㅇㅇ 손에 물이 묻었네. 첨벙첨벙 두드려 보자. – 아! 시원하다. 3. 교사와 함께 비누칠을 한 후 손바닥을 앞, 뒤로 비비며 씻는다. – ㅇㅇ 손에 비누를 묻히자. 미끌미끌하구나. – 싹싹 손을 비벼 거품을 내 보자. – 아! 깨끗하다. ㅇㅇ이 손이 깨끗해!
참고사항	물이 너무 차면 영아들이 놀랄 수 있으므로 미지근한 물로 닦을 수 있도록 한다. 영아들이 물에 대한 호기심이 커지면 다양한 물 활용 놀이로 확장해 본다.

2) 1세 기본생활영역의 실제

〈놀이명 : 자동차 안전벨트 놀이〉

주 제	교통기관
놀이유형	개별활동
놀이지원 방향	기본생활 〉 안전하게 생활하기 〉 안전한 상황에서 교통수단을 이용해 본다.
놀이자료	안전벨트가 부착된 영아용 자동차
놀이지원 사례	• 카시트가 있는 차량 탑승 경험이 있는 경우 지원하면 좋다. 1. 안전벨트가 달린 자동차에 관심을 가지고 탐색한다. – 붕붕붕 자동차가 있어요. 바퀴도 있고, 문도 있네. – 어, 기다란 이 끈은 무엇일까? 딱 끼우는 것도 있네. – 아~하 ○○이를 보호해 주는 안전벨트구나! – ○○이가 자동차에 타서 벨트를 착용하고 운전해 볼까요? 선생님이 도와줄게. – ○○이가 안전벨트를 착용하고 뛰뛰빵빵 운전을 한다(교사는 ○○이가 자동차 운전보다는 안전벨트를 착용하는 것에 관심을 가지도록 상호작용한다).
참고사항	• 자동차 놀이를 통해 자연스럽게 안전벨트를 착용하는 경험을 갖도록 한다. • 영아들이 자동차에 대한 흥미를 보일 때 다양한 놀이로 확장해 본다.

3) 2세 기본생활영역의 실제

〈놀이명 : 토끼야 양치하자〉

주　제	여름
놀이유형	개별활동
놀이지원 방향	기본생활 〉 건강하게 생활하기 〉 자신의 몸을 깨끗이 해 본다.
놀이자료	이를 닦을 수 있도록 제작된 토끼 인형, 칫솔, 컵, 이 닦는 순서 그림판
놀이지원 사례	• 이 닦는 순서 그림판을 미리 벽에 부착해 놓는다. 1. 제시된 토끼인형과 칫솔에 관심을 보이도록 이야기 나눈다. – 양치하는 토끼인형이 있구나! – 어떻게 하면 이를 깨끗이 닦을 수 있을까? 2. ○○이가 칫솔을 가지고 자유롭게 토끼의 이빨을 닦아 주도록 기회를 준다. – 토끼 이를 어떻게 하면 더 깨끗하게 닦을 수 있을까? – 구석구석, 닦아 볼까? 위, 아래, 양쪽 옆, 혓바닥도 싹싹 닦아 보자. – ○○이가 이를 닦아 주니까 토끼 이빨이 깨끗해지고 있네. – 이젠 토끼 입에 벌레는 어디 갔을까? 3. 영아가 어린이집에서 이를 닦을 때 힘들어하는 부분을 놀이로 표현해 볼 수 있도록 돕는다. – 토끼 입에서 거품이 너무 생겨서 불편하데. 이젠 어떻게 도와줄까? – 물로 토끼 입 안을 헹궈 주면 되는구나. – 토끼가 물을 삼키려고 하네. – 우리가 "우르륵 퉤"하고 뱉는 걸 알려 주자.
참고사항	스스로 이 닦기에 대한 즐거움을 경험하는 활동이므로, 순서에 맞는 이 닦기를 강요하기보다는, 토끼인형을 탐색한 후 이 닦기 활동을 자연스럽게 전개할 수 있도록 흥미를 가지게 한다.

CHAPTER 7

신체운동·건강영역

1. 신체운동·건강영역의 목표 및 성격

신체운동영역은 영아는 자신의 감각적 경험을 통해 신체를 탐색하고 대소근육을 발달해 가며 연령에 적합한 신체활동을 통하여 자신의 신체에 대해 긍정적으로 인식하고, 유아는 다양한 신체활동에 참여하여 청결과 위생, 즐거운 식사, 적당한 휴식 등 일상에서 안전한 생활을 경험하기 위한 영역이다.

2. 0~1세 신체운동·건강영역의 운영

1) 목표

감각으로 탐색하고 신체활동을 즐긴다.

1) 감각 탐색을 즐긴다.

2) 신체활동을 즐겁게 경험한다.

2) 내용

내용범주	내용
감각과 신체 인식하기	•감각적 자극에 반응한다. •감각으로 주변을 탐색한다. •신체를 탐색한다.
신체활동 즐기기	•대소근육을 조절한다. •기본 운동을 시도한다. •실내외 신체활동을 즐긴다.

출처: 보건복지부(2020).

3) 성격

- 신체운동 영역의 목표는 영아의 감각 능력과 신체운동 능력을 기르는 데 있음.
- 신체운동 영역의 목표를 달성하기 위하여 영아들이 일상생활에서 감각 탐색을 즐기고, 다양한 놀이와 활동을 통해 신체 조절 능력을 기르며 즐겁게 신체 활동에 참여하는 습관을 갖도록 하는 데 중점을 둠.

감각과 신체 인식하기	•감각적 자극에 반응한다. – 영아가 시각, 청각, 촉각, 후각, 미각 등 오감각을 이용한 다양한 감각 경험을 통해 감각기관으로 자극을 느끼고 그 자극에 반응하는 내용으로 구성되어 있음. •감각으로 주변을 탐색한다. – 감각기관을 이용하여 주변의 사물을 포함한 환경을 탐색하는 내용으로 구성되어 있음. •신체를 탐색한다. – 영아가 자신의 신체와 신체의 움직임을 탐색하고 인식하는 내용으로 구성되어 있음.

신체활동 즐기기	•대소근육을 조절한다. – 영아가 목 가누기, 뒤집기, 앉기, 기기, 서기 등의 대근육 조절 능력을 발달시키는 것으로, 신체 균형을 잡으면서 안정되게 자세를 유지하는 능력을 키울 수 있는 내용임. •기본 운동을 시도한다. – 영아가 몸을 한곳에서 다른 곳으로 이동하면서 움직이는 배밀이, 기기, 걷기 등의 이동 운동과 제자리에서 몸을 축으로 하여 장소를 옮기지 않고 원하는 방향이나 물체를 향해 움직여 보는 뻗기, 흔들기 등의 제자리 운동으로 구성되어 있음. •실내외 신체활동을 즐긴다. – 영아가 몸을 움직이는 것에 활발히 참여하고 다양하게 시도하며 실내뿐만 아니라 실외에서도 신체활동을 할 수 있도록 하는 내용으로 구성되어 있음.

출처: 한국보육진흥원·육아정책연구소·보건복지부(2019).

3. 2세 신체운동·건강영역의 운영

1) 목표

감각을 활용하고 신체활동을 즐긴다.

1) 감각을 활용하고, 신체를 인식한다.

2) 신체활동을 즐긴긴다.

2) 내용

내용범주	내용
감각과 신체 인식하기	•감각 능력을 활용한다. •신체를 인식하고 움직인다.
신체활동 즐기기	•대소근육을 조절한다. •기본 운동을 즐긴다. •실내외 신체활동을 즐긴다.

출처: 보건복지부(2020).

3) 성격

- 신체운동 영역의 목표는 감각을 활용하고 신체활동을 즐기는 경험을 하는 것임.
- 2세 영아가 다양한 감각기관을 통해 주변 사물을 탐색하는 데 감각 능력을 활용하고 자신의 신체를 인식하고 움직이는 데 중점을 둠.
- 신체운동 영역은 2세 영아가 자신의 대소근육을 조절하고 기본 운동능력을 기르고 다양한 실내외 신체활동을 즐기도록 하는 데 중점을 둠.

감각과 신체 인식하기	•감각 능력을 활용한다. – 영아가 다양한 감각기관을 활용하여 주변의 사물과 환경을 탐색하면서 사물의 특성과 환경을 인식하는 경험을 하게 하는 내용임. •신체를 인식하고 움직인다. – 영아가 자신의 신체를 탐색하고 움직이면서 자신의 신체에 대해 인식하고 기본적인 신체 명칭이나 세부적인 신체 명칭에 대해 알아가고 머리, 다리, 팔 등을 움직여 보는 경험을 하게 하는 내용임.
신체활동 즐기기	•대소근육을 조절한다. – 영아가 몸의 균형을 잡고 마음대로 움직이면서 대소근육을 조절하는 경험을 하게 하는 내용임. •기본 운동을 즐긴다. – 영아가 자신의 신체의 위치를 바꾸면서 몸을 한곳에서 다른 곳으로 옮기는 이동 운동이나 장소를 움직이지 않고 제자리에서 움직이는 비이동 운동을 경험하게 하는 내용임. •실내외 신체활동을 즐긴다. – 영아가 실내외 다양한 신체활동에 참여하면서 즐거움을 느끼고 신체운동 능력을 향상시키는 경험을 하게 하는 내용임.

출처: 한국보육진흥원 · 육아정책연구소 · 보건복지부(2019).

4. 3~5세 신체운동·건강영역의 운영

1) 목표

실내외에서 신체활동을 즐기고, 건강하고 안전한 생활을 한다.

1) 신체활동에 즐겁게 참여한다.

2) 건강한 생활습관을 기른다.

3) 안전한 생활습관을 기른다.

2) 내용

내용범주	내용
신체활동 즐기기	•신체를 인식하고 움직인다. •신체 움직임을 조절한다. •기초적인 이동운동, 제자리 운동, 도구를 이용한 운동을 한다. •실내외 신체활동에 자발적으로 참여한다.
건강하게 생활하기	•자신의 몸과 주변을 깨끗이 한다. •몸에 좋은 음식에 관심을 가지고 바른 태도로 즐겁게 먹는다. •하루 일과에서 적당한 휴식을 취한다. •질병을 예방하는 방법을 알고 실천한다.
안전하게 생활하기	•일상에서 안전하게 놀이하고 생활한다. •TV, 컴퓨터, 스마트폰 등을 바르게 사용한다. •교통안전 규칙을 지킨다. •안전사고, 화재, 재난, 학대, 유괴 등에 대처하는 방법을 경험한다.

3) 성격

- 신체운동 · 건강 영역의 목표 및 내용범주는 유아가 다양한 신체활동에 즐겁게 참여하고, 청결과 위생, 즐거운 식사, 적당한 휴식을 통해 건강한 생활습관을 기르며, 일상에서 안전하게 생활하는 방법을 배우고 실천하는 내용으로 구성하였다.
- 유아가 자유롭게 신체를 움직이며 놀이하는 즐거운 경험을 강조하고자 기존 누리과정의 '신체 인식하기', '신체 조절과 기본 운동하기', '신체활동에 참여하기' 등의 내용범주를 통합하여 '신체활동 즐기기'로 제시하였다.
- '건강하게 생활하기'에 바른 태도로 즐겁게 음식을 먹는 내용을 새롭게 포함하였으며, 기존 누리과정의 배변이나 낮잠 등 유아의 일상생활과 관련된 내용은 '교수 · 학습'의 '바'항을 통해 하루 일과 전체에서 지원할 수 있게 하였다.
- 유아안전교육을 강조하고자 관련 법령 및 지침에 제시된 내용을 최대한 반영하여 개정하였다.

신체활동 즐기기	유아가 스스로 신체를 움직이는 동안 자연스럽게 자신의 신체를 인식하고 조절하며, 실내외에서 다양한 신체활동에 자발적으로 참여하면서 신체활동을 즐기는 내용이다.
건강하게 생활하기	유아가 스스로 몸과 주변을 깨끗이 하고, 즐겁게 식사하며, 자신의 신체 리듬에 맞게 휴식을 취하고, 질병을 예방하는 다양한 방법을 실천하는 내용이다.
안전하게 생활하기	유아가 안전하게 놀이하고 생활하며, 자주 접하는 TV, 컴퓨터, 스마트폰을 바르게 사용하고, 안전하게 다닐 수 있도록 교통안전 규칙을 지키며, 안전사고, 화재, 재난, 학대, 유괴 등의 위험한 일이 발생하였을 때 도움을 요청하거나 대처할 수 있는 방법을 경험하는 내용이다.

출처: 교육부·보건복지부(2020).

5. 신체운동·건강영역 운영의 실제

(최종문 외, 2014. 영유아를 위한 동작교육의 이론과 실제. 공동체. 재구성)

1) 0세 신체운동·건강영역의 실제

〈놀이명 : 쏙~ 터널 통과해요〉

주　제	움직여요
놀이유형	개별활동
놀이지원 방향	– 신체운동 〉 신체활동 즐기기〉 실내외 신체활동을 즐긴다. – 신체운동 〉 감각과 신체 인식하기〉 신체를 탐색한다.
놀이자료	영아 놀이용 터널(투명 재질)
놀이지원 사례	1. 실내유희실에 준비한 터널에 영아가 관심을 갖도록 유도한다. – 어, 여기 재미있는 터널이 있네요. – 터널 안으로 쏙 들어가 볼까요? – 터널 안으로 쏙쏙쏙~~~ 2. 터널의 출구 쪽에서 교사는 손뼉치며 영아들이 기기와 기어가기 동작을 수행할 수 있도록 유도한다. – 와! 우리 ○○이가 터널을 기어갑니다. – 엉금엉금 기어갑니다. 3. 터널을 통과한 영아에게 격려와 지지를 해 준다. – 우리 ○○이가 너무너무 잘 통과했네요. – 또 한번 통과할까요?
참고사항	• 터널 중간에 멈춘 영아는 끝까지 통과할 수 있도록 교사가 터널에 몸을 넣어 유도한다. • 영아가 터널에 다양한 물건을 넣거나 굴리는 활동으로 확장할 수 있다.

2) 1세 신체운동·건강영역의 실제

〈놀이명 : 두둥실 풍선을 잡아요〉

주　제	움직여요
놀이유형	개별활동
놀이지원 방향	– 신체운동 〉 신체활동 즐기기〉 대소근육을 조절한다. / 기본운동을 시도한다. – 신체운동 〉 감각과 신체 인식하기 〉 감각적 자극에 반응한다.
놀이자료	고무줄, 작은 풍선
놀이지원 사례	1. 고무줄에 매달린 풍선을 탐색한다. – 여기 무엇이 있나요? – 알록달록 풍선이 매달려 있어요. – 무슨 색 풍선이 있나? 빨간색, 노란색, 파란색이 있어요. 2. 고무줄에 작은 풍선을 매달아 영아의 키 높이로 준비한다. – 선생님과 함께 풍선을 쳐 보아요. – 풍선을 손으로 쳐 보아요. – 앉았다 일어서면서 팔을 뻗어 키 높이 풍선을 손으로 쳐 보아요. 3. 고무줄의 높이를 낮게 하여 무릎을 구부렸다 펴면서 친다.
참고사항	고무줄의 높이를 다양하게 준비해 영아들이 신체조절을 충분히 해 볼 수 있도록 유도한다.
확장활동동	풍선 이외의 부드러운 공을 쳐 보기 활동으로 확장한다.

3) 2세 신체운동·건강영역의 실제

〈놀이명 : 유니바 뛰어넘기요〉

주 제	나
놀이유형	소집단활동
놀이지원 방향	– 신체운동 〉 신체활동 즐기기 〉 대소근육을 조절한다. – 신체운동 〉 감각과 신체 인식하기〉 신체를 인식하고 움직인다.
놀이자료	유니바
놀이지원 사례	1. 유니바를 탐색한다. – 여기에 있는 것이 무엇일까요? – 이것으로 무엇을 할 수 있을까요? 2. 유니바의 높이를 다르게 하여 뛰어넘는다. – 유니바를 건드리지 않고 넘어 볼까요? – 토끼처럼 위로 폴짝 뛰어서 넘어 보아요. (교사는 유니바를 위로 한 단씩 높게 쌓아 영아가 뛰어넘게 한다.) 3. 유니바를 간격을 두어 두 발 모아 뛴다. – 유니바를 두 발을 모아 유니바를 넘어요. – 유니바를 천천히 뛰어넘어요. – 유니바를 좀 더 빠르게 뛰어넘어요. – 이번에는 ㅇㅇ이처럼 다르게 해보자. 4. 유니바를 두 발을 번갈아 뛴다. – 두 발을 번갈아 유니바를 넘어요. – 유니바를 두 발을 번갈아 천천히 뛰어넘어요. – 유니바를 두 발을 번갈아 좀 더 빠르게 뛰어넘어요.
참고사항	– 유니바를 뛰어넘을 때 영아가 넘어질 수 있으므로 개별 영아의 수준을 고려하여 높이와 간격을 조절한다. – 영아의 안전을 고려하여 안전한 매트 위에서 진행한다.
확장활동	두 발 모아 뛰기 활동이 익숙해지면 한 발로 뛰기, 토끼처럼 뛰기 등 다양한 형태의 뛰기 활동을 격려한다.

4) 3세 신체운동·건강영역의 실제

〈놀이명 : 구름다리 건너기〉

주 제	즐거운 유치원 / 어린이집
놀이유형	개별 및 소집단활동
놀이지원 방향	– 사회관계 〉 더불어 생활하기 〉 친구와 서로 도우며 사이좋게 지낸다. – 신체운동 · 건강 〉 신체활동 즐기기 〉 신체 움직임을 조절한다.
놀이자료	구름다리 기구
놀이지원 사례	1. 구름다리를 탐색한다. – 나무로 된 구름다리의 느낌은 어떤가요? – 이런 다리를 걸어 본 경험이 있나요? – 구름다리를 누구와 함께 걷고 싶은가요? 2. 유아 두 명씩 짝을 지어 인사한다. 3. 친구의 손을 잡고 구름다리 위를 따라 걸을 수 있도록 돕는다. – 구름다리를 어떻게 걸어 볼까요? – 어떻게 안내해야 할까요? – 어떻게 도와줘야 할까요? – 친구들이 다치지 않도록 돌아서 움직여 보자. 4. 한 바퀴를 돌면 서로 역할을 바꾸어 활동한다. – 친구와 바꿔 걸어 볼까요? 5. 활동을 평가한다.
참고사항	신학기에 진행하며 유아의 친근감을 향상시킬 수 있는 활동으로 진행한다.
확장활동	유아들의 성취도에 따라 구름다리 난이도를 조정하고, 난이도에 따라 교사의 도움을 조절한다.

5) 4세 신체운동·건강영역의 실제

〈놀이명 : 모양 만들기〉

주 제	도구와 기계
놀이유형	대집단활동
놀이지원 방향	– 신체운동 · 건강 〉 신체활동 즐기기 〉 기초적인 이동운동, 제자리운동, 도구를 이용한 운동을 한다. – 신체운동 · 건강 〉 신체활동 즐기기 〉 신체를 인식하고 움직인다. / 신체 움직임을 조절한다.
놀이자료	탄력 밴드
놀이지원 사례	1. 교사는 탄력 밴드를 소개한다. – 이것은 무엇일까요? – 쭉! 쭉! 늘어나네요. – 늘어나는 것에는 무엇이 있을까요? 2. 유아는 탄력 밴드를 다양하게 탐색한다. – 양손으로 잡고 위로 아래로 옆으로 당겨 볼까요? – 우리 옷 중에 이런 천으로 된 것은 무엇일까요?(수영복 등) 3. 탄력 밴드를 이용하여 모양을 만든다. – 탄력밴드를 이용하여 다양한 모양을 만들어 볼까요? – 세모, 네모, 동그라미, 삐죽빼죽 모양을 만들어 볼까요? – 탄력밴드를 다리에 끼고 두 팔을 위로 쭉 뻗어 보아요. – 탄력밴드를 다리에 끼고 두 발은 양쪽으로 벌려 보아요. 4. 친구와 함께 모양을 만든다. – 친구와 함께 모양을 만들어 볼까요? (기차, 운동장, 수영장, 야구장, 텐트, 집모양 등) – 친구의 모습을 보고 다른 생각이 있으면 ㅇㅇ이가 이야기 해보자. 5. 탄력밴드가 늘어날 수 있도록 힘을 조절한다. – 여러 명이 함께 다양한 모양을 만들어 볼까요? – 어떤 모양을 만들기가 가장 쉬었나요? – 만들기 어려웠던 모양은 무엇이었나요? – 여러 명이 함께하니 힘들지는 않았나요? 6. 활동을 평가한다. – 어떤 모양을 만들기가 가장 쉬었나요? – 만들기 어려웠던 모양은 무엇이었나요? – 여러 명이 함께하니 힘들지는 않았나요?
참고사항	유아들의 키에 맞춰 밴드의 크기를 조절한다.
확장활동	모양을 유지하여 라인 따라 걷기 활동을 통하여 친구와 함께 힘을 조절한다.

6) 5세 신체운동·건강영역의 실제

〈놀이명 : 바닷속 이야기〉

주　제	동물
놀이유형	대집단활동
놀이지원 방향	– 신체 운동 · 건강 〉 신체활동 즐기기 〉 실내외 신체활동에 자발적으로 참여한다.
놀이자료	바닷속 풍경 사진 또는 영상 자료
놀이지원 사례	1. 바닷속 풍경에 관련된 동영상을 보고 유아들과 함께 이야기 나눈다. – 바닷속에서 볼 수 있는 생물은 어떤 것들이 있을까요? – 바닷속에서 볼 수 있는 생물들이 어떻게 움직일까요? 2. 바닷속 생물의 움직임을 동작으로 표현한다. – 미역이 되어 보아요. – 멸치의 움직임을 어떻게 표현할 수 있을까요? – 상어의 지느러미는 어떻게 움직일까요? – 오징어는 어떻게 움직일까요? – 엄마, 아빠 상어는 어떻게 움직일까요? 3. 다양한 상황 속 바닷속 생물들의 움직임을 동작으로 표현한다.
참고사항	인어공주 애니메이션을 감상한다.
확장활동	다양한 동식물 소품을 제공하여 확장된 동작 표현활동을 격려한다.

CHAPTER 8

의사소통영역

1. 의사소통영역의 목표 및 성격

의사소통영역은 듣고 말하는 것을 즐기며 상황에 맞는 언어를 익혀 바른 언어생활을 하도록 하고 일상생활에 필요한 의사소통 능력과 기초적인 문해능력을 기르고 다양한 책과 이야기를 통해 상상하기를 즐기기 위한 영역이다.

2. 0~1세 의사소통영역의 운영

1) 목표

의사소통 능력의 기초를 형성한다.

1) 일상생활에서 듣고 말하기를 즐긴다.
2) 읽기와 쓰기에 관련된 관심을 가진다.
3) 책과 이야기에 관심을 가진다.

2) 내용

내용범주	내용
듣기와 말하기	•표정, 몸짓, 말과 주변의 소리에에 관심을 갖고 듣는다. •상대방의 이야기를 들으면서 말소리를 낸다. •표정, 몸짓, 말소리로 의사를 표현한다.
읽기와 쓰기에 관심 가지기	•주변의 그림과 상징에 관심을 가진다. •끼적이기에 관심을 가진다.
책과 이야기 즐기기	•책에 관심을 가진다. •이야기에 관심을 가진다.

출처: 보건복지부(2020).

3) 성격

- 의사소통 영역은 영아가 비언어와 언어를 이용하여 자신의 생각, 느낌, 감정을 표현하고 다른 사람의 생각, 느낌, 감정을 이해하는 과정을 경험하며 상대방과 소통하는 즐거움을 경험하는 영역임.
- 일상에서 접하는 그림과 상징을 읽어보려고 하고 끼적이기를 이용하여 상징으로 소통하는 경험을 하며, 책과 이야기에 관심을 가지고 듣기를 즐기는 경험을 포함함.
- 의사소통 영역은 '듣기와 말하기', '읽기와 쓰기에 관심가지기', '책과 이야기 즐기기'의 세 가지 내용범주로 구성되어 있음.
- 의사소통 영역에서는 신뢰감이 형성된 사람과 친숙한 환경에서 세 가지 내용범주를 즐겁고 편안하게 경험하는 것이 중요함.
  - 일상생활에서 자연스럽고 친근하게 말을 건네는 상대방의 말소리를 듣는 것에 관심을 갖고, 이에 대해 다양한 표정, 몸짓, 말로 표현하는 것을 즐기도록 하는 데 중점을 둠.
  - 영아가 일상에서 그림과 상징에 관심을 가지고 책과 이야기를 즐기며,

마음껏 끼적이며 소통하는 경험을 할 수 있도록 하는 데 중점을 둠.

듣기와 말하기	능동적인 의사소통자로서 0~1세 영아가 울음, 옹알이 등의 소리나 몸짓, 표정과 같은 비언어를 통해 자신의 감정이나 요구를 상대방에게 표현하며 점차 말소리로 다른 사람과 소통해 가는 내용으로 구성함.
읽기와 쓰기에 관심 가지기	0~1세 영아가 주변의 환경에서 그림이나 상징을 만나는 경험을 하며, 끼적이기를 통해 상징으로 소통하는 시도가 이루어지도록 하는 내용으로 구성함.
책과 이야기 즐기기	0~1세 영아가 주변에서 접할 수 있는 책과 이야기에 관심을 가지고 책과 이야기 듣기를 점차 즐길 수 있도록 하는 경험을 담고 있음.

출처: 한국보육진흥원·육아정책연구소·보건복지부(2019).

3. 2세 의사소통영역의 운영

1) 목표

의사소통 능력과 상상력의 기초를 형성한다.

1) 일상생활에서 듣기와 말하기를 즐긴다.

2) 읽기와 쓰기에 관심을 가진다.

3) 책과 이야기에 관심을 느낀다.

2) 내용

내용범주	내용
듣기와 말하기	• 표정, 몸짓, 말 관심을 갖고 듣는다. • 상대방의 이야기를 듣고 말한다. • 표정, 몸짓, 단어로 의사를 표현한다. • 자신의 요구와 느낌을 말한다.
읽기와 쓰기에 관심 가지기	• 주변의 그림과 상징에 관심을 가진다. • 끼적이며 표현하기를 즐긴다.
책과 이야기 즐기기	• 책에 관심을 가지고 상상한다. • 말놀이와 이야기에 재미를 느낀다.

출처: 보건복지부(2020).

3) 성격

- 의사소통 영역은 2세 영아가 다양한 상황에서 자신의 생각, 느낌, 감정을 상대방에게 표현하고 다른 사람의 생각, 느낌, 감정을 이해하며 소통의 즐거움을 경험하도록 하는 영역임.
- 구어뿐만 아니라 그림, 상징 및 문자로 이루어지는 다양한 의사소통 방식인 책과 이야기로 소통하며, 책과 이야기를 자신의 경험과 관련짓는 상상을 즐기게 됨.
  - 2세 영아는 의사소통 경험을 통해 일상의 기초적인 어휘를 습득하여 구어로 소통하는 능력이 향상되고 상징과 문자를 읽고 이를 활용하여 쓰기와 같은 소통 방식을 경험하는 시기임.
- 의사소통 영역은 '듣기와 말하기', '읽기와 쓰기에 관심가지기', '책과 이야기 즐기기'의 세 가지 내용범주로 구성되어 있음.
  - 의사소통 영역에서 듣기와 말하기, 읽기와 쓰기는 밀접하게 연관된 경험들로 연속적으로 거의 동시에 일어나는 경험이므로 내용범주에서도 통합적으로 구성함.
- 의사소통 영역에서는 신뢰감이 형성된 사람과 친숙한 환경에서 세 가지 내용범주를 즐겁고 편안하게 경험하는 것이 중요함.
  - 일상생활에서 자연스럽고 친근하게 말을 건네는 상대방의 말을 듣는 것에 관심을 갖고, 이에 대해 다양한 표정, 몸짓, 말로 자유롭게 표현하며 소통하는 즐거움을 갖도록하는 데 중점을 둠.
  - 2세 영아가 일상에서 그림과 상징에 관심을 가지고 마음껏 끼적이며 상징을 쓰고 읽는 것을 즐기며, 상징과 글자가 있는 책과 이야기를 즐기고 상상하는 것을 즐기는 데 중점을 둠.

듣기와 말하기	능동적인 소통자로서 2세 영아가 주변과 관계를 맺으며 상대방의 의사를 이해하기 위한 듣기와 자신의 의사를 다양한 방식으로 표현하는 말하기, 상대방과 대화를 주고받는 상호작용으로서의 말하기와 관련된 내용으로 구성함.
읽기와 쓰기에 관심 가지기	2세 영아가 주변에서 그림이나 상징을 만나는 경험을 통해 이에 대한 관심을 갖고 끼적이기를 경험하는 내용으로 구성함.
책과 이야기 즐기기	2세 영아가 주변에서 접할 수 있는 책과 이야기에 관심을 가지고 점차 즐길 수 있도록 하는 경험으로 구성함.

4. 3~5세 의사소통영역의 운영

1) 목표

의사생활에 필요한 의사소통 능력과 상상력을 기른다.

1) 일상생활에서 듣고 말하기를 즐긴다.

2) 읽기와 쓰기에 관심을 가진다.

3) 책이나 이야기를 통해 상상하기를 즐긴다.

2) 내용

내용범주	내용
듣기와 말하기	• 말이나 이야기를 관심 있게 듣는다. • 자신의 경험, 느낌, 생각을 말한다. • 상황에 적절한 단어를 사용하여 말한다. • 상대방이 하는 이야기를 듣고 관련해서 말한다. • 바른 태도로 듣고 말한다. • 고운 말을 사용한다.
읽기와 쓰기에 관심 가지기	• 말과 글의 관계에 관심을 가진다. • 주변의 상징, 글자 등의 읽기에 관심을 가진다. • 자신의 생각을 글자와 비슷한 형태로 표현한다.
책과 이야기 즐기기	• 책에 관심을 가지고 상상하기를 즐긴다. • 동화, 동시에서 말의 재미를 느낀다. • 말놀이와 이야기 짓기를 즐긴다.

출처: 교육부·보건복지부(2019).

3) 성격

- 의사소통 영역의 목표와 내용범주는 유아가 일상생활에서 다른 사람의 말이나 이야기를 듣고 말하기를 즐기며, 주변의 상징을 읽고 글자와 비슷한 형태로 써보기에 관심을 가지며, 다양한 책과 이야기를 통해 상상하기를 즐기는 내용으로 구성하였다.
- 유아의 듣고 말하는 경험이 분리되지 않음을 고려하여 기존 누리과정의 '듣기'와 '말하기'를 '듣기와 말하기'로 제시하였다.
- 유아의 읽고 쓰는 경험이 분리되지 않음을 고려하여 기존 누리과정의 '읽기'와 '쓰기'를 '읽기와 쓰기에 관심 가지기'로 제시하였다.
- 유아가 동화와 동시, 말놀이와 이야기 짓기 등 일상에서 자연스럽게 문학을 즐기는 경험에 중점을 두어 '책과 이야기 즐기기' 내용범주를 새롭게 제시하였다.

내용범주	내용
듣기와 말하기	유아가 다른 사람의 말이나 이야기를 관심 있게 듣고, 자신의 경험, 느낌, 생각을 상황에 적절한 단어를 사용하여 말하고, 고운말을 사용하는 내용이다.
읽기와 쓰기에 관심 가지기	유아가 말과 글의 관계에 관심을 가지고, 주변의 상징, 글자 등을 읽으며, 자신의 생각을 글자와 비슷한 형태로 표현해 보는 내용이다.
책과 이야기 즐기기	유아가 다양한 책에 관심을 가지고 상상하며, 동화, 동시에서 말의 재미를 느끼고, 말놀이와 이야기 짓기를 즐기는 내용이다.

출처: 교육부·보건복지부(2019).

5. 의사소통영역 운영의 실제

1) 0세 의사소통영역의 실제

〈놀이명 : 소리 나는 종소리〉

주 제	느껴 보아요
놀이유형	개별활동
놀이지원 방향	– 의사소통 〉 듣기와 말하기 〉 표정, 몸짓, 주변의 소리에 관심을 갖고 듣는다.
놀이자료	소리 나는 종 또는 방울
놀이지원 사례	1. 영아가 종에 관심을 가지도록 호기심을 가지며 탐색한다. – 이게 뭘까? – 만져 볼까? – 움직여 볼까? 2. 종을 매달아 교사가 간격을 두어 흔들어 준다. – 여기 종이 매달려 있네. – (교사는 종소리가 나게 흔들어 준다.) 어~ 어떤 소리가 나지? – 딸랑딸랑 소리가 나는구나. 3. 교사는 종에서 소리가 날 때 영아가 반응을 보이도록 언어적 표현을 한다. – 흔들흔들 거리며, 딸랑딸랑 소리가 나나요. – 후~ 바람에 딸랑딸랑 거리네.
참고사항	확장활동으로 실외영역에서 돗자리를 펴고 자연의 소리를 들어 보는 놀이를 지원하고 관찰을 통해 기록한다.

2) 1세 의사소통영역의 실제

〈놀이명 : 동물 소리 흉내놀이〉

주 제	동물
놀이유형	개별활동
놀이지원 방향	– 의사소통 〉 듣기와 말하기 〉 상대방의 이야기를 들으면서 말소리를 낸다. – 의사소통 〉 듣기와 말하기 〉 표정, 몸짓, 말소리로 의사를 표현한다.
놀이자료	영아에게 친숙한 동물모형 모자 또는 동물모형 머리띠, 안전거울
놀이지원 사례	1. 영아가 동물모형 모자 또는 동물모형 머리띠에 관심을 가질 때 탐색한다. – 여기 있는 것이 무엇일까? – 만져 볼까? 어떤 느낌이지? – 부드러운 털이 있네. 2. 영아가 좋아하는 동물을 물어본다. – ㅇㅇ이가 강아지를 좋아하는구나. – 강아지가가 된 ㅇㅇ아 거울 한번 볼까? 3. 교사는 영아가 쓰고 있는 모자에 알맞은 동물 소리를 흉내 내어 본다. – ㅇㅇ이 강아지구나. 선생님도 ㅇㅇ이처럼 강아지가 되어 볼게. – 멍멍멍~ 안녕? – 멍멍멍~ 만나서 반가워. – 멍멍멍~ 우리 같이 놀자. – 멍멍멍~ ㅇㅇ이는 무슨 놀이가 하고 싶을까?
참고사항	영아들이 교사의 동물소리를 듣고 자신만의 방법으로 흉내놀이 하도록 격려하고 관찰을 통해 기록한다.

3) 2세 의사소통영역의 실제

〈놀이명 : 나의 감정 표현해 보기〉

주 제	나
놀이유형	개별활동
놀이지원 방향	– 의사소통 〉 듣기와 말하기 〉 자신의 요구와 느낌을 말한다. – 의사소통 〉 읽기와 쓰기에 관심 가지기 〉 주변의 그림과 상징, 글자에 관심 갖는다.
놀이자료	다양한 얼굴 표정이 있는 환경 인쇄물(사진 또는 그림)
놀이지원 사례	1. 영아가 다양한 얼굴표정이 있는 인쇄물에 관심을 가지도록 환경구성을 제시한다. – 여기 있는 그림들은 무엇일까? – 얼굴표정들이 어떤 것 같니? 2. 환경 인쇄물에 나타난 감정을 언어나 표정으로 표현한다. – 기쁜 표정, 놀란 표정, 화난 표정, 슬픈 표정, 우는 표정이 있구나. – 여기 있는 표정은 어떤 표정 같니? (영아의 표정놀이 과정을 충분히 관찰한다.) – ○○이도 여기에 나온 얼굴표정을 따라 지어 볼까? 3. 교사는 영아와 여러 표정에 대한 경험을 이야기 나눈다. – ○○이도 여기 사진처럼 ○○(다양한 표정을 언어로 제시) 적이 있었니?
참고사항	교사는 다양한 감정카드를 활용해서 감정과 연관된 언어나 표정을 자유롭게 표현하도록 놀이를 격려하고 관찰을 통해 기록한다.

4) 3세 의사소통영역의 실제

〈놀이명 : 내가 타 본 교통기관〉

주　　제	교통기관
놀이유형	소집단 활동
놀이지원 방향	– 의사소통 〉 듣기와 말하기 〉 자신의 경험, 느낌, 생각을 말한다. – 의사소통 〉 읽기와 쓰기에 관심 가지기 〉 주변의 상징, 글자 등의 읽기에 관심을 갖는다.
놀이자료	교통기관 그림이나 사진, 글자카드
놀이지원 사례	1. 교통 기관의 그림이나 사진을 보며 이야기 나눈다. – 여기 있는 교통기관을 본 적이 있니? – 교통기관을 타 본 경험에 대해서 이야기해 주겠니? – 교통기관을 탔을 때 어떤 느낌이 들었니? 2. 교통기관 사진과 명칭을 확인한다. – 여기에 있는 글자들을 본 적이 있니? – 글자와 사진이 어떻게 연관되는지 생각해 볼까? 3. 유아는 자신이 타고 싶은 교통기관 그림 또는 글자를 선택하여 교사와 친구에게 이야기한다. – ○○이가 타고 싶은 교통기관은 무엇이니? 왜 타고 싶은지 이야기해 볼까? – ○○이는 선택한 교통기관을 타고 어디에 가고 싶은지 이야기해주겠니?
참고사항	활동이 익숙해지면 교통기관 사진을 퍼즐로 만들어 유아 스스로 완성해 보도록 놀이를 격려하고 관찰을 통해 기록한다.

5) 4세 의사소통영역의 실제

〈놀이명 : 동물이름, 스무고개〉

주 제	동물
놀이유형	소집단활동
놀이지원 방향	– 의사소통 〉 듣기와 말하기 〉 바른 태도로 듣고 말한다. – 의사소통 〉 책과 이야기 즐기기 〉 말놀이와 이야기 짓기를 즐긴다.
놀이자료	동물그림이나 사진 5장 이내
놀이지원 사례	1. 동물사진을 보여 주며 이야기 나눈다. – 여기 있는 동물을 본 적이 있니? – 동물을 보았던 경험에 대해서 이야기해 주겠니? – 동물을 보았을 때 (함께 놀았을 때) 어떤 느낌이 들었니? 2. 사진에 있는 5가지 동물 중에서 1가지를 선택하여 스무고개 놀이를 한다. – ○○이는 여기에 있는 동물 중에서 1개의 카드를 선택하자. – 다른 친구들은 ○○이가 어떤 동물을 선택했는지 질문을 통해 알아맞혀 보자. (동물의 특징에 대해서 질문하도록 한다.) – 동시에 질문하면 대답하기 힘든데 어떻게 하면 좋을까? 3. 스무고개 후 유아가 생각했던 동물을 맞히면 다른 유아로 교체하고 맞히지 못하면 왜 그렇게 생각했는지 물어본 후 정답을 말해 준다.
참고사항	스무고개를 통해 동물 맞히기가 힘들면 사전활동으로 동물 수수께끼 놀이를 격려하고 관찰을 통해 기록한다.

6) 5세 의사소통영역의 실제

〈놀이명 : 이렇게 자랐어요〉

주 제	나
놀이유형	개별 및 소집단활동
놀이지원 방향	– 의사소통 〉 듣기와 말하기 〉 자신의 경험, 느낌, 생각을 말한다. – 의사소통 〉 읽기와 쓰기에 관심 가지기 〉 책에 관심을 가지고 상상하기를 즐긴다.
놀이자료	내가 선택한 1~7세까지의 성장 사진
놀이지원 사례	1. 유아가 가져 온 성장 사진을 보며 이야기 나눈다. – 여기 있는 사진을 선택한 이유가 있니? – 사진과 관련된 추억에 대해서 이야기해 주겠니? – 과거 사진을 보니까 어떤 생각이 들었니? 2. 유아들이 가져온 사진을 보면서 친구에게 소개한다. – 가져온 사진 중에서 비슷한 점을 찾아볼까?(연령별 특징, 또는 같은 경험 등) – ㅇㅇ이의 사진처럼 같은 경험을 가진 친구들도 이야기해 볼까? (유아의 놀이과정을 충분히 관찰한 후) – 나의 성장 과정에 대해서 책 만드는 놀이는 어떨까? – 어떤 방법으로 책을 만들면 좋을까?(글자를 잘 모르는 유아는 교사가 글자에 관심을 갖도록 도와주고 사진과 그림으로도 표현하도록 지원한다).
참고사항	나만의 성장 책을 전시하여 다른 유아들과 함께 읽을 수 있는 환경과 놀이를 격려하고 관찰을 통해 기록한다.

CHAPTER 9

사회관계영역

1. 사회관계영역의 목표 및 성격

사회관계영역은 영아기부터 자신의 소중함을 알고, 자신을 존중하며, 다른 사람의 감정을 더욱 명확히 인식하는 것을 말한다. 가족, 또래와 함께 원만하게 지내는 방법뿐만 아니라 공동체에서 함께 살아가는 방법을 익혀 우리나라 영유아들이 올바른 판단과 합리적인 의사결정을 할 수 있는 책임 있는 민주시민으로 성장하도록 돕기 위한 영역이다.

2. 0~1세 사회관계영역의 운영

1) 목표

나를 인식하고, 친숙한 사람과 관계를 맺는다.

1) 나를 고유한 존재로 인식한다.

2) 안정적인 애착을 형성하고, 또래, 교사와 함께 지낸다.

2) 내용

내용범주	내용
나를 알고 존중하기	•나를 인식한다. •나의 욕구와 감정을 나타낸다. •나와 친숙한 것을 안다.
더불어 생활하기	•안정적인 애착을 형성한다. •또래에게 관심을 가진다. •다른 사람의 감정과 행동에 관심을 가진다. •반에서 편안하게 지낸다.

출처: 보건복지부(2020).

3) 성격

- 사회관계 영역은 0~1세 영아가 자신을 다른 사람과 분리된 존재로 인식하고 주변의 친숙한 사람과 관계를 맺는 것을 목적으로 함.
- 영아가 자신을 고유한 존재로 알아가면서 가정 내 양육자와 애착관계를 형성한 것을 기반으로 어린이집에서 교사, 또래와 함께 지낼 수 있게 됨으로써 다른 사람들과 더불어 생활하는 기초를 익히도록 하는 영역임.
  - 0~1세 영아는 자신이 다른 사람과 분리된 개별적인 존재임을 인식하고, 자신에게 친숙한 것을 알아가면서 자신을 존중하는 기초를 다지는 것이 중요함.
  - 영아는 정서가 다양하게 분화되면서 여러 가지 감정을 느끼고 기본적인 욕구와 함께 감정을 말과 행동으로 나타냄.
  - 특히 0~1세 영아의 사회관계는 가정에서 자신을 돌보아주는 가족뿐만 아니라 점차 교사와 안정된 애착으로 발전하고 자기 반에서 함께 생활하

는 또래나 교사를 친숙하게 인식하게 되는 과정으로 확대됨.

– 영아는 다른 사람의 행동이나 표정을 보거나 말을 듣고 관심을 가지면서 자신과 다른 사람의 감정을 인식하게 되는데 이러한 과정은 사회적 상호작용의 기초가 됨.

– 영아가 주변의 친숙한 사람들과 긍정적인 관계를 경험하고 어린이집에서 하루 일과를 편안하게 지낼 수 있도록 지원하는 것이 중요함.

나를 알고 존중하기	영아가 자신을 인식하면서 자신의 욕구와 감정을 표현하고 주변의 친숙한 것을 구별하여 아는 내용으로 구성되어 있음.
더불어 생활하기	영아가 다른 사람과 긍정적인 관계를 맺기 시작하면서 자신 외의 다른 사람의 감정과 행동을 인식할 수 있게 되고, 안정적인 애착을 형성하여 교사, 또래 등 어린이집에서 편안하게 지내는 내용으로 구성되어 있음.

출처: 한국보육진흥원·육아정책연구소·보건복지부(2019).

3. 2세 사회관계영역의 운영

1) 목표

나를 알고, 다른 사람과 더불어 생활하는 경험을 한다.

1) 나를 알고 긍정적으로 여긴다.

2) 다른 사람과 즐겁게 지내기 위한 태도를 기른다.

2) 내용

내용범주	내용
나를 알고 존중하기	• 나와 다른 사람을 구별한다. • 나의 감정을 표현한다. • 내가 좋아하는 것을 한다.
더불어 생활하기	• 가족에게 관심을 가진다. • 또래와 함께 놀이한다. • 다른 사람의 감정과 행동에 반응한다. • 반에서의 규칙과 약속을 알고 지킨다.

출처: 보건복지부(2020).

3) 성격

- 사회관계 영역은 2세 영아가 자신을 알고 긍정적으로 여기며 존중하고, 자신과 다른 사람의 감정을 보다 명확히 인식할 수 있으며, 가족, 또래, 자신이 속한 집단의 다른 사람들과 생활해보는 경험을 통해 기본적인 사회적 규칙이나 약속을 자연스럽게 익히도록 하는 영역임.
  - 영아기 동안 자신과 다른 사람을 구분할 수 있게 되고, 자신이 좋아하는 것이 생기고 자신이 좋아하는 것을 찾아 스스로 놀이하면서 자신의 고유성과 독특성을 인식하게 됨.
  - 자기존중감은 영아기에 토대를 갖추어 유아기 이후 평생 동안 사회관계의 기본 요소가 되기 때문에 여러 가지 긍정적인 경험을 통해 스스로를 긍정적으로 바라보며 소중히 생각할 수 있게 해야 함.
  - 2세 영아는 자신이 느끼는 여러 가지 긍정적, 부정적 감정을 말과 행동으로 나타낼 수 있게 되며 다른 사람이 나타내는 여러 가지 감정에도 위로와 공감 등의 반응을 보일 수 있게 됨.
  - 영아는 자신의 가족을 인식하고 가족에게 특별한 애정과 관심을 보이게 됨.

- 영아는 자신과 상호작용하는 또래에 대해서도 관심을 보이고 또래가 있는 곳에서 놀이하는 것을 즐거워하게 됨.
- 영아는 점차 사회적 관계에서 다른 사람과 더불어 생활하는 경험에 익숙해지며 이를 통해 사회적으로 필요한 여러 가지 지식과 기술을 자연스럽게 익힐 수 있음.

● 영아는 정리정돈, 차례 지키기, 인사하기, 약속 지키기 등의 기본적인 사회적 약속과 규칙을 알고 이를 지키기 위해 무엇을 해야 하는지 등의 기본적인 내용을 알게 됨.

● 2세 사회관계 영역은 '나를 알고 존중하기', '더불어 생활하기'의 두 가지 내용범주로 구성됨.

내용범주	내용
나를 알고 존중하기	영아가 자신을 보다 깊이 인식하고 자신의 감정을 표현하고 좋아하는 것을 해보며 자신에 대해 긍정적으로 여기도록 하는 데 필요한 내용으로 구성되어 있음.
더불어 생활하기	영아가 자신과 다른 사람의 감정과 행동을 인식하고 이를 적절히 표현하고 공감하며, 가족, 또래, 자신의 반 등 자신의 주변 사람들과 반에서 함께 생활하는 데 필요한 내용 및 질서, 예절, 약속 지키기 등 기본적인 사회적 약속과 규칙을 알고 지키는 내용으로 구성되어 있음

출처: 한국보육진흥원·육아정책연구소·보건복지부(2019).

4. 3~5세 사회관계영역의 운영

1) 목표

자신을 존중하고 더불어 생활하는 태도를 가진다.

1) 자신을 이해하고 존중한다.

2) 다른 사람과 사이좋게 지낸다.

3) 우리가 사는 사회와 다양한 문화에 관심을 가진다.

2) 내용

내용범주	내용
나를 알고 존중하기	• 나를 알고 소중히 여긴다. • 나의 감정을 알고 상황에 맞게 표현한다. • 내가 할 수있는 것을 스스로 한다.
더불어 생활하기	• 가족의 의미를 알고 화목하게 지낸다. • 친구와 서로 도우며 사이좋게 지낸다. • 친구와의 갈등을 긍정적인 방법으로 해결한다. • 서로 다른 감정, 생각, 행동을 존중한다. • 친구와 어른께 예의바르게 행동한다. • 약속과 규칙의 필요성을 알고 지킨다.
사회에 관심 가지기	• 내가 살고 있는 곳에 대해 궁금한 것을 알아본다. • 우리나라에 대해 자부심을 가진다. • 다양한 문화에 관심을 가진다.

출처: 교육부·보건복지부(2019).

3) 성격

- 사회관계 영역의 목표와 내용범주는 유아가 자신을 이해하고 존중하며, 친구와 가족 또는 다른 사람들과 사이좋게 지내며, 유아가 속한 지역사회와 우리나라, 다양한 문화에 관심을 갖는 내용으로 구성하였다.
- '나를 알고 존중하기'는 기존 누리과정의 '나'와 관련된 세부 내용을 통합하여 새롭게 제시하였다.
- 유아가 자신과 가장 가까운 가족 및 친구를 중심으로 다른 사람과의 관계에서 경험하는 사회적 가치나 태도를 '더불어 생활하기'로 통합하여 제시하였으며, 또한 예(禮), 존중, 배려, 협력 등의 인성 덕목을 반영하였다.
- '사회에 관심 가지기'에서는 문화 다양성을 이해하고 존중하는 내용이 포함되어 있다.

나를 알고 존중하기	유아가 자신을 나타낼 수 있는 것과 자신의 감정을 알고 상황에 맞게 적절하게 표현하며, 자신이 할 수 있는 것을 스스로 해 봄으로써, 긍정적인 자아존중감과 자율성을 경험하는 내용이다.
더불어 생활하기	유아가 가족의 의미와 소중함을 알며, 친구와 서로 돕고 양보, 배려, 협력하며 사이좋게 지내고, 사람들마다 감정, 생각, 행동이 각기 다름을 알고 존중하여, 친구와의 갈등을 여러 가지 긍정적인 방법으로 해결하는 내용이다. 또한 친구와 어른께 예의바른 태도로 말하고 행동하며, 사회공동체의 일원으로서 약속과 규칙의 필요성을 알고 지키는 내용이다.
사회에 관심 가지기	유아가 사회 구성원으로서 자신이 사는 지역에 관심을 가지고 탐구하며, 우리나라의 상징, 언어, 문화를 알아가면서 대한민국 국민으로서 긍지와 자부심을 가지는 내용이다. 그리고 다른 나라의 다양한 문화에 관심을 가지고 존중하는 경험을 담고 있다.

출처: 교육부·보건복지부(2019).

5. 사회관계영역의 실제

1) 0세 사회관계영역의 실제

〈놀이명 : 기분 좋은 기저귀 갈이〉

주 제	일상생활
놀이유형	개별활동
놀이지원 방향	– 사회관계 〉 더불어 생활하기 〉 안정적인 애착을 형성한다.
놀이자료	기저귀 갈이 매트, 기저귀, 로션
놀이지원 사례	• 하루일과 중 일상생활 속에서 자연스럽게 활동을 진행한다. 1. 교사는 기저귀 갈이가 필요한 영아와 함께 활동을 진행한다. – ㅇㅇ이 쉬를 했네, 선생님이 기저귀를 갈아 줄게. – (영아를 기저귀 갈이 매트에 눕히고 눈을 맞춘다.) ㅇㅇ아 기저귀가 축축해서 불편했지, 선생님이 뽀송한 기저귀로 갈아 줄게. 2. 영아의 눈을 마주치며 기저귀를 갈 때 물티슈로 닦고 로션을 부드럽게 발라 준다. – ㅇㅇ아, 기저귀 갈아 주니 기분이 어때? 어, 기분이 좋구나.

놀이지원 사례	– 보들보들한 엉덩이와 다리에 로션도 바르자. 미끌미끌 아이 좋아. – 아! 시원하다. 3. 교사는 영아의 몸을 부드럽게 마사지 해 준다. – 만세, 팔을 위로 쭉쭉쭉 주물러 줄게. 아이, 시원해. – 다리, 쭉 아래로 쭉쭉쭉 주물러 줄게. 아이, 시원해.
참고사항	누워서 기저귀 갈이를 싫어하는 영아를 위해 손에 잡을 수 있는 안전한 놀잇감을 지원한다.

2) 1세 사회관계영역의 실제

〈놀이명 : 모두 제자리〉

주 제	나
놀이유형	개별활동
놀이지원 방향	– 사회관계 〉 나를 알고 존중하기 〉 나와 친숙한 것을 안다. – 사회관계 〉 더불어 생활하기 〉 다른 사람의 감정과 행동에 관심을 갖는다.
놀이자료	개인 소지품(가방, 기저귀 등) 여러 가지 장난감
놀이지원 사례	하루일과 중 일상생활 속에서 자연스럽게 활동을 진행한다. 1. 등원하는 영아가 제자리에 가방을 정리하도록 격려한다. – ㅇㅇ이 가방 넣는 자리가 어디 있을까? – 선생님이랑 같이 찾아볼까? – 그래, 여기구나, 잘 찾았네. 가방을 쏙 넣어 보자. (친숙한 물건의 정리를 도울 수 있도록 장난감 사진을 정리 바구니에 미리 붙여 놓는다.) 2. 자유놀이 후 전이 시간에 교사와 함께 정리한다. – 우리가 같이 놀이한 장난감을 제자리에 넣어 볼까? – 모두 제자리, 모두 제자리 모두모두 제자리. – 장난감과 같은 그림 바구니가 어디 있을까? – 여기 같은 그림이 있구나. 여기에 쏙 넣어 보자. – ㅇㅇ이가 잘 넣었구나.
참고사항	영아들은 정리가 익숙하지 않으므로 교사와 함께 즐겁게 정리하는 경험을 지원한다.

3) 2세 사회관계영역의 실제

〈놀이명 : 아이스크림가게 놀이〉

주　　제	여름
놀이유형	개별놀이
놀이지원 방향	– 사회관계 〉 더불어 생활하기 〉 또래와 함께 놀이한다. – 사회관계 〉 더불어 생활하기 〉 다른 사람의 감정과 행동에 반응 갖는다.
놀이자료	아이스크림 모형물, 모형 냉장고
놀이지원 사례	• 역할영역에서 관심 있는 영아와 개별로 시작하여 자연스럽게 또래와 함께 놀이를 지원한다. 1. 아이스크림에 관심을 보이는 영아가 있으면 교사가 놀이 확장을 위해 아이스크림 가게 놀이를 제시한다. – ㅇㅇ이 아줌마 무슨 맛 아이스크림이 있어요? – ㅇㅇ이 아줌마 이 아이스크림 얼마예요? – ㅇㅇ이 아줌마 이 아이스크림 비싸요. 2. 놀이가 진행되는 과정을 관찰한 후 함께 놀이할 수 있는 기회를 지원한다. – ㅇㅇ이 아줌마 이 아이스크림 ㅇㅇ이도 사고 싶대요. – ㅇㅇ이도 아이스크림 사고 싶니? – 그럼, 아줌마 이 아이스크림 얼마예요? 라고 물어볼까? – 와, 함께 사서 먹으니까 맛있네. (영아들이 서로 관심을 보이며 자유롭게 놀이할 수 있도록 한다.)
참고사항	아이스크림 가게 놀이 이외에 역할영역에서 자연스럽게 또래와 함께할 수 있는 다양한 놀이를 관찰하고 기록한다.

4) 3세 사회관계영역의 실제

〈놀이명 : 우리 동네 구성하기〉

주　　제	우리 동네
놀이유형	개별 및 소집단활동
놀이지원 방향	– 사회관계 〉 더불어 생활하기 〉 친구와 서로 도우며 사이좋게 지낸다. – 사회관계 〉 사회에 관심 가지기 〉 내가 살고 있는 곳에 대해 궁금한 것을 알아본다.
놀이자료	전지, 우리 동네 사진(병원, 파출소, 여러 가지 가게 등), 미술 도구
놀이지원 사례	1. 준비된 우리 동네 사진을 벽면 또는 여러 곳에 제시한다. – 여기 사진 속에 있는 곳을 본 적이 있니? (놀이가 진행되는 과정을 관찰한다) – 사진 속에 있는 기관(가게)을 보면서 할 수 있는 놀이는 무엇이 있을까? 2. 친구들과 함께 우리 동네를 꾸민다. – 우리 동네를 꾸미기 위해 무엇이 필요할까? – 우리 동네 기관(가게) 사진으로 어떻게 구성할 수 있을까? – 우리 동네 기관(가게) 이름을 무엇으로 하면 좋을까? 3. 친구들과 다양한 방법으로 놀이하도록 지원한다.
참고사항	• 사전활동으로 우리 동네 탐색활동을 직접 경험한다. • 우리 동네 꾸미기를 여러 영역과 통합하여 진행하도록 놀이에 대한 관찰과 기록을 한다.

5) 4세 사회관계영역의 실제

〈놀이명 : 세계 여러 나라 전통의상 패션쇼〉

주 제	세계 여러 나라
놀이유형	개별 및 소집단활동
놀이지원 방향	– 사회관계 〉 사회에 관심 갖기 〉 다양한 문화에 관심을 갖는다.
놀이자료	세계 여러 나라 전통의상 및 소품, 전통 음악, 카세트
놀이지원 사례	1. 세계 여러 나라 의상과 소품을 역할영역에 제시한다. (역할영역에서 놀이가 진행되는 과정을 관찰한다.) 2. 유아들과 전통의상과 관련된 놀이경험에 대해 이야기 나눈다. – TV나 놀이공원에서 전통의상을 입고 걸어가는 모습을 본 적이 있니? – 세계 여러 나라 의상과 소품을 이용해 어떤 놀이를 할 수 있을까? (패션쇼 이야기가 나오면 음악사용과 행진하는 길에 대해서 협의한다.) 3. 유아들과 패션쇼를 진행하는 방법을 의논한다. – 음악에 맞춰서 패션쇼 할 때 몸동작은 어떻게 하면 좋을까? – 패션쇼 하는 순서(속도, 거리 등 공간 사용)는 어떻게 할까?
참고사항	놀이의 확장으로 다른 반과 연계하여 패션쇼하는 모습을 감상하는 기회를 나눈다.

6) 5세 사회관계영역의 실제

〈놀이명 : 사랑하는 가족〉

주　　제	가족
놀이유형	대 · 소집단 활동
놀이지원 방향	– 사회관계 〉 더불어 생활하기 〉 가족의 의미를 알고 화목하게 지낸다.
놀이자료	가족사진, 가족 물건
놀이지원 사례	1. 유아가 가져온 가족 물건을 가지고 이야기 나눈다. (유아가 선택해서 가져온 물건의 의미에 중점을 둔다.) 2. ㅇㅇ이가 왜? 이 물건을 가져왔는지 친구들에게 이야기해주겠니? 3. 가족물건과 관련된 에피소드를 이야기 나눈다. 4. 가족물건과 관련된 놀이가 진행될 수 있도록 지원한다.
참고사항	가족과 관련된 놀이를 확장할 수 있도록 놀이과정을 관찰한 후 지원한다.

CHAPTER 10

예술경험영역

1. 예술경험영역의 목표 및 성격

예술에서 자신의 느낌과 생각을 창의적으로 표현하는 과정을 즐기며 다양한 예술 작품을 감상하며 다른 사람의 예술 표현을 존중하는 내용으로 구성하였다.

2. 0~1세 예술경험영역의 운영

1) 목표

아름다움을 느끼고 경험한다.

1) 자연과 생활에서 아름다움에 관심을 가진다.

2) 예술적 경험을 표현한다.

2) 내용

내용범주	내용
아름다움 찾아보기	•자연과 생활에서 아름다움을 느낀다. •아름다움에 관심을 가진다.
창의적으로 표현하기	•소리와 리듬, 노래로 표현한다. •감각을 통해 미술을 경험한다. •모방 행동을 즐긴다.

출처: 보건복지부(2020).

3) 성격

- 예술경험 영역은 영아가 자연과 생활 속에서 감각 자극에 호기심을 가지고 다양한 방법으로 표현하기를 즐기며 자연물, 사물, 환경의 아름다움에 관심을 가지고 즐김으로써 정서를 풍부하게 하는 영역임.
  - 영아가 자신의 주변에 대하여 호기심과 관심을 가지는 것은 장차 심미감과 감성 발달에 영향을 줄 뿐 아니라 탐구하는 과정과 사회적 자아를 인식하는 과정에 영향을 줌.
  - 영아 시기는 자신과 환경과의 상호작용을 통해 아름다움의 요소를 발견하고 즐길 줄아는 태도를 형성하는 중요한 시기임.
- 이러한 태도는 선입견이 작용하지 않는 어린 시기부터 형성되는 것으로 장차 감상능력 계발에도 영향을 줌.
- 영아가 자신을 둘러싼 대상과 함께 즐거움을 나누며 타인을 인정하고 다양성을 존중하는 태도를 형성해 가는데 영향을 줌.
  - 영아가 주변 자극에 대하여 적극적으로 표현하는 것은 창의성 발달에 기초가 되며 긍정적인 자아를 인식하게 하여 자신감을 형성하는 데 중요함.

- 예술경험 영역은 '아름다움 찾아보기', '창의적으로 표현하기'의 두 가지 내용 범주로 구성됨.

아름다움 찾아보기	예술적 요소에 호기심을 가지고 아름다움에 관심을 가지기 위한 내용으로 구성되어 있음.
창의적으로 표현하기	리듬 있는 소리, 움직임으로 표현하며 감각으로 미술을 경험하고 모방 행동을 즐기는 내용으로 구성되어 있음.

3. 2세 예술경험영역의 운영

1) 목표

아름다움을 느끼고 즐긴다.

1) 자연과 생활에서 아름다움을 느끼고 관심을 가진다.

2) 예술을 통해 자유롭게 표현한다.

2) 내용

내용범주	내용
아름다움 찾아보기	•자연과 생활에서 아름다움을 느낀다. •아름다움에 관심을 갖고 찾아본다.
창의적으로 표현하기	•익숙한 노래와 리듬을 표현한다. •움직임과 춤으로 자유롭게 표현한다. •미술 내료와 도구로 표현해 본다. •일상생활 경험을 상상놀이로 표현한다.

출처: 보건복지부(2020).

3) 성격

- 예술경험 영역은 영아가 자연과 생활 속에서 아름다움을 느끼고 이러한 경험을 통해 아름다움에 관심을 가지며, 노래와 리듬, 움직임과 춤, 미술 표현, 상상놀이를 자유롭게 표현함으로써 일상에서의 아름다움과 예술경험을 즐기며 감성을 기르는 영역임.
  - 영아기는 주변 자연과 생활 속의 소리, 리듬과 노래, 모양과 색 등에 주의를 기울여 아름다움을 느끼면서 아름다움에 대한 인식과 지각능력을 발달시키게 됨.
- 이 과정을 통해 점차 일상에서의 아름다움에 관심을 가지며 심미적 태도를 증진시키며 감상 능력을 키워나가는 시기임.
- 그러므로 영아가 일상에서 익숙해진 노래나 리듬을 흥얼거리고 부르며 자신이 만들어 낸 노래나 리듬을 즐기는 경험이 필요함.
  - 움직임과 춤, 영아가 다룰 수 있는 재료와 도구를 이용한 미술 표현, 상상놀이를 즐기되 지시나 방법에 따른 것이 아니라 자유롭게 표현하는 경험이 중요함.
- 영아는 다양한 방법으로 자신의 느낌과 생각을 자유롭게 표현하며 감수성과 심미감을 계발해 나감.
- 예술경험 영역은 '아름다움 찾아보기', '창의적으로 표현하기'의 두 가지 내용 범주로 구성됨.

아름다움 찾아보기	자연과 생활에서 아름다움을 느끼고 즐기며 아름다움에 관심을 가지고 찾아보는 내용임.
창의적으로 표현하기	익숙한 노래와 리듬, 움직임과 춤, 미술 재료와 도구를 이용한 미술 표현을 자유롭게 시도하고 일상에서 경험한 내용을 토대로 상상놀이로 표현하는 내용으로 구성되어 있음.

4. 3~5세 예술경험영역의 운영

1) 목표

아름다움과 예술에 관심을 가지고 창의적 표현을 즐긴다.

1) 자연과 생활 및 예술에서 아름다움을 느낀다.
2) 예술을 통해 창의적으로 표현하는 과정을 즐긴다.
3) 다양한 예술 표현을 존중한다.

2) 내용

내용범주	내용
아름다움 찾아보기	•자연과 생활에서 아름다움을 느끼고 즐긴다. •예술적 요소에 관심을 갖고 찾아본다.
창의적으로 표현하기	•노래를 즐겨 부른다. •신체, 사물, 악기로 간단한 소리와 리듬을 만들어 본다. •신체나 도구를 활용하여 움직임과 춤으로 자유롭게 표현한다. •다양한 미술 재료와 도구로 자신의 생각과 느낌을 표현한다. •극놀이로 경험이나 이야기를 표현한다.
예술 감상하기	•다양한 예술을 감상하며 상상하기를 즐긴다. •서로 다른 예술 표현을 존중한다. •우리나라 전통 예술에 관심을 갖고 친숙해진다.

출처: 교육부·보건복지부(2019).

3) 성격

- 예술경험 영역의 목표와 내용범주는 유아가 자연, 생활, 예술에서 아름다움을 느끼고, 음악, 움직임과 춤, 미술, 극놀이 등의 예술에서 자신의 느낌과 생각을 창의적으로 표현하는 과정을 즐기며, 다양한 예술 작품을 감상하며

다른 사람의 예술 표현을 존중하는 내용으로 구성하였다.

- 유아가 자연과 생활, 예술에서 아름다움을 느끼고 즐기는 경험을 반영하여 '아름다움 찾아보기'를 새롭게 편성하였다.
- '창의적으로 표현하기'에서는 유아가 자신의 느낌과 생각을 음악, 움직임과 춤, 미술, 극놀이 등을 통해 자유롭게 표현하는 과정을 즐기는 내용으로 구성하였다.
- '예술 감상하기'에서는 유아가 다양한 예술을 통해 상상하기를 즐기고, 우리나라 고유의 전통 예술에 친숙해지는 경험을 강조하였다.

아름다움 찾아보기	유아가 자연과 생활에서 아름다움을 느끼며 예술적 요소에 관심을 가지고 찾아보는 내용이다.
창의적으로 표현하기	유아가 노래를 즐겨 부르고, 간단한 소리와 리듬을 만들어 보며, 자유롭게 움직이며 춤추고, 다양한 미술 재료와 도구를 활용하여 표현하며, 경험과 이야기를 극놀이로 표현하는 내용이다.
예술 감상하기	유아가 자신과 또래의 작품뿐만 아니라 다양한 예술을 감상하며 상상하기를 즐기고, 서로 다른 예술 표현을 존중하며, 우리 고유의 전통 예술에 친숙해지는 내용이다.

5. 예술경험영역의 운영의 실제

1) 0세 예술경험영역의 실제

〈놀이명 : 까꿍 놀이〉

주 제	소리
놀이유형	개별활동
놀이지원 방향	– 예술경험 〉 아름다움 찾아보기 〉 아름다움에 관심을 가진다. – 예술경험 〉 창의적으로 표현하기 〉 모방 행동을 즐긴다.
놀이자료	얼굴을 가릴 수 있는 투명 스카프
놀이지원 사례	1. 교사는 영아에게 투명 스카프로 얼굴을 가리고 까꿍하며 다양한 얼굴 표정 놀이를 한다. – ㅇㅇ아, 선생님 어디 있을까? 선생님 없네. – ㅇㅇ아, 까~꿍, 선생님 여기 있네. (웃는 얼굴) –반복 – ㅇㅇ아, 선생님 어디 있을까? 선생님 없네. – ㅇㅇ아, 까~꿍, 선생님 여기 있네. (우는 얼굴) –반복 (영아가 관기심을 가지고 구별할 수 있도록 다양한 표정과 목소리로 반복의 기회를 제공한다.) 2. 영아와 교사가 역할을 바꾸어 놀이한다. – ㅇㅇ가 투명 스카프로 얼굴을 가렸네. ㅇㅇ 까~꿍 (손수건으로 영아의 얼굴을 가려 준다.) – ㅇㅇ이, 어디 있나? ㅇㅇ이 없네. – ㅇㅇ아, 까~꿍, ㅇㅇ이 여기 있네. –반복
참고사항	영아들이 까꿍놀이에 익숙해지면 다양한 까꿍 소품(손수건, 인형을 제시하여 까꿍 놀이가 반복경험을 할 수 있도록 지원한다.

2) 1세 예술경험영역의 실제

〈놀이명 : 스티커 놀이〉

주 제	나
놀이유형	개별활동
놀이지원 방향	– 예술경험 〉 창의적으로 표현하기 〉 감각을 통해 미술을 경험한다.
놀이자료	잘 떼어지는 스티커, 안전거울
놀이지원 사례	1. 교사가 거울을 보며 스트커를 붙였다 떼는 놀이를 한다. – (영아가 관심을 보이면)ㅇㅇ아, 선생님 얼굴에 스티거 있네. – 떼어 볼래? 붙여 볼래? – ㅇㅇ아, 선생님이랑 같이 떼어도 볼까? – ㅇㅇ아, 선생님 코에(볼에, 등등) 붙여 줄래? – 선생님도 ㅇㅇ이 코에 붙여 줄게. 2. 영아가 호기심을 가지고 자신의 얼굴에 스티커를 반복적으로 떼고 붙일 수 있도록 격려한다. – ㅇㅇ아, 스티커 붙은 얼굴 좀 볼까? – 거울 속 ㅇㅇ이 얼굴이 보이네. – 거울 속에 ㅇㅇ이 얼굴에 스티커를 붙여 볼까? – ㅇㅇ이 얼굴에 붙어 있는 스티커를 떼어 볼까?
참고사항	스티커 떼는 것이 어려워하는 영아들을 위해서 사전활동으로 펠트조각에 찍찍이, 보슬 이를 활용한 놀이를 지원한다.

3) 2세 예술경험영역의 실제

〈놀이명 : 리듬막대 놀이〉

주 제	소리
놀이유형	개별활동
놀이지원 방향	– 예술경험 〉 창의적으로 표현하기 〉 움직임과 춤으로 자유롭게 표현한다. – 예술경험 〉 창의적으로 표현하기 〉 익숙한 노래와 리듬을 표현한다.
놀이자료	리듬막대
놀이지원 사례	1. 영아가 리듬막대를 관심을 갖고 탐색하도록 격려한다. – ㅇㅇ가 리듬막대를 가지고 놀고 싶구나. – 만져 볼까? 딱딱하고 매끈매끈하구나 – ㅇㅇ아, 막대 2개를 부딪혀 볼까? – 딱딱딱 소리가 나네. – 이건 리듬막대라고 해. 2. 영아와 함께 리듬막대를 이용해서 다양한 소리를 내어 본다. – 그래, 2개 막대를 부딪히면 소리가 나는구나. – ㅇㅇ가 막대를 부딪히니 큰 소리가 났네 – 선생님은 막대로 작은 소리를 내어 볼 수 있다. (막대를 부딪혀 작은 소리를 내어 본다.) – 이번에는 빠르게, 느리게도 쳐 보자. 3. 리듬막대 소리에 맞춰서 몸의 움직임으로 표현한다. – 소리에 맞춰서 걸어 볼까? – 빠른 소리에는 어떻게 걸어 볼까? – 느린 소리에는 어떻게 걸어 볼까?
참고사항	리듬막대를 가지고 다양한 리듬의 표현이 익숙해지면 노래 소리에 맞춰 신체를 활용한 표현을 즐길 수 있도록 격려한다.

4) 3세 예술경험영역의 실제

〈놀이명 : 바닷속 꾸미기〉

주 제	여름
놀이유형	소집단활동
놀이지원 방향	– 예술경험 〉창의적으로 표현하기 〉다양한 미술 재료와 도구로 자신의 생각과 느낌을 표현한다 – 예술경험 〉아름다움 찾아보기 〉예술적 요소에 관심을 갖고 찾아본다.
놀이자료	전지, 물감, 종이컵, 모형 눈 또는 스티커, 색종이, 재활용품, 동영상(사진) 자료
놀이지원 사례	1. 유아들이 관심 있는 바닷속 풍경을 동영상으로 탐색한다 – 바닷속 사진(동영상)을 보면서 무엇을 보았니? – 바닷속에는 무엇이 살고 있니?(어패류, 해조류) – 바닷속에 물고기(해조류)의 생김새는 어떠니? 2. 유아들과 바닷속을 꾸미기 위해 필요한 것들에 대해 이야기한다. – 바닷속을 무엇을 넣어주고 싶니? – 바닷속을 꾸미기 위해서 무엇이 필요할까? 3. 다양한 미술재료를 사용하여 바닷속을 표현하도록 지원한다. – 바다에 사는 물고기는 무엇으로 만들까? – 오징어, 문어, 조개, 불가사리는 무엇으로 만들까? – 바닷속 식물은 어떻게 만들까? 4. 완성된 작품을 교실에 전시하여 감상하는 기회를 가진다.
참고사항	유아들이 꾸민 바다 속 그림을 음률영역에 부착하여 바다 속 물고기의 움직임을 몸으로 표현하는 활동배경 소품으로 활용할 수 있도록 지원한다.

5) 4세 예술경험영역의 실제

〈놀이명 : 종이옷〉

주 제	종이
놀이유형	소집단 또는 대집단 활동
놀이지원 방향	– 예술경험 〉 예술경험 〉 창의적으로 표현하기 〉 미술 재료와 도구로 표현해 본다. – 예술경험 〉 아름다움 찾아보기 〉 아름다움에 관심을 갖고 찾아본다
놀이자료	전지, 꾸미기 도구(색연필, 사인펜, 스팽글, 비즈구슬 등)
놀이지원 사례	1. 자신이 만들고 싶은 옷을 생각한다. – ㅇㅇ이는 어디서 입는 옷을 만들고 싶니? – ㅇㅇ이의 옷에는 어떤 모양들이 만들거니? – 종이옷에 필요한 도구와 재료는 무엇이니? 2. 자신의 옷을 만든다. – ㅇㅇ이가 만들고 싶은 옷이 잘 만들어지고 있니? – 선생님이 필요하면 어제든지 말해줘. ㅇㅇ이가 필요한 부분이 있으면 언제든지 도와줄께 3. 다른 친구의 종이옷을 감사한다. – ㅇㅇ이의 옷을 친구들에게 소개해주겠니? – ㅇㅇ이도 자신의 옷을 소개해보자 – 친구들의 종이옷에서 예쁜 부분을 찾아보자.
참고사항	다양한 종이옷을 꾸밀 수 있도록 다양한 재료를 제공한다.

6) 5세 예술경험영역의 실제

〈놀이명 : 난타 놀이〉

주 제	소리
놀이유형	개별 또는 소집단 활동
놀이지원 방향	– 예술경험 〉 창의적으로 표현하기 〉 신체, 사물, 악기로 간단한 소리와 리듬을 만들어 본다. – 예술경험 〉 아름다움 찾아보기 〉 예술적 요소에 관심을 갖고 찾아본다.
놀이자료	리듬막대, 교실에 있는 소리 나는 물건(블록, 바구니, 컵, 붓 등), 종이, 재활용 등
놀이지원 사례	1. 소리 나는 물건을 탐색한다. – ㅇㅇ이가 물건을 치면서 소리를 내고 있구나. – ㅇㅇ이는 어떤 물건의 소리가 마음에 드니? 2. 물건마다 들리는 다른 소리를 탐색한다. – 제일 큰소리 나는 물건은 무엇이니? – 반대로 제일 작은 소리 나는 물거은 무엇이니? 3. 난타 기법으로 연주하며 노래를 부른다. – ㅇㅇ이랑 선생님이랑 난타 연주해 볼까? – ㅇㅇ이가 좋아하는 노래 부르면서 난타연주 해보자. – 빠른 노래 부르변서 난타연주하면 어떨까?
참고사항	• 난타할 수 있는 다양한 막대를 지원하여 탐색을 통한 다양한 놀이가 발현되도록 격려한다. • 난타 소리를 녹음하여 다른 친구들에게도 들려주어 다양한 소리의 경험을 제공한다.

CHAPTER 11

자연탐구영역

1. 자연탐구영역의 목표 및 성격

자연탐구영역은 영유아가 주변세계에 호기심을 가지고 궁금한 것을 해소하기 위해 다양하게 탐구하는 태도를 기를 수 있는 영역이다. 자연환경을 인식하는 능력과 일상생활에서 경험하는 문제해결을 통하여 수학적, 과학적으로 생각하는 기초능력과 태도를 함양한다.

2. 0~1세 자연탐구영역의 운영

1) 목표

주변환경과 자연에 관심을 가진다.

1) 일상에 탐색을 즐긴다.

2) 주변환경을 탐색한다.

3) 생명과 자연에 관심을 가진다.

2) 내용

내용범주	내용
탐구 과정 즐기기	•주변 세계와 자연에 대해 호기심을 가진다. •사물과 자연 탐색하기를 즐긴다.
생활 속에서 탐구하기	•친숙한 물체를 감각으로 탐색한다. •물체의 수량에 관심을 가진다. •주변 공간과 모양을 탐색한다. •규칙성을 경험한다.
자연과 더불어 살기	•주변의 동식물에 관심을 가진다. •날씨의 변화를 감각으로 느낀다.

출처: 보건복지부(2020).

3) 성격

- 자연탐구 영역은 영아가 보고, 듣고, 만지면서 주변 환경에 관심을 가지고, 주변 세계에 대한 탐색을 즐기며, 가깝게 접할 수 있는 동식물과 자연에 관심을 가지도록 하는 영역임.
  - 영아는 자신의 주변에 있는 사물을 직접 보고 만지면서 확인해 보고자 함.
  - 영아는 자신의 주변 환경을 자유롭게 탐색하면서 주변 세계에 대한 탐색 행동에 대해 긍정적인 태도를 갖게 됨.
- 자연탐구 영역은 '탐구 과정 즐기기', '생활 속에서 탐구하기', '자연과 더불어 살기'의 세 개의 내용범주로 구성되어 있음. 각 내용범주는 영아가 주변 환경과 자연을 탐색하는 경험과 관련된 내용을 담고 있음.
- 교사는 영아가 안전하고 자유롭게 탐색을 즐길 수 있도록 돕고, 영아가 주변의 동식물, 생명, 자연환경에 관심을 가지며 사람과 자연이 더불어 살아가는 것을 경험할 수 있도록 지원함.

탐구 과정 즐기기	영아가 주변 세계와 자연에 대해 호기심을 가지고 탐색을 즐기는 내용임.
생활 속에서 탐구하기	영아가 일상에서 자연스럽게 수학적, 과학적 상황을 경험하는 내용임.
자연과 더불어 살기	영아가 생명과 자연환경에 관심을 가지는 내용임

출처: 보건복지부(2019).

3. 2세 자연탐구영역의 운영

1) 목표

주변환경과 자연을 탐색하는 과정을 즐긴다.

1) 일상에서 탐색하는 과정을 즐긴다.

2) 주변환경에 관심을 가지고 탐색한다.

3) 생명과 자연에 관심을 가진다.

2) 내용

내용범주	내용
탐구 과정 즐기기	•주변 세계와 자연에 대해 호기심을 가진다. •사물과 자연을 반복하여 탐색하기를 즐긴다.
생활 속에서 탐구하기	•친숙한 물체를 감각으로 탐색한다. •물체의 수량에 관심을 가진다. •주변 공간과 모양을 탐색한다. •규칙성에 관심을 가진다. •주변 사물을 같고 다름에 따라 구분한다. •생활 도구에 관심을 가진다.
자연과 더불어 살기	•주변의 동식물에 관심을 가진다. •날씨의 변화를 감각으로 느낀다.

출처: 보건복지부(2020).

3) 성격

- 자연탐구 영역은 영아가 주변 환경과 자연에 호기심을 가지고 다양하게 탐색하기를 즐기고, 놀이와 일상에서 자연스럽게 수학적, 과학적 상황을 경험하며 주변의 동식물과 자연에 관심을 가지도록 하는 영역임.
  - 2세 영아는 호기심을 가지고 주변 세계에 대해 다양하고 반복적인 탐색하기를 즐기며 주변 환경과 자연세계에 대해 알고자 함.
  - 영아가 호기심을 가지고 탐색하는 과정을 즐길 수 있는 다양한 탐색활동을 경험하도록 지원하는 것이 중요함.
  - 특히 이 시기 영아들은 자신이 궁금해하는 것을 직접 조작해 보고 감각을 통해 확인해 보고자 함.
  - 호기심을 가지고 궁금한 것을 탐색하기를 즐기는 적극적인 태도는 유아기로 이행되어, 생활 속의 문제를 창의적으로 해결하고 생명과 자연을 존중하는 태도를 기를 수 있도록 함.
- 자연탐구 영역은 '탐구 과정 즐기기', '생활 속에서 탐구하기', '자연과 더불어 살기'의 세 개의 내용범주로 구성되어 있음. 각 내용범주는 영아가 주변 환경과 자연을 탐색하는 경험과 관련된 내용을 담고 있음.
- 교사는 영아가 궁금한 것을 알아보고자 할 때 호기심을 유지하며 탐구하는 태도를 가질 수 있도록 발달 수준에 맞게 적절하게 지원하고, 주변의 여러 가지 상황에서 자연스럽게 일어나는 수학적, 과학적 내용에 대해 적절하게 상호작용하여 생활 속에서 자연스럽게 경험하고 인식할 수 있도록 함.
  - 교사는 영아가 호기심을 가지고 주도적으로 탐색하는 과정을 즐길 수 있도록 도움.
  - 영아가 주변의 동식물, 생명, 자연환경에 관심을 가지며 사람과 자연이 더불어 살아간다는 것을 경험할 수 있도록 지원함.

탐구 과정 즐기기	영아가 주변 세계와 자연에 대해 호기심을 가지고 탐색하는 과정을 즐기는 내용임.
생활 속에서 탐구하기	영아가 놀이와 일상에서 자연스럽게 수학적, 과학적 상황을 경험하는 내용임.
자연과 더불어 살기	영아가 생명과 자연환경에 관심을 가지는 내용임.

4. 3~5세 자연탐구영역의 운영

1) 목표

탐구하는 과정을 즐기고, 자연과 더불어 살아가는 태도를 가진다.

1) 일상에서 호기심을 가지고 탐구하는 과정을 즐긴다.

2) 생활 속의 문제를 수학적, 과학적으로 탐구한다.

3) 생명과 자연을 존중한다.

2) 내용

내용범주	내용
탐구 과정 즐기기	•주변 세계와 자연에 대해 지속적으로 호기심을 가진다. •궁금한 것을 탐구하는 과정에 즐겁게 참여한다. •탐구과정에서 서로 다른 생각에 관심을 가진다.
생활 속에서 탐구하기	•물체의 특성과 변화를 여러 가지 방법으로 탐색한다. •물체를 세어 수량을 알아본다. •물체의 위치와 방향, 모양을 알고 구별한다. •일상에서 길이, 무게 등의 속성을 비교한다. •주변에서 반복되는 규칙을 찾는다. •일상에서 모은 자료를 기준에 따라 분류한다. •도구와 기계에 대해 관심을 가진다.
자연과 더불어 살기	•주변의 동식물에 관심을 가진다. •생명과 자연환경을 소중히 여긴다. •날씨와 계절의 변화를 생활과 관련 짓는다.

출처: 교육부·보건복지부(2019).

3) 성격

- 자연탐구 영역의 목표와 내용범주는 유아가 호기심을 가지고 궁금한 것을 적극적으로 탐구하는 과정을 즐기며, 생활 속의 문제를 수학적, 과학적으로 탐구해 보면서, 생명과 자연환경을 존중하는 내용으로 구성하였다.
- '탐구과정 즐기기'는 유아가 주변 세계와 자연에 대해 호기심을 가지고 즐겁게 탐색하는 모습을 반영하여 제시하였다.
- '생활 속에서 탐구하기'는 일상의 문제를 수학적, 과학적 방식으로 탐구하는 유아의 경험을 반영한 것이다.
- '자연과 더불어 살기'는 유아가 생명과 자연환경의 소중함을 경험하는 내용으로 새롭게 편성한 것이다. 기존 누리과정에서 사회관계 영역의 세부 내용인 '자연과 자원을 아끼는 습관을 기른다'와 자연탐구영역의 내용인 '생명체와 자연환경 알아보기'와 '자연현상 알아보기'의 세부 내용들을 종합하여, 지속 가능한 사회를 위한 삶의 태도를 형성하는 내용으로 구성하였다.

탐구 과정 즐기기	유아가 주변 세계와 자연에 대해 지속적으로 호기심을 가지고, 궁금한 것을 탐구하는 과정에 적극적으로 참여하면서 서로 다른 생각에 관심을 갖는 내용이다.
생활 속에서 탐구하기	유아가 물체의 특성과 변화를 여러 가지 방법으로 탐색하고, 물체를 세어 수량을 알아보고, 물체의 위치와 방향, 모양을 알고 구별하며, 길이와 무게 등의 속성을 비교하고, 반복되는 규칙을 찾아보고, 모은 자료들을 기준에 따라 분류하며, 도구와 기계에 관심을 가지고 생활 속의 문제를 다양하게 탐구하는 내용이다.
자연과 더불어 살기	유아가 주변의 동식물에 대해 관심을 가지고, 생명과 자연환경을 소중히 여기며, 날씨와 계절의 변화를 생활과 관련짓는 내용이다.

5. 자연탐구영역 운영의 실제

1) 0세 자연탐구영역의 실제

〈놀이명 : 촉감 놀이〉

주 제	나
놀이유형	개별활동
놀이지원 방향	– 자연탐구 〉 탐구 과정을 즐기기 〉 주변 세계의 자연에 대해 호기심을 가진다. – 자연탐구 〉 생활 속에서 탐구하기 〉 친숙한 물체를 감각으로 탐색한다.
활동자료	다양한 촉감의 천
놀이지원 사례	1. 다양한 천을 자연스럽게 탐색할 수 있는 환경을 제공한다. – ㅇㅇ가 천을 만져 보고 있구나? – 선생님도 만져 볼까? – 아이, 부드러워, 아이, 까칠까칠해. – 이것은 미끌미끌거리는 느낌이 드네. 2. 손으로 촉감 천을 만질 때의 느낌을 다양한 언어로 반복하여 표현한다. ㅇㅇ이가 만지니까, 부드럽구나(까칠까칠하구나 등). 3. 손 이외에 발이나 얼굴로도 촉감을 느끼는 방법을 모방할 수 있도록 교사가 모델링을 제공한다.
참고사항	• 다양한 천을 제시할 때 영아의 약한 피부를 고려하여 천의 재질에 유념한다. • 영아가 반복적, 중점적으로 탐색하는 모습을 관찰한다.

2) 1세 자연탐구영역의 실제

〈놀이명 : 패턴 놀이〉

주 제	색깔
놀이유형	개별활동
놀이지원 방향	– 자연탐구 〉 탐구 과정 즐기기 〉 주변 세계와 자연에 대해 호기심을 가진다. – 자연탐구 〉 생활 속에서 탐구하기 〉 친숙한 물체를 감각으로 탐색한다.
놀이자료	다양한 색의 물건(블록, 공, 색깔 도형, 크레파스)
놀이지원 사례	1. 다양한 색의 물건을 영아와 함께 찾아본다. – ㅇㅇ가 빨간 블록을 갖고 놀고 있구나. 선생님은 빨간 동그라미 모양 있는데. – 또 빨간색 어디 있을까? 2. 같은 색으로 모아 본다. – ㅇㅇ랑 선생님이 찾은 빨간색이 여기 모아졌네. – 노란색(다른색) 물건도 찾아볼까? – ㅇㅇ이의 옷에도 노랑색이 있네. – 꽃에도 노란색이 있네.
참고사항	교실의 다양한 색들에 대해 관심을 갖고 이야기하며 반복적 경험을 할 수 있도록 환경을 지원한다.

3) 2세 자연탐구영역의 실제

〈놀이명 : 점토 놀이〉

주 제	색깔
놀이유형	개별활동
놀이지원 방향	– 자연탐구 〉 생활 속에서 탐구하기 〉 친숙한 물체의 특성과 변화를 감각으로 탐색한다. – 자연탐구 〉 생활 속에서 탐구하기 〉 생활 속에 관심을 갖는다.
놀이자료	흰색 클레이점토, 유성매직, 빵칼, 모양찍기
놀이지원 사례	1. 흰색 점토를 탐색하도록 환경을 지원한다. – ○○이가 클레이 점토로 놀고 있구나. – 클레이 점토 말랑말랑 주물러서 뱀도 만들고, 동글동글 공도 만들 수 있네. 2. 점토 변화과정에 경험한다. – 선생님은 여기에 파랑색 매직으로 콕콕 찍어서 파란색 점토 만들어야지. – ○○이는 무슨 색 점토 만들 거니? – 선생님은 파란색 점토랑 빨간색 점토를 합쳐서 보라색 점토 만들어야지. 3. 도구를 이용하영 점토 놀이를 지원한다. – 선생님은 길게 만든 점토를 칼로 싹뚝싹뚝 잘라서 떡 만들어야지. – ○○이는 어떤 도구를 사용하고 싶니? – ○○이는 하트모양 찍기로 하트모양 만들었네
참고사항	영아들이 만든 색 점토가 흰색 점토랑 섞이지 않도록 사용 전, 사용 후 점토를 구분하여 보관할 수 있도록 지원한다.

4) 3세 자연탐구영역의 실제

〈놀이명 : 봄꽃 팔찌〉

주 제	봄
놀이유형	자유놀이
놀이지원 방향	– 자연탐구 〉 탐구 과정 즐기기 〉 주변 세계와 자연에 대해 호기심을 가진다. – 예술경험 〉 창의적으로 표현하기 〉 다양한 미술 재료와 도구로 자신의 생각과 느낌을 표현한다.
놀이자료	봄꽃, 봄꽃 사진 자료, 빵 끈, 가운데 구멍 뚫린 코팅된 봄꽃, 색 빨대
놀이지원 사례	사전 경험을 바탕으로 봄꽃 종류를 이야기 나눈다. 1. 봄꽃 사진을 통해 봄꽃 종류와 특징을 탐색한다. – ㅇㅇ이가 요즘 봄꽃 본 꽃이 여기에 있니? – ㅇㅇ이는 봄꽃 중 어느 꽃을 좋아하니? – 왜 그 꽃이 좋으니? 2. 자신이 좋아하는 봄꽃 액세서리 만든다. – ㅇㅇ이가 좋아하는 봄꽃으로 팔찌, 목걸이, 왕관 만들어 볼까? – 선생님은 튜울립으로 팔찌 만들 건데. – 우리 봄꽃 액세서리 만들고 서로에게 보여주자. 3. 완성된 봄꽃 액세서리를 착용한 후 서로에게 만든 방법을 설명한다.
참고사항	• 빨대 구멍보다 봄꽃 구멍을 작게 해서 빨대와 봄꽃을 이어질 수 있도록 제공한다. • 만드는 과정에 충분한 시간을 제공하여 유아 스스로 해 볼 수 있도록 격려한다.

5) 4세 자연탐구영역의 사례

〈놀이명 : 감자 샐러드〉

주 제	내가 좋아하는 음식
놀이유형	소집단활동
놀이지원 방향	– 자연탐구 〉 생활 속에서 탐구하기〉물체의 특성과 변화를 여러 가지 방법으로 탐색한다. – 자연탐구 〉 탐구과정 즐기기 〉 궁금한 것을 탐구하는 과정에 즐겁게 참여한다.
놀이자료	요리 순서도, 삶은감자, 콘슬로우, 당근, 오이, 빵칼, 믹스볼, 마요네즈, 수저
놀이지원 사례	1. 재료, 도구를 탐색한다. – 재료의 명칭에 대해 이야기 해보자 – 도구들 사용방법 이야기 해보자 – 오늘 요리활동은 요리순서도를 보면서 이야기 해보자 2. 삶은 감자의 변화과정에 관심을 갖는다 – 삶은 감자 모양과 맛은 어떻니?(삶은 감자 맛보기) – 삶은 감자 믹스볼에 넣고 으깨어 보자. – ㅇㅇ이가 좋아하는 재료를 먹기 편한 크기로 잘라서 넣어보자 – 마요네즈를 넣고 섞어 감자 샐러드를 완성시켜보자 3. 감자 샐러드를 맛본다 – ㅇㅇ이가 만든 감자 샐러드 먹어볼까? – 처음 먹었던 삶은 감자와 감자 샐러드 맛을 색으로 표현하면 무슨 색이니?
참고사항	삶은 감자를 으깨기 쉽게 큰 감자는 적당한 크기로 잘라서 제공한다. 유아가 선호하는 재료를 스스로 선택할 수 있도록 한다.

6) 5세 자연탐구영역의 사례

〈놀이명 : 같은 무게 만들어요〉

주 제	나
놀이유형	소집단활동
놀이지원 방향	– 자연탐구 〉 생활 속에서 탐구하기 〉 도구와 기계에 대해 관심을 가진다. – 자연탐구 〉 탐구과정 즐기기 〉 탐구과정에서 서로 다른 생각에 관심을 가진다
놀이자료	체중계 기록지, 기록도구
놀이지원 사례	1. 측정도구를 보며 이야기를 나눈다(신장계, 체중계). – (체중계) 여기 보이는 도구들은 어디에 사용해보았니? – 여기서 측정한 것은 어떻게 읽을까? – 체중계는 '킬로그램'이라고 읽고, – 몸무게를 재어 보자. 2. 측정도구를 신체측정 한다. – ㅇㅇ이의 몸무게는 몇 '킬로그램' 일까? – ㅇㅇ이가 체중계에 올라가 보자. – ㅇㅇ이의 몸무게는 22킬로그램이네. 3. 여러 물건으로 같은 무게 만들어 본다. – ㅇㅇ이의 22킬로그램을 물건으로 만들면 어떤 물건들이 필요할까? – 교실의 물건들을 체중계 올려 00이의 무게와 같게 만들어보자.
참고사항	체중계는 디지털로 제공하여 숫자를 정확하게 읽을 수 있도록 지원한다

CHAPTER 12

4차 표준보육과정(개정 누리과정)에 기초한 놀이 사례

1. 만 0~2세 놀이 사례

1) 풍선 놀이

- 연령: 만 1세
- 기간: 3~4월
- 놀이의 시작

동현이는 교실에 가만히 앉아 있는다. 교사는 동현이에게 "동현아 무슨 놀이하고 싶어?"라고 묻는다. 동현이는 가만히 있는다. 교사가 동현이에게 풍선을 주자 동현이는 풍선을 던지며 놀이한다. 풍선을 던지며 놀이하던 동현이가 풍선을 안고 가만히 앉아 있는다. 동현이는 풍선을 보다가 풍선에 붙어 있는 머리카락을 보고 "이거 뭐야?"라고 말하며 머리카락을 손으로 뗀다. 교사는 "머리카락이 풍선에 붙어 있었네."라고 말한다.

교사는 실을 잘라 풍선에 올려 놔준다. 동현이는 풍선에 붙은 실을 잡아 바닥에 내려놓는다. 동현이가 풍선을 바닥에 내려놓자 실이 다시 풍선에 붙는다. 동현이는 "이거 뭐야?"라고 말한다. "이건 실이야"라고 교사가 말한다. 동현이는 실을 떼서 바닥에 내려놓고 풍선으로 실을 꾹 누른다. 그리고 나서 풍선에 붙은 실을 떼고 같은 방법으로 풍선으로 실을 누르기 3번 반복한다. 교사는 “실이 또 붙었네”, “실이 어디로 갔지?” 등의 상호작용을 한다. 동현이는 흥미가 떨어졌는지 다른 영역으로 가서 자동차를 꺼내어 놀다가 다시 가만히 앉아 있는다.

교사의 고민

영아들이 좋아하는 풍선 놀이를 준비했지만, 교사가 생각하는 놀이가 활발히 일어나지 않는다. 영아의 놀이는 지속적이기보다 순간적으로 나타났다가 곧 사라진다. 동현이는 교실에 가만히 앉아서 교사와 친구들을 바라보는 모습을 보인다. 어쩌면 이러한 바라보기가 동현이의 놀이가 아닐까? 하는 생각을 해본다. 교사가 놀이를 권유하면 놀이를 하다가 다시 가만히 또래 놀이에 집중하는 동현이. 동현이에게 활동적인 놀이를 지원해야 하는지 교사로서 고민이 생긴다. 동현이의 놀이를 이해하기 위해서 동현이의 놀이에 좀 더 귀 기울이고 좀 더 지켜봐야겠다. 또 동현이가 풍선에 붙은 실에 관심을 보인 것을 시작으로 정전기놀이를 지원해 봐야겠다.

또 다른 놀이의 시작

〈비닐 수술 정전기 놀이〉

지난번 걱정했던 동현이의 놀이는 시간이 지나 점차 적응을 하니 적극적으로 놀이를 하는 모습이 보였다. 그래서 동현이가 풍선과 실 놀이라는 정전기 현상에 중점을 두고 놀이를 지원해 보기로 하였다. 만 1세 영아들과 정전기 놀이를 어떻게 하면 좋을까 고민하였었는데 교사 협의 중 이야기 나눈 비닐을 이용한 놀이로 진행하였다. 길게 자른 비닐을 풍선과 함께 교실 한쪽에 두고 영아들의 놀이를 지켜보았다. 비닐 따로 풍선 따로 놀이하는 영아들은 정전기에 관심을 보이지 않고 비닐 자체를 하나의 놀잇감으로 생각하고 놀이하였다. 교사의 의도와 다르게 놀이하는 영아들! 이제는 영아들의 끊임없는 놀이 변형을 지지하고 지원하는 것이 교사의 역량이라는 생각으로 놀이를 지켜보기로 했다.

● 놀이의 경험과 표준보육과정 영역

놀이의 경험과 표준보육 과정	• 신체운동-감각으로 주변을 탐색하는 놀이를 경험함 • 사회관계-교사와 함께하는 놀이를 통해 다른 사람의 감정에 관심갖는 경험함 • 자연탐구-친숙한 물체를 감각을 통해 탐색하는 놀이를 경험함

출처: 갈미어린이집(2020).

2) 버찌 그림 놀이

- 연령: 만 1세
- 기간: 6~7월

- 놀이의 시작

영아들과 함께 실외 놀이터로 나갔다. 놀이기구를 타고 놀이하던 아이들이 놀이터 주변을 둘러보며 다니다가 바닥에 떨어진 버찌를 발견하였다.

교사: 이거 뭐지?

민성: 공이야.

교사: 공 같아?

시아: 아냐 이거 포도야.

교사: 포도처럼 생겼네.

시은이가 바닥에 있는 버찌를 하나 집어 입으로 가져간다. 교사는 시은이를 제지하고 "이건 먹으면 안 되는 거야"라고 한다. 시은이는 버찌를 바닥에 다시 내려놓고 자리를 이동한다. 몇 명의 아이들이 화단으로 가서 딸기가 열린 모습을 관찰한다. 서영이는 딸기를 잡고 따려고 한다.

교사: 서영아 이건 형님반한테 물어보고 따야 돼.

서영이는 잠시 딸기를 계속 바라본다.

교사: 이제 들어갈 시간이야~

교사의 고민

바깥놀이 시간이 끝나고 교실에 들어간다. 영아들이 바깥 놀이를 나가면 주변 자연물에 관심을 보인다. 특히 열매에 관심을 자주 보이는데 먹으려는 것은 안전의 문제이기 때문에 놀이의 지원보다는 영아들의 관심을 다른 곳으로 돌리려는 경우가 종종 있었다. 그래도 놀이 지원 관점에서 영아들이 탐색놀이를 어떻게 할지 지켜보기로 했다.

이틀 후 실외 놀이터 놀이에서 영아들이 다시 버찌가 있는 곳으로 갔다. 오늘은 지난번보다 바닥에 버찌가 많이 떨어져 있다. 민성이가 버찌를 발로 밟는다. 발로 밟은 버찌가 터지고 보라색 즙이 나왔다. 그 모습을 본 민규는 손으로 버찌를 들고 눌러 본다. 민성이와 태희도 버찌를 눌러 본다. 영아들 손에는 보라색 물이 들었다.

교사: 와~ 보라색 물이 나왔네.

영아들이 누른 버찌 안에서 씨앗이 나왔다.

민성: 이거 돌이야.

교사: 바닥에도 똑같은 것이 있네.

민성이가 바닥에 터져 있는 버찌의 씨앗을 만져 본다. 씨앗을 만지면서 민성이 손에 묻은 버찌의 즙이 바닥에 묻는다.

교사: 어! 바닥에도 보라색 물이 묻었다.
민성: 어디 어디!?

영아들이 바닥에 묻어 있는 버찌즙을 찾아보더니 민규가 바닥에 검지손가락으로 콕 찍는다. 민성이와 지찬이도 자신의 손가락에 묻은 버찌즙을 바닥에 묻힌다. 교사도 함께 바닥에 손가락을 찍는다.

교사: 콕 콕 콕 그림이네.

민성이가 더 이상 자신의 손에서 보라색 즙이 나오지 않자 다른 버찌를 가지고 와서 터트려 즙을 또 묻힌다. 또 다시 즙이 묻어 나오지 않자 이번에는 버찌를 집게손가락으로 쥐고 바닥에 일자로 긋는다.

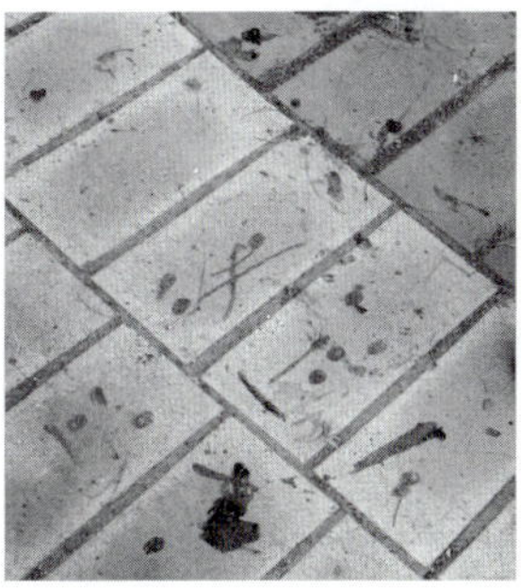

바닥에 그림을 그려보는 활동이 오랜 시간 지속하지는 않았지만 만 1세의 영아들도 교사의 큰 지원 없이 자연물을 탐색하고 바닥에 그림을 그리는 주도적 놀이를 즐기고 있었다. 버찌를 이용한 다양한 놀이를 지원해주고 싶다는 생각이 들었다.

지난번에 영아들이 손에 묻은 버찌즙으로 바닥에 끼적이기를 하였었는데 버찌 열매에 관한 관심을 지속할지 궁금하였다. 지난번처럼 버찌의 보라색 즙으로 또 다른 놀이가 일어날지? 영아들이 지속적으로 관심을 보일지? 버찌의 어떤 특징 때문에 흥미를 보이는 것인지? 지난 기록을 살펴보면서 영아들의 보라색 즙 놀이를 되돌려 주고 싶었다.
오늘도 놀이터로 나갔다. 도연이는 바닥에 앉아 버찌 한 알을 들고 손가락으로 눌러 터트리고 손에 묻은 즙을 잠시 보더니 다른 버찌를 들고 입에 넣었다가 뱉는다. 그리고 팔로 입을 닦는다. 도연이는 또 다른 버찌를 집어 손으로 터트린 후 손에 묻은 즙을 옷에 문지른다. 이 행동을 2번 더 반복한다. 도연이 옷에는 보라색 물이 가득 들었다. 도연이는 버찌를 항상 먹으려고 했고 교사는 먹기 전에 제지했었다. 오늘은 제지를 하지 않고 지켜보았다. 도연이는 버찌의 맛을 한 번 본 후에는 더 이상 버찌를 먹지 않고 버찌를 누르고 색을 이곳 저곳에 문지르는 놀이를 반복하였다.

교사: 도연이 옷에 뭐야?

도연이는 자신의 옷을 보더니

도연: 그림 그렸어.

도연이가 옷에 묻은 즙을 보고 그림을 그렸다고 표현한 것으로 보아 영아들이 버찌 즙으로 끼적이기를 하여 예술 활동으로 연계하면 좋겠다는 생각이 들었다. 그래서 아이들과 버찌를 함께 주워 교실로 가지고 왔다.
며칠 후 주워온 버찌를 보여 주니 영아들이 관심을 보이며 만지려고 했다.

교사: 이거 어디에서 본 거지?
승윤: 이거 저기(손가락으로 교실의 문 쪽으로 가리킨다.)

교사: 저기? 놀이터?
승윤: 응.

하얀색 한지를 책상에 올려 주고 영아들이 어떻게 놀이하는지 지켜보았다. 민성가 버찌 한 알을 잡고 한지에 콕콕 찍는다. 다른 영아들도 버찌를 들고 콕콕 찍거나 문지른다. 한지에 생긴 자국을 옹알이를 하며 손가락으로 가리킨다.

놀이 초반에는 아이들은 버찌를 콕콕 찍거나 문지르는 행동을 주로 하였지만 점점 놀이가 진행될수록 여러 개의 버찌를 모아 손바닥으로 비비기, 버찌를 모아서 쌓기, 손에 한줌 들고 주먹 쥐기, 버찌 굴리기 등 다양한 놀이가 이루어졌다.

● 또 다른 놀이의 시작

버찌 놀이 기록을 다시 읽어보면서 '영아들이 버찌를 끼적이기 도구로 생각하는 것은 아닐까?' 하는 생각으로 미술활동으로 확장시켜 열매의 색이나 그림을 표현하도록 지원했던 교육적 지원에 대해 고민하게 되었다. 영아들이 버찌 놀이에 왜 흥미가 있었는지, 영아들이 즐거워하였던 것은 무엇이었는지, 영아들이 왜 그런 놀이를 하였는지 영아들의 입장에서 다시 한번 생각해 보기로 하였다.
다시 기록을 읽어보고 회상해 보니 영아들은 버찌 열매에서 나온 색보다도 버찌를 자신들의 손으로 누르고 두드렸을 때 생겼던 변화에 더 관심이 있는 것으로 느껴졌다. 우연히 자신들의 손가락으로 눌렀을 때 나왔던 색과 열매의 터짐, 손에 묻은 즙 이러한 변화 때문에 영아들은 계속 버찌를 놀이를 이어간 것이다. 교실에서도 버찌를 굴렸는데 굴러간 길이 생기고, 손으로 버찌를 비볐더니 손바닥 전체에 물이 들고, 안에 있던 씨앗만 남아 있고 이러한 여러 가지 변화와 그 변화를 만들어낸 것이 버찌와 영아의 우연한 마주침으로 이어진 것이다. 이러한 놀이 속에서 영아와 촉감판 교구가 만나면 또 다른 놀이가 생성될 수 있다는 생각이 들었다. 영아들이 촉감 놀이판을 만지고 누르고 두드려 보는 놀이를 통해 어떤 흥미를 갖게 되며 어떤 놀이로 이어갈지 궁금해진다.
세은이가 이번에는 원통형 롤러를 들고 EVA판에 여러 번 굴린다.

세은: 왜 자국 안나? (롤러를 내려 놓는다.)
교사: 글쎄 왜 이건 자국이 안 나지?

● 놀이의 경험과 표준보육과정 영역

놀이의 경험과 표준보육 과정	• 신체운동–감각으로 주변 탐색을 경험함 • 예술경험–감각을 통해 미술활동을 경험함 • 자연탐구–생활 속에서 주변 식물을 탐색하는 놀이를 경험함

출처: 갈미어린이집(2019).

3) '부채가 된 상추' 놀이

- 연령: 만 2세
- 기간: 5~7월
- 놀이의 시작

4월에 심은 다양한 채소 모종이 많이 자랐다. 바깥놀이를 하다가 모종에 관심을 갖고 영아들이 다가가기 시작한다.

채은: 이거 뭐예요?

교사: 이거 채은이가 고기랑 싸먹는건데~ 채은이가 좋아하는 거.

유안: 아~ 상추예요?

교사: 상추 맞아~

은채: 선생님, 이거 먹고 싶어요.

교사: 그럼, 이거 우리 따서 먹을까?

영아들과 함께 상추를 함께 따보았다. 상추를 따다가 소민이가 상추를 부채처럼 들고 흔들기 시작한다.

수정: 부채야~

민지: 아~ 부채도 되네~

민지가 웃으면서 자신도 상추를 이용하여 부채질을 해본다.

● **교사의 고민**

상추를 먹어본 경험은 있지만, 먹는 것뿐만 아니라 상추를 이용한 놀이를 영아들에게 지원하면 어떨까? 영아들이 주도적으로 놀 수 있도록 영아들이 따온 상추를 우선 책상에 자유롭게 놓아주고 놀이를 지켜보기로 했다.
갑자기 민서가 동물 모형 레고를 가져오더니 입을 벌리고 그 안에 상추를 넣기 시작한다.

민서: 악어가 상추 먹어~

그러자 다른 영아들도 동물 모형의 레고블록을 가져오더니 동물에게 상추를 먹여준다.

민지: 곰도 먹고, 호랑이도 상추 먹고… 상추 잘먹네…
민서: 악어도 상추 잘 먹지…

상추를 동물 모형 입에 넣어주느라 바쁜 아이들… 그러자 민경이가 갑자기 상추를 들고는 과학영역쪽으로 간다. 그리고 달팽이에게 상추를 주려고 뚜껑을 열려고 한다. 교사가 뚜껑을 열어주자 그 안에 상추를 넣어 주고 달팽이를 관찰하기 시작한다.

민경: 달팽이도 상추 먹어요.

한창 동물에게 먹이 주는 놀이가 진행되었다. 그때 민성이가

민성: 나도 상추 먹어야지 얌~

하고 말하면서 상추를 입안에 넣는다. 그러자 민경이가

민경: 상추, 요리해서 먹어야지~

하고 말하며 민경이가 벌떡 일어나더니 소꿉 영역으로 간다. 그리고 그릇과 숟가락을 가져오더니 요리를 하기 시작한다. 상추를 잘게 찢더니 소꿉 영역 개수대 쪽으로 간다.

민경: 상추 씻어야 돼.

그러자 영아들이 갑자기 역할 영역의 다양한 그릇과 조리도구를 가져와서 상추 요리가 시작된다. 상추를 씻기도 하고, 그릇에 담고, 칼로 썰어보기도 하면서…
그리고 상추를 빻아 보거나 책상에 대고 문질러 보기도 하고, 손으로 뭉쳐 보기도 한다.

인서: 물 나와요~
민하: 끈적끈적해~
민경: 내 손 초록색 됐잖아~

큰 잎이었던 상추가 다양한 형태로 잘라지고 뭉쳐지고 물이 나오는 과정을 영아들은 몸소 체험하고 있었다. 교사가 상추 안에 물이 있다는 것을 굳이 말하지 않아도 놀이의 경험으로 상추의 특성을 알아가고 있었다. 교사로서 의도성을 갖고 교육을 하는 경우가 많은데, 성인이 무엇인가를 의도하지 않아도 영아들이 스스로 탐구하며 놀이가 이루어지는 과정을 보면서 영아들의 주체적인 놀이가 얼마나 중요하고 의미 있는지 다시금 느낄 수 있었다.

● 또 다른 놀이의 시작

영아들과 어린이집 앞에서 바깥놀이를 할 때면 항상 하는 것이 있다. 바로 우리들이 심은 상자 텃밭에 물주기!! 오늘도 어김없이 상자 텃밭에 물 주기를 즐기는 영아들… 오늘도 상추와 이야기하는 영아들…

후영: (물을 주면서) 상추야, 잘 자라라~

하고 말하면서 조리개를 이용하여 물을 주는데, 갑자기

후영: 어! 물이 안 나와~

하고 말하더니 안에 물이 있는지 확인해 본다. 물이 조금 남아 있는 것 같은데도 물이 나오지 않자 조리개를 거꾸로 뒤집어 본다.

그러자 안에 있던 물이 왈칵 쏟아졌다.

후영: 아~ 차가워!!

후영이가 쏟은 물을 보면서

민지: 아~ 여기 물 있네!

하며 물을 손으로 만지기 시작했다. 민지가 물을 만지기 시작하자 다른 아이들도 물 주변으로 모여들었다. 그리고 물을 손으로 만지다가 고여 있는 물을 옆으로 점점 넓게 색칠하듯이 퍼트려 보기도 하고 물에 젖은 손을 이용해서 바닥에 끼적이기를 하는 모습도 보였다.
그때 바닥에 있는 물로 끼적거리기를 하던 민경이가 말했다.

민경: 선생님 물 더 주세요~

● 교사의 지원

어린이집 앞마당이 영아들에게 큰 도화지가 되는 순간이다. 넓은 앞마당에서 그리기 놀이를 지원하면 어떨까? 영아들이 손으로만 그림을 그리는 것이 아니라 여러 도구를 이용하면 좀 더 좋을 것 같아서 물통과 붓, 분무기, 조리개 등을 다양하게 지원해주었다.

수진: 나는 엄마 그렸어.
민지: 나는 토끼야~
후영: (그림을 가리키며) 수박!

형태는 잘 드러나지 않았지만, 자신들만의 생각과 내용이 담겨 있는 그림 그리기에 몰입하는 영아들의 그림으로 어린이집 앞마당을 가득 메워가기 시작했다. 그때 수진이가 바닥뿐만 아니라 꽃밭 담벼락에 그림을 그리자, 영아들이 바닥에만 그림을 그리던 것을 멈추고 어린이집 곳곳으로 붓을 들고 돌아다니며 물이 묻은 붓을 공중으로 뿌려보거나 입으로 불기도 하면서 다양한 방법으로 놀이를 시도하였다.

민경이와 수진이가 창문 위에 열심히 그림을 그리고 있다.

교사: 어떤 그림 그렸어? 하고 물어보자.

민경: 그림 아닌데요? 하고 말한다.

교사: 그럼 뭐하는 건데?

민경: 우리 지금 청소하는거예요~

수진: 이거 봐요, 깨끗하죠??

나는 붓을 들고 있는 영아들을 보면서 그림을 그리고 있을 것이라고 예상했고, 바닥에서 나아가 다양한 곳에 그림 그리기를 시도하고 있구나… 라고 생각했는데 이건 큰 반전이었다. 이렇게 영아들의 붓칠 놀이는 자신의 경험과 상상에 비추어 점점 공간과 놀이를 넓혀갔다.

교사가 영아들의 단편적인 모습만을 보고 단정 짓듯 이야기하기보다는 영아들의 의도와 생각을 먼저 물어봐야겠다는 반성을 했다. 또한, 교사의 생각을 넘어 여러 방향으로 놀이를 이끌어가는 모습을 보면서 교사의 개입보다는 영아의 놀이를 지켜봐주고, 격려하는 것도 그 무엇보다 의미 있다는 것을 다시금 깨닫게 되었다.

● 놀이의 경험과 표준보육과정 영역

놀이의 경험과 표준보육 과정	• 신체운동–실외놀이를 통해 다양한 신체 활동을 즐기는 경험함 • 사회관계–내가 좋아하는 놀이를 또래와 함께하는 경험함 • 예술경험–일상생활 경험을 상상 놀이로 즐기는 경험함 • 자연탐구–자연을 반복적으로 탐색하는 놀이를 경험함

출처: 갈미어린이집(2019).

2. 만 3세 놀이 사례

1) 끝없는 '양말 변신' 놀이

- 기간: 10월 1주~4주
- 놀이 유형: 개별놀이, 협동놀이
- 놀이의 시작

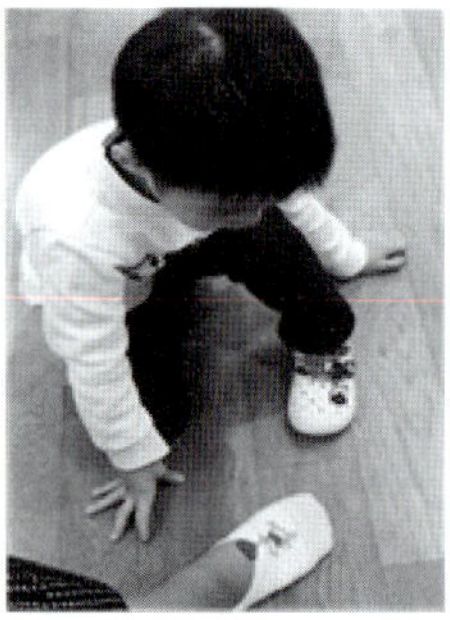

쌓기영역에서 놀이하고 있던 현희가 교사 양말에 그려진 그림에 관심을 보였다.
"어! 선생님 양말에 빨간 풍선이 그려져 있네."
라며 교사의 양말을 손으로 만지면 탐색을 시도한다.
"범준이 양말에는 무슨 그림이 그려져 있을까?"
라고 물어보자 범준이는 씩~ 웃으며
"오늘 난 그림 안 그려진 양말 신고 왔는데."
라고 말했다.
범준이와 교사의 대화에 관심을 보이는 몇몇 유아가 주변에 모여 자연스럽게 흥미를 보이며 실내화를 벗어 자신들의 양말을 살펴보았다.

- 교사의 고민

양말에 관심을 보이는 유아들의 흥미를 반영하여 다음 주부터는 양말과 연계되는 다양한 놀이를 지원해 보아야겠다. 또 유아가 보인 작은 관심을 교사가 놓치지 않고 '양말'이라는 새로운 주제를 가지고 전개되는 놀이를 어떻게 확장해줘야 하는지, 그냥 지켜봐야 하는지 고민이 되었다.

깊이 있는 탐색

자신이 좋아하는 양말을 신고 온 유아들과 이야기 나누기 시간을 가졌다.

"별님반, 오늘은 내가 가장 좋아하는 양말 신고 오기로 했는데 신고 왔니?"

유아 모두 친구들 앞에 서서 자신이 좋아하는 양말이 무엇이고 왜 좋아하는지를 간단하게 이야기해 보도록 하였다.

양말과 관련 있는 '놀잇감'을 가정에서 가지고 와 친구들과 함께 놀이해도 된다는 교사의 말을 기억한 유아들이 양말과 관련된 놀잇감과 동화책을 가지고 등원하였다. 양말 인형을 가지고 온 현희는

"애들아! 이것 좀 봐라! 나 양말인형 가지고 왔는데."

라고 말하였다.

이의 이야기를 들은 몇 명의 유아들이 현희의 주변에 모여 현희가 가지고 온 양말 인형에 흥미를 보였다.

"양말로 인형을 만들었네?"

"어? 여기에는 사랑표 모양도 있어!"
"야! 근데 토끼 같은데 토끼가 파란색이네?"
라고 이야기하였다.

교사가 들려 준 동화책을 본 유아는 그림책 속의 여러 가지 양말의 그림을 보며
"어? 이거는 우리 엄마 양말이랑 똑같네~ 선생님! 우리 아빠도 저런 양말있어요~"
하며 자신이 집에서 보았던 양말들에 대해 경험을 이야기하였다.

동화책을 함께 보고 난 후 집에 있는 가족들의 양말도 가지고 와 친구들에게 보여주고 싶다고 하여 다음 주에는 가정과 연계하여 우리 가족이 좋아하는 양말을 소개하기로 하였다.

우리 가족 양말을 소개한다는 것에 유아들이 흥분한 모습을 보이며 여느 때보다 적극적으로 친구들 앞에 나와 이야기하고 싶어하였다. 친구들에게 소개하기 전 가정에서 양말에 대한 사전 이야기 나누기 지원이 있어서 그런지 풍부한 이야깃거리들이 나왔다. '왜 좋아하는지'를 설명하며 양말의 용도뿐만 아니라 향기가 나는 양말이 있다는 새로운 정보를 유아들과 공유할 수 있었다.

은지: 이건 우리 아빠가 엄마랑 결혼하기 전에 사 준 양말이래요. 엄마가 아빠랑 만났는데 엄마가 너무 춥다고 해서 아빠가 사준 양말이에요.

도연: 이거는, 내 동생 도희 양말이에요. 도희는 애기라서 발이 이렇게 쪼끄만 거예요, 도희는 나처럼 여자라서 이렇게 분홍색을 좋아해요.

서진: 이건 우리 아빠가 축구할 때 신는 양말이에요. 이걸 신어야 축구할 때 아빠 다리가 다치지 않는데요.

은서: 우리 아빠 양말에서는 홍삼 냄새가 나요. 홍삼으로 만든 양말이라서 그래요.

은서가 가지고 온 양말 냄새를 맡고 싶다고 하는 유아들이 많아 은율이가 양말을 들고 친구들에게 냄새를 맡아 볼 수 있도록 하였다. 우리 가족의 양말을 소개하고 난 후 유아들은 자신이 좋아하는 양말 스타일을 자연스럽게 이야기 나누었다.

서진: 나는 우리 아빠 양말처럼 긴 양말이 좋아.

도연: 나는 애기 양말처럼 조그만 양말이 좋은데.

은지: 아니야! 레이스 양말이 제일 이뻐.

유아들의 이야기를 듣고 "그럼 우리 내일 내가 좋아하는 양말이 되어 볼까?"라고 말하자 유아들이 긍정적으로 대답하였다. 양말에 대한 놀이를 지속적으로 지원하고 바라보고자 하였다.

내가 좋아하는 양말과 함께 음악 소리를 들려주자 쑥스러워하며 어떻게 표현해야 할지 모르던 유아들이 교사가 움직이는 모습을 제시하자 자신의 신체를 조금씩 움직이기 시작하였다. 교사의 격려를 받은 유아들은 좀 더 대범한 동작을 취하며 자신이 표현하고 싶은 양말을 신체로 표현하면서 즐거워하였다.

은서: 선생님! 도연이랑 저 좀 보세요~ 우리는 춤추는 양말이에요. 계속 이렇게 엉덩이를 흔들어요.

진희: 선생님! 저 좀 보세요?

교사: 진희는 왜 바닥에 엎드려 있어?

진희: 벗어서...

교사: 벗어서?

진희: 집에서 아빠가 양말을 벗어서 바닥에 둬서...

현희: 선생님! 나는 진짜 큰 양말이에요~

유아들은 양말과 관련하여 자신의 머릿속에 있는 생각들을 신체로 표현하는 과정을 재미있고 흥미롭게 느꼈다. 지속성을 위해 다양한 양말을 제시해야겠다.

양말 바구니에 양말을 꺼내어 연결하고 있는 현희. 현희의 모습을 지켜보고 있던 진희가

"현희야 뭐해? 나도 같이 놀자."

라고 말했다.

"길게 만들고 있는 거야. 뱀처럼."

이라고 말하고는 양말끼리 연결하는 방법을 진희에게 설명했다.

"이렇게 구멍에 끼우면 돼."

현희는 길게 연결된 양말을 보고는

"우와 진짜 길다~ 선생님 이것 좀 보세요~"

라고 말했다.

"우와~ 양말을 길게 연결했네? 뱀 같아."

라고 말하자 현희가

"나랑 진희가 만들었어요~ 진짜 길어요~이것 보세요~"

라고는 현희는 양말 옆에 누워 양말이 자신보다 더 길다는 것을 보여 주었다. 현희가 엎드리는 모습을 본 진희는 현희의 발끝에 누워 현희의 행동을 따라 하였다.

엎드려 양말의 길이를 재고 있는데 양말이 끊어졌다. 현희와 진희는 양말을 다시 끼워 연결했다. 교사가 그 모습을 지켜 보다가

"그렇게 끼워도 다시 빠질 것 같은데… 어떻게 하면 양말을 안 빠지고 길게 연결할 수 있을까?"

라고 말하자 진희가 자리에서 일어나 미술영역에 있는 스카치테이프를 가지고 와

"이렇게 붙이면 안 빠지는데."

라고 말했다. 그리고는 끼워 연결하던 양말을 테이프로 붙여 연결하였다.

귀가하는 시간까지 양말 연결하기에 집중하고 있는 현희에게

"현희야! 이거 어디까지 연결하려고? 이제 집에 가야할 시간인데."

하고 말하자

"응… 더 길게 할 건데… 새싹반 끝까지…"

라고 말했다.

"새싹반까지 가려면 진짜 길게 연결해야 하는데 ○○ 혼자서 할 수 있을까?"

라고 말하자

"응~ 그럼 내일 친구들 오면 같이 하자고 하면 되겠다."

라고 말하였다.

"내일은 주말이라서 이수도 친구들도 엄마, 아빠랑 지내는 날이니까 다음 주 월요일에 해 보자 어때?"

라고 말하자 현희는 고개를 끄덕였다.

"근데, 이거 끊어지면 어떻게 해요."

라고 말했다.

"선생님이 끊어지지 않게 교실 문 안 닫고 그대로 두고 갈게."

라고 말하자 활동을 마무리하고 강당으로 이동했다.

양말을 이용한 새로운 놀이를 유아가 생각하고 놀이하며 발생하는 문제 상황을 적절하게 해결해 가는 과정이 흥미로웠다. 다음 주에 현희가 연결해 놓은 양말을 보고 별님반 유아들이 어떤 놀이로 이어갈지 궁금하고 현희가 생각한 대로 양말을 새싹반 교실까지 연결할 수 있을지 교사인 내가 더 궁금해진다. 양말 연결하기 활동은 다음 주 월요일 확장하여 계속 진행해 나갈 예정이다.

등원한 유아들은 교실 안부터 연결되어 있는 양말을 궁금해하며 교사에게 다가와

"선생님! 이거 뭐예요?"

"양말이 왜 이렇게 된 거지?"

하며 물어 보았다.

"글쎄… 저번 주 금요일에 현희랑 진희가 함께 만들고 있던데."

라고 말하자 은서는 진희에게 다가가 물어보았다.

은서: 현희야! 이거 뭐 만든 거야?

현희: 진희랑 뱀 만든 건데.

은서: 나도 만들어도 돼?

현희: 그래.

성진: 어! 여기 왜 양말이 있지? 양말이 계속 길게 이어져 있네~

성진: 양말이 붙어 있어.

성진: 여기 있다! (성진이는 등원하여 복도에 연결되어있는 양말을 보고 교실로 들어와 양말을 찾더니 바구니에 담겨 있는 양말 한 짝을 들고 복도로 나가 친구와 함께 양말 연결하기에 참여함.)

은서와 성진이는 양말을 구멍에 끼워 연결하였다. 구멍에 끼운 양말이 자꾸 빠지자 은서가 성진이에게 문제 상황을 이야기했다.

은서: 성진아! 양말이 자꾸 빠져서 안 되겠다. 어떡하면 될까?
성진: 잠깐 기다려 봐!

성진이는 미술 영역으로 달려가 테이프를 가지고 왔다.

성진: 은서야! 이걸로 붙이면 될 것 같은데~

은서와 성진이는 테이프를 붙여 양말을 연결하기 시작했다.
은서는 친구들에게
"우리 지금 양말 연결하고 있어! 저기 새싹반까지 길게 만들 거야!"
라고 말했다.

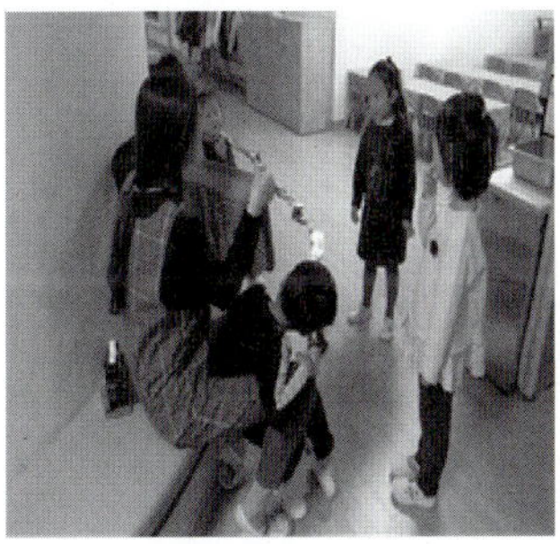

양말을 연결해 가는 과정 중 교사가 빈 바구니를 보여 주며 양말이 없어 더 이상 연결하기 어려울 것 같다고 말해주자 유아들은 양말 연결하는 것을 잠시 멈추고 이야기를 나누기 시작한다.

은서: 양말이 없어서 이젠 못 하겠네.
미애: 에이… 아쉽다. 아직 새싹반까지 연결 못 했는데… 연결하고 싶다!
교사: 그러게. 선생님도 연결하고 싶다. 근데 양말이 없어서…
미애: 아~ 선생님 그럼 우리가 양말을 벗으면 되잖아요~ 애들아! 양말 벗어봐! 우리 양말 벗어서 연결하면 되잖아~

미애는 먼저 자신의 양말을 벗어 연결했다. 미애가 양말 벗는 모습을 지켜보던 유아들도 신고 있는 양말을 벗어 연결하였다. 그래도 양말이 부족하자 교실로 가 놀이하고 있는 친구들에게 상황을 설명하고 양말을 달라고 하여 새싹반까지 양말 연결하는 활동을 이어갔다.

새싹반까지 양말이 연결되고 활동을 마무리한 유아들은 교실로 달려가 친구들에게 완성되었음을 알렸다. 교실에서 활동하고 있던 유아들이 연결된 양말을 보며 이야기를 나누었다.

은서: 우와! 선생님 정말 길어졌어요. 진짜 뱀 같다.
미애: 도대체 얼마나 긴 거야? 우리 반보다 강당 보다 더 길거 같은데..
교사: 선생님이 봐도 진짜 길 것 같아. 근데 얼마나 긴 건지 어떻게 알 수 있지?
은서: 응~ 저번에 선생님이랑 누웠던 거처럼 누우면 되는데..
교사: 아~ 저번에 교실에서 누워서 누가 긴지 재어 봤던 거?
은서: 네! 친구들이 다 누우면 돼요!

은서의 말을 듣고 유아들은 친구를 따라 복도에 누웠다(유아들의 안전이 걱정되어 누울 때 머리와 머리 발과 발이 만나게 누울 수 있도록 교사가 도움을 주었음).

양말을 연결하며 여러 번 문제 상황에 놓이게 되면서도 유아들은 포기하지 않았고 교사에게 의존하지도 않았다. 유아들끼리 의견을 주고받고 조율해가면서 문제를 해결해 나가는 과정이 매우 흥미로웠다. 또 혼자가 아니라 함께했다는 것에 유아들이 기뻐하며

"우리가 했어! 우리가 한 거야!"

라고 즐거워했다. 양말을 연결하며 자연스럽게 '길다' '짧다'라는 길이에 대해

이야기하고 관심을 갖는 유아들이 있어 이와 관련된 놀이를 지원해 봐야겠다.

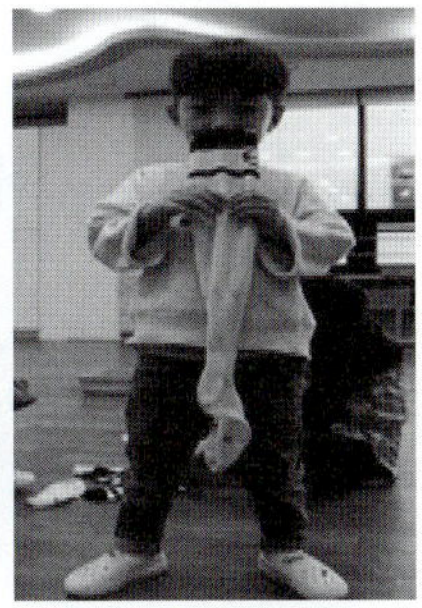

양말 바구니에서 양말을 꺼내어 자신의 신체(손, 귀, 코)에 끼워 여러 가지 동물을 표현하며 놀이하였다. 도희가 귀가 양말을 끼워

"선생님! 나 좀 보세요!"

라고 말하여

"음~ 애기 토끼같아~"

라고 말하자 그 옆에 있던 진희가

"선생님! 나도요~"

하며 도희보다 긴 양말을 귀에 끼우고 보여 주었다.

"오~ 진희가 아빠 토끼 같은데~"

라고 말하자 도희가

"진희가 나보다 귀가 더 길어서 그래~"

라고 말했다. 교사가

"어? 정말 그러네 진희 귀에 끼운 양말이 더 길어~"

라고 말하자 진희가 도희 양말을 귀에서 빼내어 비교해 보았다.

코에 양말을 가져가

"난 코끼리야~"

라고 말하였다. 교사가 관심을 보이며

"우리 현희는 양말 코를 가진 코끼리네?"

라고 말하자 현희는

"코가 길어요~"

라고 말하였다. 그 모습을 지켜보던 진희가

"선생님! 선생님! 제 코 좀 보세요~현희 코보다 더 길어요~"
하며 긴 양말을 코에 댄 모습을 보여주었다. 교사가
"우와! 진짜 길다~ 현희야! 코 좀 봐~ 진짜 코끼리 코 같다~"
라고 말하자 주변에 유아들이 관심을 보이며 모여들기 시작했다.

놀이에 귀기울인 유아들은 손과 발에만 끼우고 놀던 양말을 바닥에 내려놓고 같은 짝을 찾거나 양말의 크고 작음, 길고 짧음을 비교하며 놀이하기 시작하였다.

미란: 이것 봐! 이것도 애기 양말, 이것도 애기 양말이야.
은지: 여기도 애기 양말 있어! 진짜 작다.
현희: 태성아! 이거랑 이거랑 똑같네~ 이게 제일 크다!
현희: 태성아! 이 양말이 더 작은 거 같은데. 여기에 놓자!

양말을 직접 진열하며 크고 작음을 유아가 인지하고 자리나 순서를 바꾸며 놀이에 참여하였다. 아직 수에 대한 이해나 인지가 부족한 유아들은 짧은 시간 흥미를 보이고는 다른 놀이에 참여한 반면, 수에 흥미를 보이던 유아들은 양말을 모아 함께 작은 양말부터 큰 양말까지 크기에 따라 배열하려는 시도를 하며 서로 의견을 나누고 조율해 가는 모습을 보였다. 유아들이 놀이하며 자연스럽게 생겨난 호기심으로 인하여 월요일에 양말을 길게 연결하는 활동이 길이에 대해 알아가는 놀이로 자연스럽게 이어졌다. 다만, 길이에 관심을 가진 유아들에게 길이를 재어 볼 수 있는 여러 가지 도구를 적절하게 제시하지 못한 것이 좀 아쉬웠으며 도구를 이용한 길이 재기 놀이를 지원해 보아야겠다.

지난주 강당에서 양말 길이에 관심을 갖고 비교하였던 유아들이 역할 영역에 제시해 놓은 양말을 가지고 길이 재기 놀이를 하였다. 유아들의 놀이를 지켜보다가 길고 짧음을 정확히 잴 수 있는 도구는 무엇이 있는지 교사가 물어보자 당황하며 대답하지 못하였다. 교사가 옆에 있는 막대블록 바구니를 가지고 와

"이렇게 막대기로도 잴 수 있는데~"

라고 말하자 양말 옆에 막대블록을 놓아 길이를 비교하기 시작하였다.

그 모습을 지켜보던 현지가

"자가 있으면 되는데~"

하며 길이재기에 필요한 적절한 도구를 말하였다.

교사가 50cm '자'를 제시하자 '자' 위에 양말을 올려 길이재기를 시작하였다.

"음~ 이 양말은 11이네? 선생님 이거 '1'하고 '1'하고 '11' 맞아요?"

하고 물었다. 교사가

"어 맞어! 어떻게 알았지?"

하고 물어 보자

"응~ 우리 집 11층이라서요. 우리 집 11이랑 여가 11이랑 똑같아서…"

라고 말했다. 주변에서 놀이하던 여자 유아들이 은솔이의 말을 듣고

"어디? 어디가 '11'인데?"

하고 물어 보며 관심을 갖기 시작하였다.

오후 자유선택 시간… 현지는 미술영역에서 놀이하다 말고 교사 옆으로 오더니

"선생님! 이거는 작은 자. 이렇게 종이도 얼마인지 알 수 있어요~"

하며 다른 물건의 길이 재기에도 흥미를 보였다.

● 또 다른 놀이의 시작

-나만의 양말을 디자인하는 놀이로 관심을 보이면 예술경험으로 확장한다.

-자신이 디자인한 양말을 신고 친구들한테 보여 주고 싶을 때 '양말 패션쇼'로 연계한다.

〈무대 설계하기〉

〈공연하기〉

〈학부모 지원-가정과의 연계〉

부모의 도움을 받아 양말 인형을 만들어 무대극 공연 연출 및 역할영역 놀이로 지원한다.

놀이의 경험과 표준보육과정 영역

놀이의 경험과 누리과정 5개영역	• 신체운동 · 건강–신체활동에 자발적으로 참여하는 놀이방법을 경험함 • 의사소통–자신의 요구와 느낌을 또래와 공유하는 것을 경험함. • 사회관계–또래와 함께하는 놀이를 통해 서로 다른 감정, 생각, 행동을 존중하는 경험함. • 자연탐구–탐구과정에서의 궁금한 것을 즐거운 놀이방법을 통해 경험함 • 예술경험–양말 극놀이로 창의적 극놀이를 경험함

출처: 문수영(2019).

3. 만 4세 놀이 사례

1) 상자야 놀자

- 기간: 4월 1~4주
- 놀이 유형: 개별놀이, 협동놀이
- 놀이의 시작

유아반 입구인 2층 계단에 다양한 재활용품을 학부모, 교사들로부터 지원을 받는 '재활용품 아트코너'를 운영하고 있다. 지원받고 있는 다양한 크기의 상자는 원아 개별놀이로 지원되고 있었다.
식당으로 이동하던 하은이가 '재활용품 아트 코너'를 지나면서
"박스가 큰 게 있으면 좋겠어."
라고 한다. 옆에 있던 태홍이는
"나는 작은 박스 프라스틱 통으로 장난감 만들기가 좋아."
라고 하였다.

- 교사의 고민

교사는 유아의 말을 귀담아 듣고 큰 박스를 제공받는 방법을 동료 교사 및 원장님과 의논함. 논의 후 다양한 방법으로 큰 박스를 수집하여 제공하였다(교직원, 학부모, 건물 관리인 등에게 박스 수집을 요청함). 다양한 박스가 교실 안에서 어떤 놀이로 변형되어 가는지 교사로서 호기심과 함께 어떻게 놀이를 지원해야 할지 고민도

생겼다.

● 깊이 있는 탐색

태홍이는 재활용 아트 코너와 교실 미술영역에서 재활용품을 고르고 있다. 작은 상자를 이용하여 자판기를 만들어 개인 작업서랍에 넣어 두고는 미술영역에서 한참을 무언가를 찾다가 교사에게 다가간다.

태홍: 반짝이면서 불빛이 나는 것이 필요해요.
교사: 미술영역 확인해 봤어요?
태홍: 없어요, 우리 교실에는 없는데 으뜸반 형님반 교실에서 본 것 같아요 다녀와도 돼요.
교사: 선생님은 지금 은서를 도와주고 있어서 그러는데 혼자 다녀 올 수 있겠니?
태홍: 네~~ 다녀 올게요.

잠시 후

태홍: 선생님 형님반 교실에도 없어요?
교사: 선생님이 자료실에 가서 찾아볼게?

자료실로 향한다.

교사: 태홍아 자료실에도 반짝이는 것이 스팽글밖에 없는데 어쩌지? 스팽글 가지고 만들어 볼 수 있니?
태홍: 네. 반짝이는 아이스크림을 만들거예요. 만들어서 선생님 드릴게요.

한참 후

태홍: 선생님 이것 드세요. 달콤한 아이스크림이에요.
교사: 와~~ 먹음직스러운 아이스크림이네. 이렇게 멋진 아이스크림을 만들려고 반짝이는 것이 필요했구나?
태홍: 네. 딸기맛이에요, 빨간 핑크가 딸기맛을 내요.
교사: 냠냠냠 맛난 딸기맛 아이스크림 고마워요.

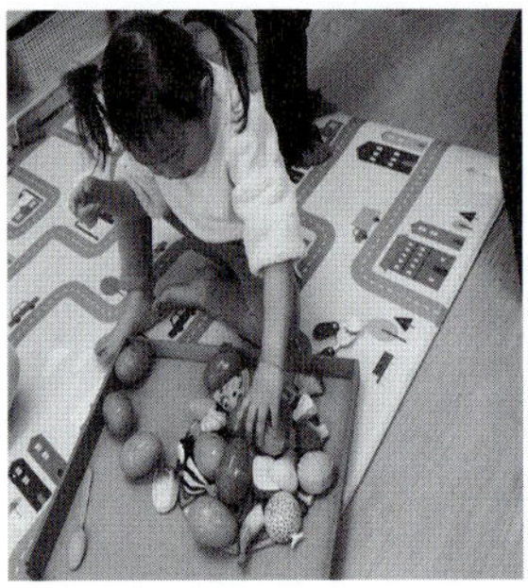

교사가 다양한 크기와 모양의 박스를 교실에 놓아주자 유아들이 박스를 여러 가지 방법으로 탐색하였다. 하은이는 위로 열리는 박스를 교사에게 보여주며
"선생님 이거는 악어 같아요."
라고 말하고 박스를 위아래로 움직였다. 옆에 있던 지훈이가
"이거 피자 박스랑도 비슷해."
라고 이야기하자 하은이는 박스를 교사 앞에 내려놓고 자석블록으로 원 모양을 만들었다. 만든 블록을 박스에 넣은 후 하은이는 교사에게
"선생님 피자 배달왔어요."
라고 말하며 보여준다. 교사가 박스를 열어 피자를 먹는 흉내를 내며

"이거는 무슨 맛 피자예요?"
라고 묻자 하은이는
"아 맞다."
라고 말하며 음률영역에 있는 에그쉐이커를 올려놓은 후 교사에게
"이거는 계란 맛 피자예요."
라고 이야기하였다. 한동안 다양한 맛의 피자를 만들며 놀이를 하였다.

〈상자 속에 상자〉

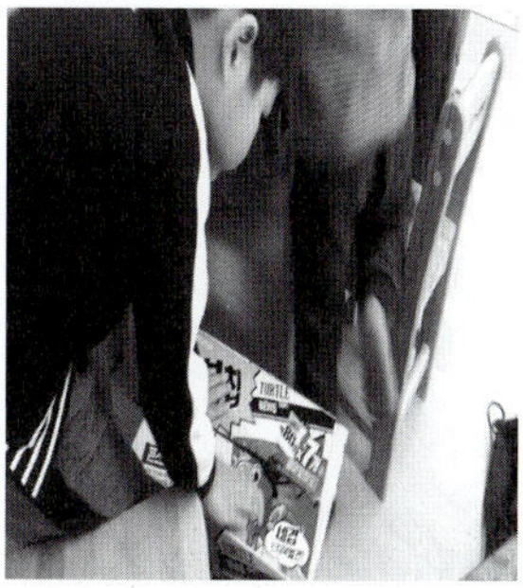

-태홍이는 작은 상자를 조립하여 스카치테이프로 붙인다.
-조금 더 큰 상자를 찾아 작은 상자를 넣고 스카치테이프로 붙인다.
-대 · 중 · 소 상자를 이리저리 넣고 빼기를 반복하다 적당한 크기의 상자 3개로 박스를 스카치테이프로 마감한다.
-마감한 박스를 펠트 주머니에 넣는 것도 이리저리 궁리를 하다 완성한다.
-교사는 유아가 도움을 청하기 전까지 지켜본다.
-상자가 주머니에 들어가지 않을 때 태홍이는 교사 쪽을 바라본다. 교사는 할 수 있다는 긍정의 손짓으로 태홍이를 지지한다.
-대 · 중 · 소 3개의 상자를 주머니에 넣는 것을 성공한 태홍이는 주머니를 어깨에 메고 교실을 이리저리 돌아다니며 친구들에게 다가가지만 친구들은 태홍이에게 관심이 없다.

● 교사의 지원

-유아들이 다양한 크기의 박스를 원하는 것을 인지하고 원장 및 동료교사들과 협의했다.

-다양한 크기의 상자를 어떻게 준비할지? 큰 상자는 빈교실에 보관하여 유아들이 자유스럽게 활용할 수 있도록 지원했다.
-키즈노트를 통하여 유아들의 흥미를 보이는 활동을 안내하고 학부모님들에게 자원(다양한 크기의 상자)을 요청했다.
-주방과 연계하여 식자재 박스 유아들에게 제공했다.
-행정복지센터 미화원에게 자원 요청을 했다.
-박스를 제공해주자 처음에는 놀이가 활성화되기보다는 탐색 위주의 놀이를 시작했다. 이전처럼 박스를 이용한 만들기 활동이 주로 이루어지던 중 박스를 놀이에 이용하는 유아에게 교사가 반응을 해주자 다른 유아들도 점차 박스를 이용한 놀이를 시작했다. 박스를 이용한 역할놀이가 주로 이루어졌다.

깊이 있는 탐색

태홍이의 놀이) 교사가 큰 박스를 제공해주자 태홍이는 박스에 들어가 몸을 낮추며

"선생님 저 어딨게요?"

라고 이야기한다. 몸이 다 숨겨지지 않자 태홍이는 주변을 살펴보다 작은 박스를 얼굴에 쓴 후 큰 박스에 들어간다. 숨기 놀이를 하던 태홍이는 교사에게 작은 박스를 가지고 와

"여기 이렇게(손가락으로 원모양을 그리며) 눈 보이게 구멍 뚫어주세요."

라고 이야기함. 교사가

"태홍이가 얼만큼 구멍을 냈으면 좋겠는지 매직으로 그려주면 선생님이 구멍을 내줄 수 있을 것 같아요."

라고 이야기하자 태홍이는 매직을 이용해 필요한 만큼 원을 그려 교사에게 가지고

왔다. 교사가 눈과 코 부분에 구멍을 내주자 태홍이는 상자를 머리에 쓰며
"로보트 같아요."
라고 이야기를 했다.

지원이와 지율이의 놀이) 지원이가 박스에 들어가며 교사에게
"이거는 자동차예요."
라고 말하자 지율이도 지원이와 함께 놀이를 시작했다. 교사가
"자동차로 보이려면 뭐가 있으면 좋을까요?"
라고 묻자 지원이는
"음~ 바퀴가 있으면 좋겠어요."
라고 대답한다. 옆에 있던 지율이가 "아! 그럼 이렇게 하면 되잖아."
라고 말하며 미술영역에서 매직을 가지고 와 교사에게
"바퀴 그려주세요."
라고 이야기를 한다. 교사가 바퀴를 그려주자 지원이와 지율이도 바퀴를 그린 후 박스에 들어가 자동차 놀이를 한다.

〈상자 기차 놀이〉

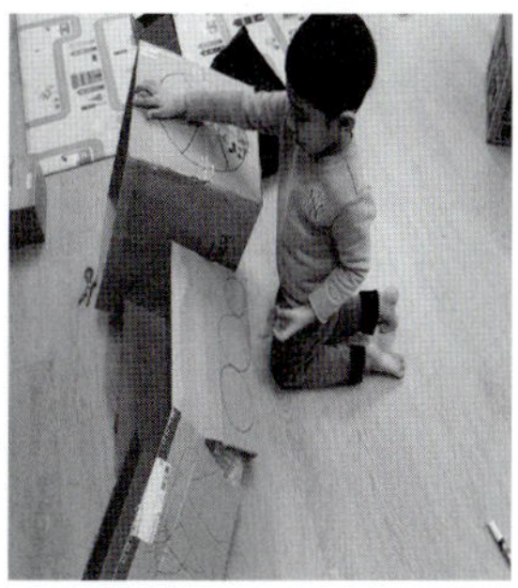

–큰 상자가 여러 개가 생기자 하은이가 친구들에게 기차를 만들자고 제안을 한다.
–기차 만들기에 동의 몇몇 친구들이 모여 기차 만들기를 시작한다.

지율: 기차는 길어 상자가 더 있어야 해.
지원: 기차에 사람이 타야 해. 큰상자로 해야 해.
지율: 여러 명이 타려면 더 큰 상자가 필요해.
하은: 빈 교실에 있는 상자를 가지고 오자.

–기차는 바퀴가 있어.
–바퀴를 그리는 것은 선생님에게 부탁하자.
–기차는 튼튼해. 기차에 타고 내리면서 일부가 찢어지자 유아들끼리 튼튼한 기차를 만드는 방법에 대해 고민했다.
–테이프로 붙이자, 많이 붙이면 튼튼해진다.
–유아들에게 필요한 각종 미술재료를 부족하지 않게 지원한다.
–기차 관련 도서 동영상을 지원한다.

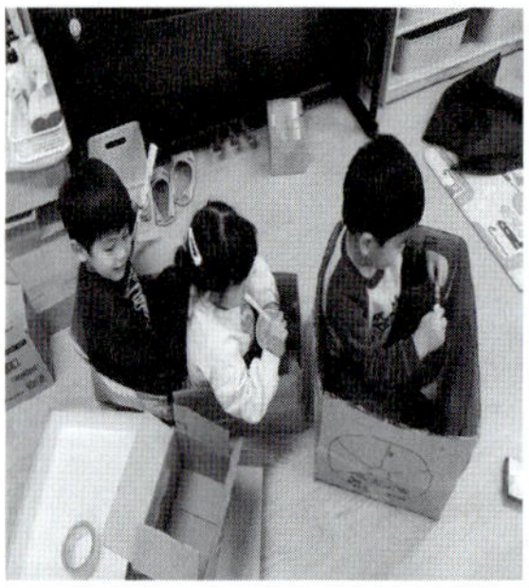

–상자로 만든 기차에 여러 명의 유아들이 타고 내리자 상자가 찢어지는 상황이 발생하였다.

지율: 기차가 고장나고 있어.
지원: 고장난 건 고치면 되.
지율: 어떻게 고치지?
지원: 풀로 붙일까?
지율: (곰곰이 생각하더니 미술영역으로 이동하여) 이것(물레방아 컷터기)으로 붙이자.
지원: 그래 붙여서 고치자.

–지원이와 지율이는 테이프를 활용하여 튼튼한 기차로 수리한다.
–기차가 커지고 길어지면서 더 많은 유아들이 기차 만들기에 동참한다.
–서로 협동하며 기차에는 창문이 있어? 창문을 어떻게 만들지?
–기차에 그림이 있어. 예쁘게 그림을 그리자.
–기차 안에도 그림을 그리자 등 다양한 의견을 반영하여 기타는 변신하고 있었다.

어제 연결했던 박스들을 가지고 와 놀이를 이어서 하기 시작한다. 박스 안에서 놀이를 하던 지원이와 지율이는 매직을 이용해 핸들을 그려준 후 박스의 테두리에 풀을 칠한다. 교사가

"풀은 왜 칠하는 거예요?"

라고 묻자 지율이는

"여기 꾸며주려구요."

라고 말하며 미술영역에 있던 숟가락을 가지고 와 붙인다. 풀로 붙인 숟가락이 자꾸 떨어지자 지율이는 교사에게

"이거 왜 자꾸 떨어져요?"

라고 질문한다. 교사가

"숟가락은 종이가 아니라서 풀로는 잘 안 붙을 것 같아요."

라고 이야기하자 지율이는

"아."

라고 말하며 테이프를 이용해 박스에 숟가락을 붙인다.

태홍이가 상자에 매직으로 네모를 그리고 난 후 교사에게 가지고 왔다. 태홍이는 교사에게

"선생님 여기 네모 뚫어주세요. 창문 만들 거예요."

라고 이야기를 했다. 교사가 칼을 이용해 구멍을 내주자 그 모습을 보던 지원이가 교사에게

"선생님! 저도 창문 만들고 싶은데 밖에 바퀴가 있어서 어떡해요?"

라고 이야기했다. 교사가

"밖에 그려져 있는 바퀴가 보이게 창문을 만들려면 어떻게 하면 좋을까요?"

라고 묻자 지원이는 잠시 생각을 하더니

"아 그럼 옆에만 창문을 만들면 되잖아요."

라고 이야기했다. 교사가

"그럼 매직으로 옆에 창문 모양을 그려주면 선생님이 구멍 내주는 건 도와줄 수 있어요."

라고 이야기를 하자 지원이는 매직을 이용해 바퀴의 양 옆에 네모 모양의 창문을 그려주었다. 교사가 창문에 구멍을 내어 주자 지원이는 다시 상자를 연결하여 기차놀이를 한다.

● 교사의 지원

기차가 길어지면서 다른 유아들의 놀이에 방해가 되는 경우가 생겨 교사는 책상을 이동시켜 놀이가 확장될 수 있도록 지원했다.

박스에 숟가락을 붙이던 유아는 숟가락이 떨어지는 것에 대해 호기심을 가지고 교사에게 질문을 했다. 교사가 이야기를 해주자 유아는 다른 재료를 이용해 숟가락을 붙여볼 수 있었다.

이전 경험으로 인해 유아가 매직으로 모양을 그린 후 교사에게 구멍 내어 주기를 부탁했다. 친구의 모습을 모방하여 창문 만들기를 시도해볼 수 있었고 교사의 질문에 바퀴 모양이 망가지지 않는 방법을 생각해 보며 창문의 위치를 정해볼 수 있었다.

〈기차 바퀴 꾸미기〉

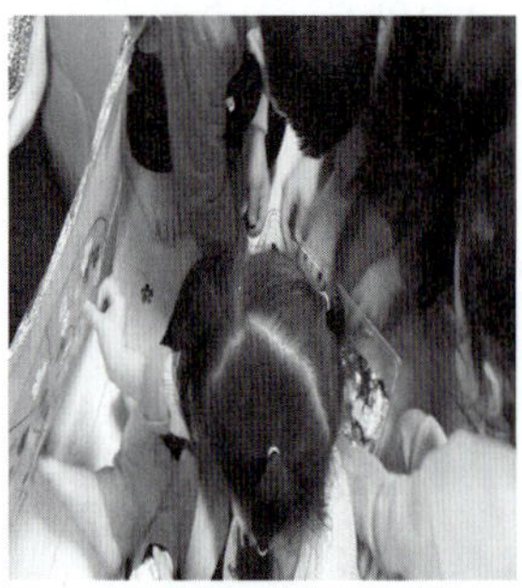

매직으로 박스를 꾸며주던 지율이는 미술영역에서 스팽글을 가지고 온다. 박스에 풀을 칠한 지율이는 스팽글을 붙였다. 다른 놀이를 하던 민정이가 그 모습을 본 후

"나도 할래."

라고 말하며 지율이의 옆에 앉는다. 민정이는 스팽글에 풀을 붙인 후 박스에 스팽글을 붙인다. 스팽글이 떨어지자 지율이는

"여기(박스)에 풀칠해서 붙이면 안 떨어져."

라고 말했다. 민정이는 박스에 풀칠을 한 후 스팽글을 붙인다.

-어제는 박스를 이용해 자동차를 만들거나 기차를 만드는 등 구성해 보는 놀이가 주로 이루어졌다면 오늘은 구성한 박스를 꾸며주는 활동이 주로 이루어졌다. 창문을 만들거나 박스를 매직과 스팽글로 꾸며주며 놀이를 할 수 있었고 놀이 중에 나타난 친구의 어려움을 스스로 도와줄 수 있었다.

〈기차 출발〉

상자놀이가 지속적으로 이루어지자 관심을 보이지 않던 유아들도 친구들의 놀이를 모방하여 할 수 있었다. 놀이가 지속되자 유아들이 교실에 있는 모든 상자를

크기대로 늘어뜨려 보며 이전보다 긴 기차를 만들어 볼 수 있었다.

● 또 다른 놀이의 시작

〈상자와 일회용 그릇으로 놀자〉

-재활용 아트 코너에 학부모님이 보내주신 다양한 크기의 일회용 컵과 그릇이 제공되었다.
-유아들은 상자와 일회용 그릇을 가지고 함께 놀이를 시작했다.
-많은 양의 그릇을 활용하여 성을 쌓았다 무너트리기를 반복했다.
-성을 높게 쌓으려고 친구와 협동하여 놀이가 진행되었다.
-지율이가 교실의 중앙에서 그릇을 쌓기 시작하자 수진이가 흥미를 보이며 함께 놀이하기를 제안했다. 지율이는 수진이와 함께 그릇을 쌓으며 교사에게
"선생님 저 성 만들거예요."
라고 이야기를 한다. 교사가
"우와 조금만 있으면 지율이 키보다 높아지겠어요."
라고 이야기하자 지율이는
"이러다 천장까지 닿는 거 아니에요?"
라고 이야기하며 그릇을 쌓았다.

동현이가 그릇을 모으는 놀이를 했다. 동현이가 모아놓은 그릇을 친구들이 가져가자 동현이는 울려고 했다. 교사가 동현이의 마음을 읽어준 후
"그럼 선생님이랑 같이 그릇 쌓아볼까요?"
라고 묻자 민성이는

"네."
라고 대답한 후 그릇을 쌓기 시작한다. 지율이가 쌓은 그릇과 민성이가 쌓은 그릇이 겹치자 교사가
"두 개를 합체하면 더 큰 성을 만들 수 있겠다."
라고 이야기한다. 잠시 후 지율이는 동현이에게
"우리 이거 합칠까?"
라고 질문했다. 민성이가 좋다고 대답하자 유아들은 자신들이 쌓은 그릇들을 연결해 큰 성을 만들었다.

교실에 준비되어 있던 그릇들을 모두 사용하자 지율이는 교사에게
"선생님 그릇 더 없어요?"
라고 질문한다. 교사가 교실에 있는 것을 없어서 내일 더 준비해준다고 이야기를 한다. 지율이는
"아 부족한데 어떡하지."
라고 말하고 잠시 생각을 하더니 수연이에게
"아 이렇게 하면 되겠다."
라고 말한 후 귓속말을 한다.

〈움직이는 상자〉

종문이가 태홍이와 혜성이에게 숨바꼭질 놀이를 제안한다. 태홍이가 교사에게 다가와
"저 어디에 숨어요?"
라고 질문해 교사가

"박스에 숨으면 안 보이지 않을까요?"
라고 이야기한다. 태홍이가 큰 박스에 숨자 다빈이가 교사에게 다가와
"선생님 저도 큰 박스 필요해요."
라고 이야기를 했다. 교사가 빈 교실에 있던 큰 박스를 가져다주자 다른 유아들도 큰 박스에 관심을 보이며 교사에게 요구했다. 큰 박스를 더 제공해주자 다른 유아들도 박스에 숨으며 숨바꼭질 놀이에 참여한다.
커다란 상자에 유아들이 들어가서 숨기 놀이가 시작되었다.

교사: 상자가 살아서 움직인다. 어쩌지?

상자 속에 숨어 있던 유아가 상자 밖으로 나타나자 교실은 행복한 웃음이 가득해진다.
상자 속에 있는 유아는 밖을 상황을 소리로만 인지할 수 있다.
이 과정에서 일회용 그릇으로 성을 쌓고 있던 놀이를 방해하고 만다.
넘어진 유아도 상자 속에서 나타난 유아도 모두 난감한 상황이다.
교사는 유아들이 어떻게 이 상황을 해결해 나가는지 지켜만 본다.

종문: 내가 상자 속에 있어서 너의 성을 볼 수 없었어, 미안해. 너의 성을 다시 쌓아줄게.
태홍: 나도 도와 줄게.

옆에 지켜보던 유아들도 함께 성을 쌓는다.

태홍: 내가 넓은 공간에서 상자 놀이를 할게.

유아들은 서로의 놀이가 방해되지 않도록 주변을 살피며 놀이했다.

● 교사의 지원

교사는 책상과 매트를 한쪽 벽으로 치워 유아들이 공간을 최대한 활용할 수 있도록 지원 유아들끼리 문제를 해결할 수 있도록 기다려 준다.
유아의 이야기에 교사가 매트를 정리해주자 더 원활히 놀이를 할 수 있었다. 높게 쌓았던 그릇이 무너지자 몇 명의 유아는 높게 쌓으면 그릇이 쉽게 무너질 수 있다는 것을 깨닫고 낮게 쌓아볼 수 있었다. 낮게 쌓아보며 그릇으로 자동차를 구성해보는

유아들도 있었고 그릇을 바닥에 모아 뱀을 구성해보는 유아들도 있었다.

놀이의 경험과 표준보육과정 영역

놀이의 경험과 누리과정 5개영역	• 신체운동 · 건강–일상에서 안전하게 놀이하는 경험함 • 의사소통–상대방의 이야기를 듣고 관련된 이야기를 주고받는 경험함 • 사회관계–내가 좋아하는 것을 놀이를 통해 스스로 경험함 • 예술경험–다양한 미술 재료와 도구로 자기 생각과 느낌으로 표현하는 것을 경험함 • 자연탐구–도구와 기계에 관심 갖는 경험함

출처: 태평4동어린이집(2020).

5. 만 5세 놀이 사례

1) 종이 놀이

- 기간: 3월 1주 – 4월 2주
- 놀이 유형: 개별놀이, 협동놀이
- 놀이의 시작

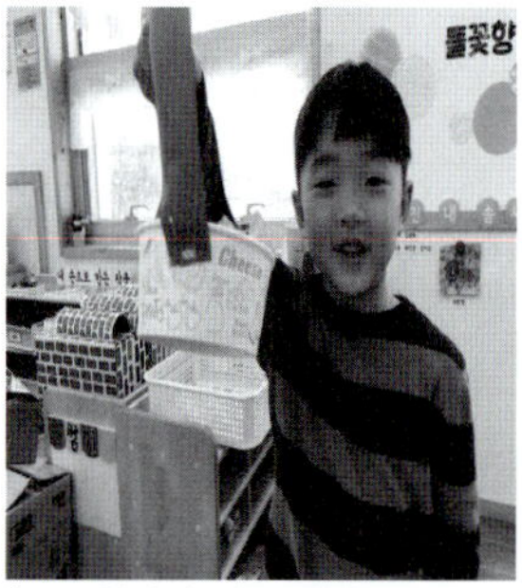

"고고학자가 되는 것이 꿈이니까 옛날 물건을 발견할 수 있는 도구를 만들거예요~" 미술영역에 제시된 종이 그릇, 색종이로 도구를 만들기 시작한다.

언어영역에 있는 과자 박스를 발견한 라희는 "선생님 이걸로 가방 만들어도 되요?"라고 묻는다. "그럼~ 만들어도 되지!" 화답하자 과자박스에 색도화지로 가방의 끈을 표현한다.

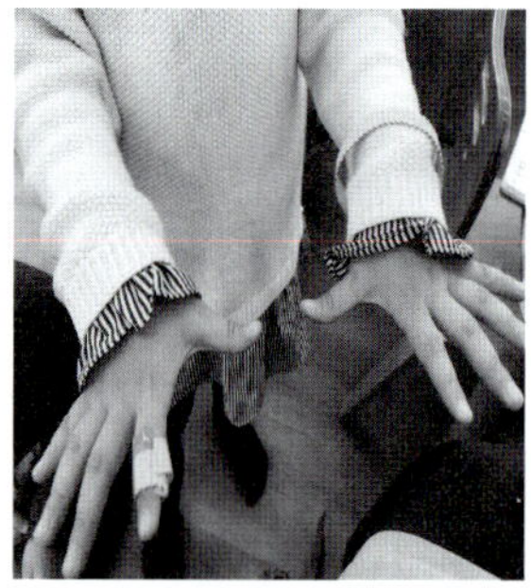

골판지를 돌돌 말아서 팔찌와 반지를 만든다. "선생님 이거 보세요! 골판지로 그냥 돌돌 말았더니 반지랑 팔찌를 만들어졌어요."

어린이집 일과 중 유아들은 미술영역에서 가장 많은 시간을 보낸다. 놀이의 유연성과 접근성이 높은 '종이'라는 재료로 다양한 사물을 자유롭고 창의적으로 표현하는 유아들의 모습을 발견하게 되었다.

- 흥미 반영

유아들의 흥미와 관심에 따라 다양한 크기, 색, 재질의 종이를 지원하고 더불어, '종이'와 관련된 자원을 요청하여 가정과의 연계도 도모한다. 다양한 종이를 지원하였을 때 유아의 흥미와 관심이 어떻게 펼쳐지게 될지 알 수 없기 때문에 유아들의 놀이 모습을 세심하게 관찰하는 것이 중요하다.

● 깊이 있는 탐색

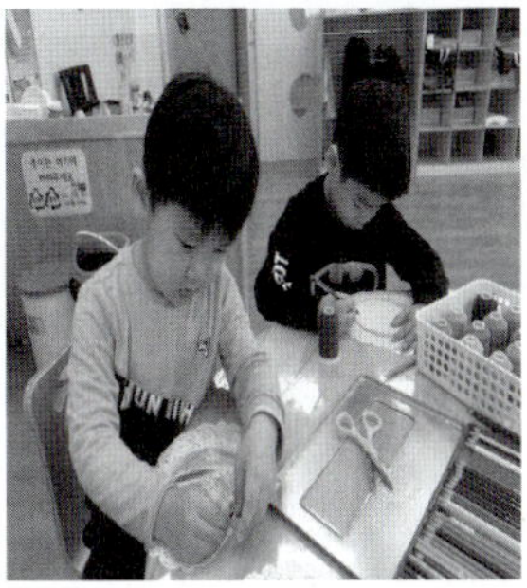

교사가 새롭게 지원한 다양한 종이 중 '도일리페이퍼'를 발견한 유아들은 도일리페이에 관심을 갖고 미술 놀이를 시도한다.

교사: 라희야, 뭐하고 있어?
서아: 그냥 종이 위에 색칠해 봤어요!
라희: 실이 있으면 좋을 것 같은데.
교사: 어떤 종류의 실이 필요한데?"
라희: 바느질 실 말고 장난감 실 있잖아요~

교사는 십자수 실, 바느질 실, 털실을 제시하며 유아가 필요한 실을 선택할 수 있도록 도움을 주었다.

라희: (십자수 실을 집으며)이거요!

유아는 십자수 실을 원하는 길이로 잘라 도일리페이퍼 구멍에 실꿰기를 한다.

서아: 라희야, 꼭 '연 같다!
라희: 아~ 연! 나 연날리기 놀이하고 싶다.

'그냥 해 보는 거예요~'의 놀이가 '연 만들기'라는 의미 있는 놀이가 되어 유아는 도일리페이퍼 색칠하기를 반복하였고 다른 유아들도 '연 만들기' 놀이에 관심을 갖는다.

다양한 도일리페이퍼 연 디자인

재민: 나는 '방패' 모양으로 연을 만들 거야!

도일리페이퍼로 만든 연뿐만 아니라 A4 용지를 이용한 사각형 모양의 연이 표현된다. 연을 만드는 모습에서 유아들마다의 고유성과 개별성을 발견하게 되었다.

● 교사의 고민

유아들이 '종이'를 이용한 놀이에서 연을 만들고 연을 날리는 신체활동까지 이어지게 되었다. 유아들의 관심이 '연'으로 집중됨에 따라 교사는 다양한 연의 모습, 연을 잘 날리는 방법, 연 날리기에서 경험할 수 있는 과학적 원리 등 확장적인 놀이를 격려하기 위한 폭넓은 다양한 지원을 하는 것이 효과적일지 고민을 하게 되었다. 유아의 '연 만들기'에 대한 관심이 다음날까지 지속된다면 확장 놀이를 지원하고 그렇지 않으면 유아들의 놀이 흐름을 따라가기로 하였다.

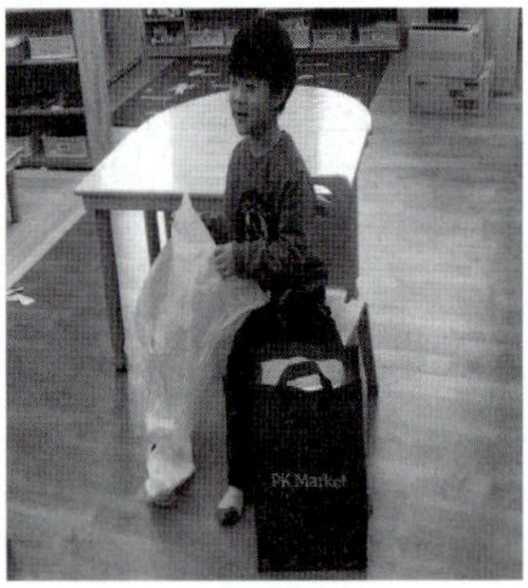

"집에서 종이 친구들 가지고 왔어요."
라고 유아들은 가정에서 가져온 종이 자원을 교사에게 자랑하였고

"친구들한테 소개해 주고 싶어요"
라고 표현하여 가정에서 가져온 종이 자원을 친구들 앞에서 소개하는 시간을 갖게 되었다.

예설: 짠~ 이거 봐~
유아들: 무슨 상자야?
예설: 이건 내가 열이 났을 때 먹는 약이 들어 있었어~ 약은 냉장고에 넣어놓고 박스만 가지고 왔어.
서오: "이건 보통 종이가 아니야~"
유아들: 어떤 종이인데?
서오: 엄마가 준 건데~ 옷을 만들 수 있는 종이라고~
연우: 아빠가 장난감 사주셨거든 그래서 내가 이 상자를 가지고 왔어~ 나는 이걸로 보물상자를 만들고 싶어. 왜냐하면 여기 상자 안이 다 보이잖아~

유아들은 각자 집에서 가져온 '종이 친구들'의 출처와 어떤 놀이를 할 것인지 생각들을 공유하며 궁금한 점은 적극적으로 물으며 서로 소통하는 모습을 보인다.

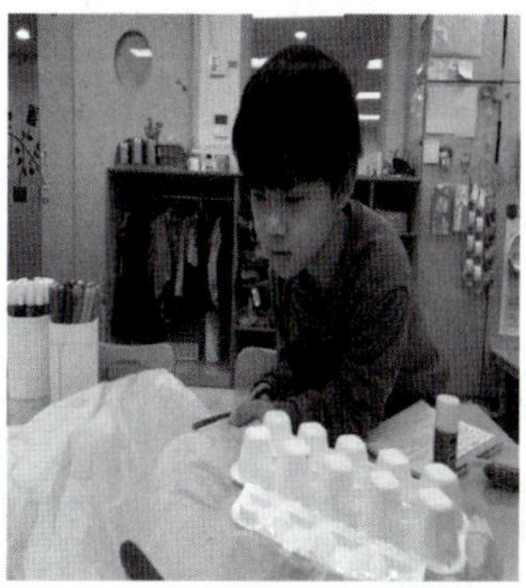

자원 소개 직후 서오는 옷 만들기를 시작한다. 습자지를 바닥에 펼치고 계란판과 휴지심을 붙여 옷을 디자인한다. 자신이 만든 옷을 입어본 뒤
"'펄럭펄럭'이게 핑킹가위로 잘라야겠어요."
라고 말하며 옷을 '더 아름답게', '더 마음에 들게' 꾸미기 위해 주의를 기울이며 다양한 미술 재료와 도구를 추가로 사용한다. 서오는 완성된 옷을 입으며 만족스러운 미소를 띄웠고, 교사는
"애들아~ 서오가 멋진 옷을 만들었어!"

라고 다른 유아들의 호응과 관심을 유도하였다. 친구들의 긍정적인 반응에 서오는
"친구들도 입게 할래요"
라고 말하며 역할영역에 자신의 옷을 걸어둔다. 서오의 옷을 감상한 다른 유아들이
"선생님 저도 옷 만들고 싶어요!"
라고 하고 싶은 놀이를 표현한다.
"옷을 만들려면 어떤 재료가 필요할까?"
라고 질문하였더니
"일단 엄청 큰 종이가 필요해요."
라고 대답한다.

● 교사의 지원

종이로 옷을 표현한 창의적인 시도에 친구들의 긍정적인 호응을 받자 서오는 자신의 놀이에 성취감과 자부심을 느끼게 되었고 자신을 긍정적으로 생각할 수 있는 계기가 되었다. 또한 역할 영역에 옷을 걸어 놀이 방법을 공유하는 서오는 친구와 관계 맺기에 적극적인 모습을 발견하게 되었다. 그리고 유아들이 '옷을 만들고 싶어요'라는 요청에 '큰 종이'와 다양한 꾸미기 재료를 지원하기로 결정하였다. '실제 디자이너가 만든 다양한 옷의 사진자료를 지원할까' 하고 생각하였으나 유아들의 창의력을 제한하게 될 것 같아 유아의 요청 시에 지원하기로 결정하였다.

옷 만들기에 관심을 보인 유아들에게 전지를 지원하였다. 교실 안에서 모든 유아가 전지를 펼쳐놓고 만들기를 시도하기에는 공간이 협소하여 유아들에게 물어보았더니
"책상이랑 의자를 다 밖으로 빼요."
라고 해결책을 제시한다. 교실에 있는 책상과 의자를 복도에 빼내어 가지런히 정리

된 모습을 발견한 유아들은 상호작용을 나눈다.

재민: 패션쇼에 관람하러 오는 사람들이 이 의자에 앉으면 되겠다.

라희: 좋은 생각이야.

연우: 그럼 여기에 빨간색 길도 만들면 좋겠다.

지오: 누구 초대할 거야?

예설: 엄마! 아빠!

라희: 원장님이랑 수진선생님도 초대하자!

유아들의 간단한 상호작용을 통해 '패션쇼'라는 공동의 목표를 선정한 뒤에 옷 만들기를 시작한다. 유아들은 미술영역에서 다양한 꾸미기 재료를 교실 중간에 꺼내 놓아서 각자 필요한 만큼 가져가 사용하는 방법을 제안한다. 또한, 자신의 몸 크기에 맞게 옷을 자르거나 접는 등 유아들이 '옷'에 대해 그동안 탐구하고 생각했던 대로 자유롭게 표현한다. 그리고, "옷은 화려해야 되"라고 이야기하며 화려하게 표현하기 위해 필요한 재료에 대해 이야기를 나눈다. 유아들은 개별적으로 옷을 만들지만 상호작용을 주고받으며 공동의 목표를 갖고 친구와 함께하는 놀이임을 스스로 상기한다.

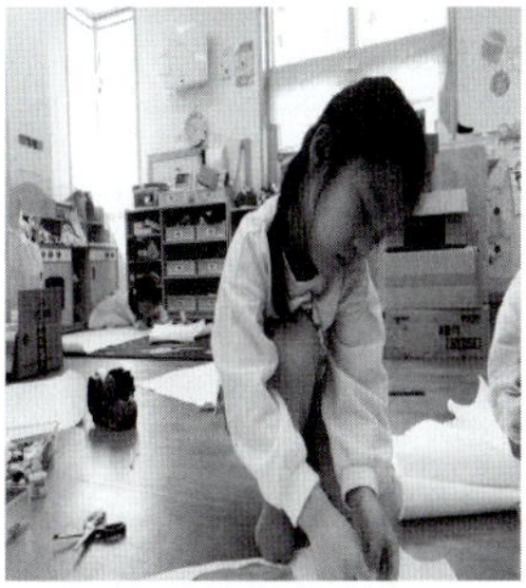

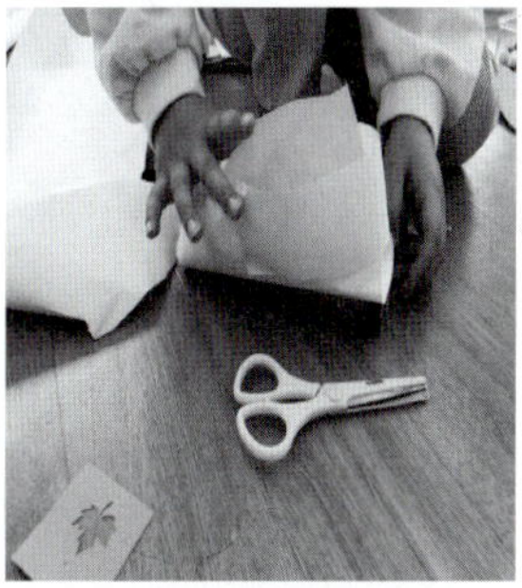

옷 만들기를 마무리한 유아는 신발, 모자, 반지 등 액세서리 만들기를 시도한다.

라희: 선생님, 저는 신발을 만들 거예요.

교사: 신발은 어떻게 만들 거야?

라희: 저번에 제가 선생님 만들어 줬던 것처럼 만들 거예요

교사: 맞아! 라희가 저번에 만들어준 신발 진짜 예쁘고 편했는데~

라희는 종이를 자신의 발 크기에 맞춰서 감싼 뒤 테이프로 고정시킨다. 이어서 구두의 '굽'을 표현하기 위해 박스를 작은 크기로 잘라 겹겹이 붙인다(유아가 박스를 자르는 것을 어려워하여 교사가 도움을 주었다).

교사의 지원

옷을 만든 뒤에 '패션쇼' 놀이가 발현될 것이라 생각하지 못하였으나 예측하지 못한 부분에서 유아들은 자신들의 놀이에서 재미 요소를 발견하고 놀이를 더욱 다채롭게 생성하는 모습을 보인다. 또한, 서로 협력해야 하는 부분이 있을 때는 의견을 조율하며 공동의 목표를 위해 놀이를 지속하는 모습을 보인다. 다만 유아들이 '큰 종이'를 요청하였을 때 한 종류의 종이를 지원한 것에 아쉬움이 남는다. 유아들의 관심이 '패션쇼'로 이어지므로 '패션쇼'와 관련된 영상을 지원할 계획이다.

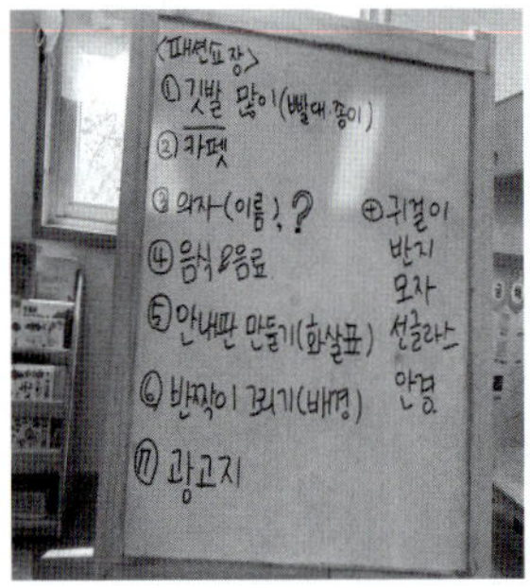

유아들에게 어린이 패션쇼, 유명 패션쇼 등 패션쇼와 관련된 영상을 지원하였고 영상을 감상한 뒤 유아들은 우리들만의 패션쇼를 만들기 위해 필요한 것들에 대해 토의를 한다.

라희: 모델 언니들 보니까 귀걸이가 엄청 크고 예뻤어.
연우: 맞아! 그리고 선글라스도 끼고 있었잖아.
라희: 나는 귀걸이랑 선글라스를 만들어야겠어.
태현: 모자도 있어.
서아: 옷이 엄청 예뻤어.
서오: 엄청 반짝거려~ 나도 예쁜 거 많이 붙여서 만들 거야.
재민: 모델가는 길에 깃발도 세우자.
교사: 깃발을 만들려면 무엇이 필요해?

재민: 종이랑 빨대가 필요하죠!

지오: 사람들이 앉을 의자도 필요해요.

"사람들을 초대하려면 초대장도 만들어야 되잖아",

"우리반으로 찾아오게 하려면 안내판도 필요해"

등 유아들은 놀이의 목적과 필요에 맞게 다양한 생각들을 주고받는다. 그리고 유아들이 패션쇼를 만들기 위해 필요한 것을 이야기하면 교사는 필요한 재료에 대해 물어봄으로써 놀이를 지원하였다.

"저거 다 하려면 내일 일찍 와야 겠다~"

"그냥 통합교실에서도 미리 만들어야겠다."

라고 이야기하는 유아들에게서 자신이 하고 싶은 놀이에 대한 열정이 느껴졌다.

"통합교실에서 미리 만들어야겠다."

라고 이야기한 유아들은 통합교실로 이동하여 초대장 만들기를 하였다. 다양한 색과 무늬의 색종이와 언어영역의 편지지를 이용해 초대하고 싶은 사람의 이름을 적는다.

"'선생님'은 적을 수 있는데 '수진'은 못 하겠어요."

라고 교사에게 도움을 요청하여 이름을 적어 주었더니 교사가 적어준 글씨를 보며 따라 적는다. 친구들이 글씨를 쓰는 모습을 지켜보던 연우는

"편지통도 있어야지."

라고 이야기하며 초대장의 봉투를 색종이로 접는다.

유아들과 함께 토의한 준비사항의 기록을 지우지 않고 다음날 등원하였을 때 마주할 수 있도록 지원할 계획이다.

등원하자마자 패션쇼를 열기 위해 필요한 준비사항을 기록한 계획판을 관찰하며 놀이를 바로 시작한다. 라희는 귀걸이를 만들기 위해 패턴 종이를 하트 무늬로 오려 양면테이프를 이용해 귀에 붙인다. 라희의 모습을 보고 연우와 서아가 귀걸이 만들기를 시도하였고, 하트 무늬로 자르기 어려운 연우는 교사에게 도움을 요청한다.

  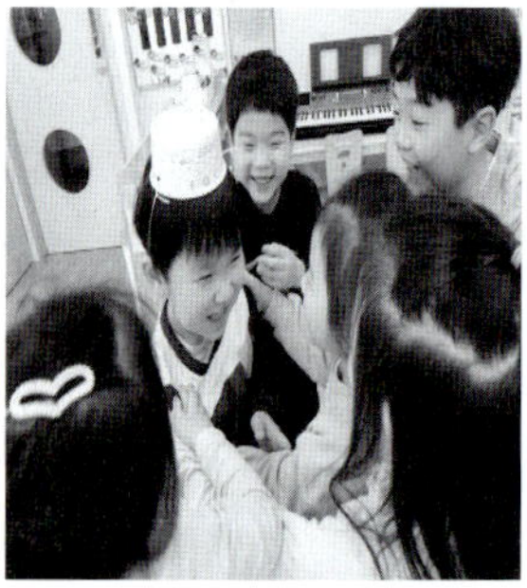

태현이는 모자를 만들기 위해 타공지를 잘라 자신의 머리카락에 붙인다. 처음에는 타공지 한 장을 정수리 쪽에 붙여 모자로 표현하였고, 두 번째 시도에서는 종이를 두 개로 잘라 양쪽 옆머리에 붙여

"선생님, 제가 모자 만들었어요."

라고 이야기한다. 태현이의 모자 만들기 시도는 반복적으로 이뤄졌고 미술영역에서 종이 그릇을 발견하게 되자 타공지에서 종이그릇으로 놀이 재료가 변화된다. 종이 그릇을 머리에 얹었으나 계속해서 종이 그릇이 떨어지자

"떨어지네."

라고 실망한다. 교사가 끈을 이용하여 고정해 볼 것을 제안하자 웃으며 교사의 제안을 수용한다.

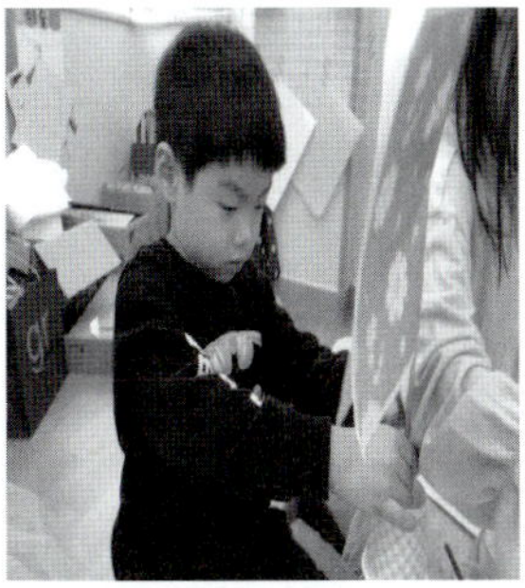 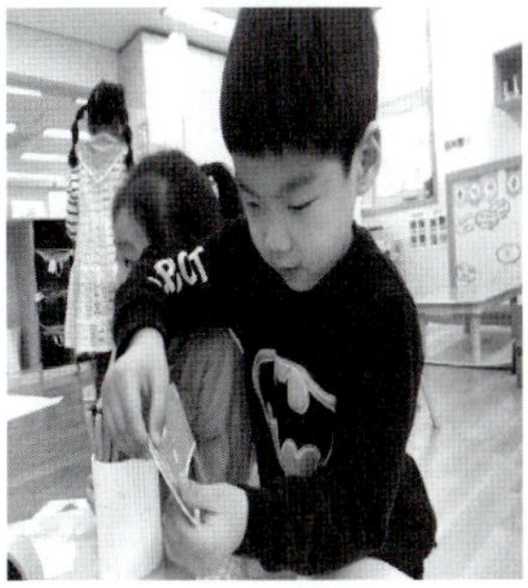

액세서리 만들기를 끝낸 유아들은 계획판을 보며

"우리 깃발 만들어야지!"

라고 이야기한다. 깃발을 만들기 위해 필요한 재료로 유아들이 이야기한 빨대와 패턴종이를 지원하였다. 재민이는 패턴종이를 세모 모양으로 자른 뒤 빨대를 뒤에 붙여 깃발을 만들었고 지오는 패턴종이를 반으로 잘라 접은 뒤 네모 모양의 깃발을 만든다. 교사가 빨대를 세울 수 있도록 종이컵에 끼우는 방법을 제안하자

"아~종이컵을 뒤집어서 끼우면 되겠다!"

라고 이해한다. 종이컵에 빨대를 끼워 깃발을 세우던 지오는 깃발이 계속 쓰러지는 것을 경험한다.

지오: 선생님 깃발이 계속 쓰러져요.

교사: 왜 그럴까?"

재민: 중심을 잃고 쓰러지는 거야.

지오: 중심…

교사: 맞아! 종이가 커서 무거우니까 중심을 잃고 쓰러지는 거야.

지오: 그럼 종이를 잘라야겠다.

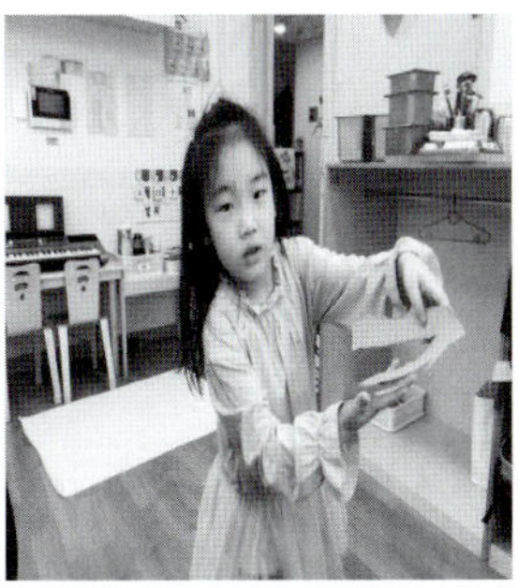 

"우리 그 다음에는 뭐해야지?"
라고 이야기하며 계획판을 확인하러 가는 재민이가 주축이 되어 패션쇼를 위한 준비를 이어간다.

"우리 안내판은 화살표로 만들자."
라고 재민가 제안하자 다른 친구들도

"좋아!"
라고 친구의 제안을 수락한다. 연우는 파인애플지, 라희는 타공지, 태현이는 색종이, 예설이는 A4 용지에 유아들이 표현하고 싶은 종이 위에 화살표를 자유롭게 그린다. 재민이가 화살표를 선 따라 오리자 다른 유아들도 오리기 시작하였고 오린 화살표를 교사에게 가져다주며

"선생님 잘 붙여요~"
라고 이야기한다.

초대장을 전달하기 위해

"우리 초대장 전해주러 갈까?"
라고 물어보았더니

"좋아요! 형님반에 먼저 가요."
라고 대답한다.

교사: 초대장을 전해주면서 뭐라고 이야기 할 거야?

라희: 우리가 패션쇼를 준비했어요. 놀러오세요.

재민: '화살표 보고 따라 오세요' 라고도 이야기해야지.

주말을 지내고 월요일에 패션쇼가 진행될 예정이다. 주말동안 유아들의 패션쇼에

대한 흥미와 기대가 줄어들 수 있다는 걱정으로 월요일에 등원하였을 때 흥미가 지속될 수 있도록 환경구성을 해 놓아야겠다.

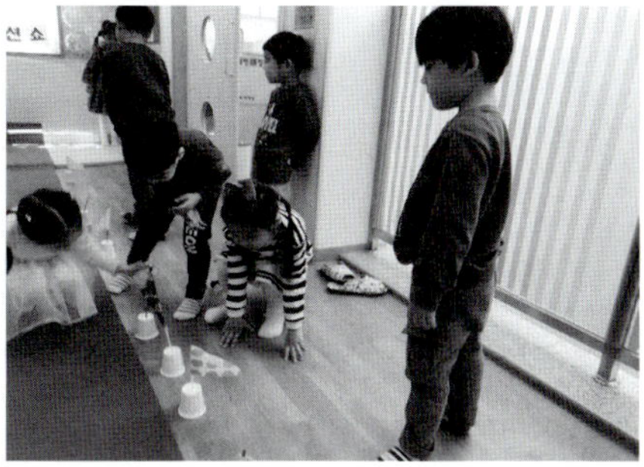

등원하면서 교사가 구성해 놓은 레드카펫과 풍선, 가랜드를 발견한 유아들은

"오늘 우리 패션쇼하잖아!",

"맞아! 드디어 패션쇼하는 날이야!"

라고 기뻐한다. 패션쇼장을 꾸미는 것도 유아들과 함께하기 위해 깃발을 세우는 것은 교사가 하지 않았다.

재민: 선생님 깃발 세워야 되죠?

연우: 맞아! 반듯반듯하게 세워 놓아야 돼!

지오: 애들아 빨리 하자!

패션쇼가 시작되기 전 유아들은 떨리는 마음을 서로 이야기를 주고받으며 표현한다.

라희: 진짜 떨리지?

태현: 난 하나도 안 떨려.

재민: 선생님, 너무 떨려서 못 나가면 어떻게 해요?
교사: 선생님이 용기를 줄게! 용기 파워~~ (유아를 안아준다.)
연우: 아까는 안 떨렸는데 이제 조금 떨리는 것 같아요.
교사: 연우이 한테도 용기를 줄게! 용기 파워~~ (유아를 안아준다.)
재민: 진짜 모델처럼 걸어가야죠?

시간이 되자 아침이슬반(만 5세)과 원장님이 패션쇼장에 찾아온다. 교사가 패션쇼를 진행하였고 유아들은 교사의 안내에 따라 순서대로 레드카펫을 밟는다. 잠깐 멈춰서 포즈를 취하기로 약속한 것을 잊지 않고 레드카펫에서 포즈를 취한다. 패션쇼가 마무리되고 종이옷을 벗으며

"우리 진짜 잘했다!",
"우리가 패션쇼를 하다니."
"하기 전에는 떨렸는데 할 때는 안 떨렸어."

등 패션쇼에 대한 소감을 주고받는다.

● 또 다른 놀이의 시작

패션쇼 이후 유아들은 색칠하기 놀이에 몰입이 되었고 그중 '공룡' 색칠하기에 흥미를 보인다.

원장님과 유아반 회의를 통해 유아들의 평소 관심 요소인 '공룡'으로 놀이 주제를 정한다.

〈'종이'놀이 주제에서 발현되었던 '공룡' 관련 놀이〉

● 놀이의 경험과 표준보육과정 영역

놀이의 경험과 누리과정 5개영역	• 신체운동 · 건강–어린이집 일과에서 안전하게 놀이하는 경험함 • 의사소통–패션쇼 협의 과정에서 상대방의 말과 관련된 자신의 생각을 언어로 표현하는 것을 경험함 • 사회관계–친구의 서로 다른 감정, 생각, 행동을 존중하며 놀이갈등을 긍정적인 방법으로 해결하는 것을 경험함 • 자연탐구–놀이에 따른 문제해결 과정을 즐겁게 탐구하는 태도를 경험함 • 예술경험–다양한 미술재료와 도구를 사용하여 놀이를 확장시키며 친구의 작품을 다양한 관점으로 감상하는 경험함

출처: 구로구청 사랑채움 어린이집(2020).

PART 4

취약보육과정과 외국의 보육프로그램

CHAPTER 13

특수성을 반영한 보육과정

1. 장애아 통합보육과정

1) 장애아 통합보육의 개념

통합보육은 장애 유아를 일반교육환경에 물리적으로 통합(시간적)하는 것 외에도 학문적(교수활동적 통합), 사회적으로도 통합하는 것을 의미한다. 최근에는 장애 유아들도 일반 교육 환경에 소속되어 동등한 자격과 권리를 지니고 있음을 강조하기 시작하였으며, 이러한 인식의 변화로 인하여 장애 유아들도 원래부터 일반 교육 현장에 포함되어 있다는 개념을 강조하는 통합(inclusion)의 용어를 사용하게 되었다. 특히, 최근에는 주류화(mainstreaming)나 합친다는(integration) 개념으로서의 통합보다는 포함(inclusion)의 개념으로서의 통합교육이 강조되고 있는데, 이것은 통합교육을 장애유아와 비장애 유아 두 개의 집단을 나누어 하나로 합쳐지는 과정으로서의 인식에서 벗어나 처음부터 서로 포함되어 있는 하나의 집단으로 인식하고 함께 교육한다는 개념으로 변화해 가는 것으로 장애 유아들의 교육 선택권 및 구성원 자격에 대한 동등한 권리를 인정하고 모든 교육환경에서 동등한 소속감을 지닐 수 있어야 한다는 가치를 인정하는 개념이라고 할 수 있다. 그러므로 현재 논의되고 있는 포함의 개념으로서의 통합교육은 포함의 개념을 강조하는 측면에서 '모든 학생을 위한 교육'이라는 의미로 주로 사용되고 있다. 특히 장애 유아를 위한 교육에 있어서의 통합 교육은 "장애가 있는 유아와 장애가 없는 유아들이 함께 배우고 노는 것" (Abraham, Morris & Wald, 1993) 또는 "중도장애를 포함하는 모든 장애 유아들이 장애가 없는 유아들과 같은 교실에서 서비스를 제공받는 것" (Bowe, 1995) 등으로 정의되고 있다. 통합의 내용을 살펴보면 다음과 같다.

① 시간적 통합(temporal integration): 일정 시간 동안 비장애 또래 유아와 함께 같은 장소에 배치하는 것을 의미한다.
② 교수 활동적 통합(instructional integration): 일반 교육 환경의 교수활동에 참여하는 것을 말한다.
③ s사회적 통합(social integration): 통합되는 학급의 교사나 또래들로부터 학급의 구성원으로 인정받을 수 있어야 하는 것을 의미한다.

2) 장애아 통합보육의 목적 및 중요성

(1) 장애 통합교육의 목적

① 개인 아동들이 보이는 모든 다양성의 수용

통합보육의 기본가치는 개인 아동이 보이는 모든 다양성과 차이를 수용하고, 존중하는 것이다. 그리고 개인 유아의 장애 유형이나 심각도에 의해 그 누구도 교육에서 배제되지 않아야 함을 의미한다. 즉, 통합보육은 모든 유아를 일반 교육기관에 배치하여 교육함으로써 모든 유아를 위한 효과적인 교육 체계를 지향한다.

② 장애아동의 일반교육기간 구성원 자격 인정

통합보육은 장애 유아로 하여금 일반 학급에서 한 학생 구성원으로 소속감을 느낄 수 있게 해 주어야 한다. 따라서 유아들의 수용, 사회적 관계형성, 상호작용의 촉진, 교사들의 수용 등으로 모든 또래 유아들과 소속감과 공동체 의식을 가질 수 있어야 한다.

③ 특수교육과 일반교육의 불필요한 이원화 지양

통합보육은 특수교육과 기존 일반교육의 이분법적 관계가 재정립되는 것을 요청하며, 더 긴밀히 협력 가능한 일원화된 교육체제를 지향한다. 그리고 통합보육은 모든 아동의 교육에 대해 일반 교육과 특수교육 분야의 공유된 책무성 및 긴밀한 협력과 일반교육의 공유된 전문성의 육성을 강력하게 지지한다.

④ 장애 아동을 위한 적합한 교육의 질 성취

통합보육은 장애아동에게 일반기관의 유아 구성원 자격과 소속감을 주는 것만으로는 부족하고 개인 학생에게 적합한 교육의 질을 성취해 가는 노력을 의미한다. 장애 유아를 처음 분리교육 환경에서 일반기관으로 이동할 수 있게 됨으로써 시작된 물리적인 통합 수준의 통합보육은 기관 내의 또래 유아 구성원들 사이의 사회적인 관계 형성과 빈번한 상호작용을 목표로 하며, 사회적 통합을 이루면서 또래 유아들이 사용하는 일반교육과정에 장애 유아가 의미 있게 접근하여 개별적인 교육성과를 성취하는 교육 과정적 통합으로 진전되어야 한다.

〈장애아 통합보육이 유아 및 부모·지역사회에 주는 영향〉

장애아	분리교육으로 인한 부정적인 영향(표찰의 부정적인 영향, 접촉 부족으로 인한 부정적인 태도 형성)을 방지한다.
	또래들을 통해서 새로운 적응기술을 배우고 그러한 기술을 언제, 어떻게 사용할 수 있는지를 모방을 통해서 배울 수 있다.
	상호작용을 할 수 있는 능력 있는 또래들을 통해서 새로운 사회적 기술과 의사소통 기술을 학습한다.
	실제적인 생활 경험을 통해서 지역사회에서의 삶을 준비한다.
	전형적인 발달을 보이는 또래들과 우정을 형성할 기회를 갖는다.
비장애아	장애인에 대해 좀 더 사실적이고 정확한 견해를 학습할 수 있는 기회를 갖는다.
	자신과 다른 사람들에 대한 긍정적인 태도를 개발한다.
	이타적인 행동을 학습하고 그러한 행동을 언제, 어떻게 사용해야 하는지를 배운다.
	어려움에도 불구하고 성공적으로 성취하는 사람들에 대한 모델을 제공받는다.
장애아 부모	전형적인 발달에 대해서 알 수 있다.
	사회로부터 소외감을 줄일 수 있다.
	전형적인 발달을 보이고 유아들의 가족들과 관계를 형성하고 의미 있는 지원을 제공받을 수 있다.
비장애아 부모	장애아의 가족과 관계를 형성하고 장애아 가족과 지역사회에 기여할 수 있다.
	자녀에게 개별적인 차이와 그 차이를 수용하는 것에 대해서 가르칠 수 있다 .
지역사회	조기교육 지원이 분리된 특수교육 프로그램에서만 제한, 사용되는 것을 방지한다.
	유치원에 통합된 장애아가 초등학교에 진학할 때, 특수교육이 아닌 일반교육에 계속해서 배치된다면 교육적 자원을 보존할 수 있으며, 교육비용 절감의 경제적인 혜택을 가져온다.

출처: Woley, M. M. & Wilbers, J.(1994). Introduction to the inclusion of young children with special needs in early childhood program.

3) 장애아 통합 보육프로그램의 내용

(1) 장애아를 포함한 일반 보육과정 프로그램

국가수준의 표준보육과정 및 누리과정의 교육과정 경험을 적합한 환경 속에서 제공하고, 상호작용 및 놀이중심, 활동중심, 아동중심의 프로그램으로 장애아 발달촉진에 적합한 프로그램을 계획한다.

(2) 장애아를 위한 개별화 보육프로그램

개별화보육프로그램이란 각 아동이 지니는 개인차와 장애를 인정하며 발달상의 개인차로 인해 단일 교과과정으로는 필요를 충족시킬 수 없으므로 교육을 계획하고 실시함에 있어 각 아동의 발달에 적합한 프로그램을 계획하고 시행하는 것을 말한다. 여기서 개별화란 교사와 아동의 1:1 보육이 아니라 보육프로그램이 각 아동에게 맞추어지는 것을 의미한다. 예를 들어, 인지나 언어능력에 비해 사회성이 많이 지체되는 아이의 경우 수업활동 내에서 사회성 향상을 위한 개별화 프로그램을 계획할 수 있다.

① 발달 수준에 대한 현행 수준의 목표 설정

- 표준화된 도구로 대상 장애아의 각 발달 영역별 현행 수준과 목표 설정
- 전문기관이나 전문가의 의견 참조 설정
- 대표적인 도구: ASQ, 포테이지 아동발달(체크리스트, 캐롤라이나 교육과정, 교육진단)
- 검사항목의 다양한 활동 적용
- 정기적인 평가로 발달의 진보 정도 평가

② 교육 과정의 수정 적용

- 통합교실에서 계획 활동에 참여할 수 있는 수정된 방법 고안
- 일안, 주안, 월안, 연안 수정 계획

③ 일과 적응

- 일과의 요구기술 목록화, 일과 적응 평가서 작성으로 스스로 할 수 있도록 반복 지도 가정과 연계

(3) 역통합 프로그램

역통합 프로그램이란 장애아동 교실에 또래 일반학급의 아동을 함께 참여시키는 프로그램이다. 장애아동에게는 안정된 분위기에서 일반아동과의 통합을 경험할 수 있게 하고 일반아동은 소그룹 상황에서 장애아동과 통합을 하므로 상호작용의 기회를 더 많이 제공받을 수 있다. 궁극적으로 역통합은 장애아동과 일반아동의 사회적 통합을 증진시키는 데 목적이 있다고 할 수 있다. 이때 일반아동은 장애아동에게 모델의 역할을 하고 장애아동은 일반아동의 행동을 보고 느끼며 그것을 모방하여 표현할 수 있게 된다. 즉, 관찰을 통해 학습하고 동기유발을 하게 되는 것이다.

(4) 전체수업 통합프로그램

자유놀이 통합을 통하여 소그룹반의 장애아가 일반 교실의 환경과 아이들에게 적응되면, 그 다음 단계로 이야기 나누기, 신체활동, 동화 듣기 등에 참여하게 된다. 전체 수업 시 아동에 따라 시간을 조정해 가며 다양한 형태로 프로그램을 진행할 수 있다. 이러한 통합 상황이 효과적이기 위해서는 일반반과 소그룹반 교사들은 서로 부담이 되지 않도록 수업활동의 내용이나 진행과정, 영유아의 반응 등에 관해 계속적인 의견 교환과 협력이 필요하다.

(5) 영역별 통합프로그램

장애 아동의 경우 자신이 특별히 즐기는 활동이 있을 때-그리기, 독서, 만들기, 블록놀이 등-교실에서 통합활동을 진행할 수 있다. 노래 부르기를 즐기는 장애아가 음악 수업 상황에 같이 참여하거나 블록을 좋아하는 경우 각 교실의 블록 영역에서 조작해 볼 기회를 주는 등 특정 영역을 두고 통합 프로그램을 진행하는 것을 말한다.

(6) 소그룹활동 통합프로그램

소집단활동은 장애아가 쉽게 참여할 수 있는 환경을 조성할 수 있어 프로그램에서 적절히 이용할 수 있다. 적절하고 원활한 상호관계가 형성되도록 장애아가 포함된 그룹의 크기를 조절해 주는 노력이 필요하며 대집단에서 나와 심리적 안정감을 얻을 기회를 제공할 수 있다. 장애아동과 일반아동은 1:1 혹은 1:2 ~ 3 정도까지의 비율로 짝을 정해 주어 활동에 함께한다. 수업 내용은 주로 사회성 발달을 위한 프로그램으로 이루어지며 교육의 주제는 일반반의 주제를 활동으로 구체화시키면 효과적이다(예: 우리의 몸–병원 놀이). 어린이집을 나와 현장학습의 기회를 갖는 것도 장애아동의 참여도를 늘릴 수 있다(예: 시장 돌아보기, 자장면 사 먹고 오기, 요리활동 등).

4) 장애 영·유아 통합보육의 환경구성

① 안전한 환경

일반 유아에 비해 사고의 위험이 크므로 세심한 안전장치가 필요하다. 또한 장애아가 극복할 수 있는 장애물을 적절하게 배치하여 해결하는 경험을 부여하는 환경도 장려된다.

② 접근(이동)가능성

장애아 스스로 접근할 수 있는 환경을 구성해주어 독립성과 자신감 향상을 도모하고 환경에 대한 탐색 욕구를 증진할 수 있다.

③ 충분한 공간

다양한 보조도구 및 적응도구 사용으로 공간 설계 시 세심하게 고려하여야 한다.

④ 기타 환경구성

- 반응적 환경: 자신의 행동이 환경에 영향을 주어 환경과 더 많이 상호작용하도록 유도함
- 독립된 공간 제공 : 혼잡함을 피하고 혼자 쉴 수 있는 장소 제공
- 활동적 환경과 조용한 공간의 균형 제공
- 충분한 자료 제공으로 탐색활동 촉진
- 적절한 변화를 추구하며 예측 가능한 환경 제공

5) 평가

장애 영유아 통합보육의 평가 시 다음 사항을 고려한다.

평 가	평 가 내 용
아동발달	아동의 발달 정도 및 개개인의 강점과 약점 파악
교실환경의 적절성	•아동에게 적절한 공간구성 및 활동시간의 적절성 여부 평가 •다양한 프로그램 제공 여부 평가
교수활동의 효율성에 관한 평가	교사활동이 아동의 반응과 발달의 촉진방향으로 이루어졌는지, 방치와 주입의 정도 평가 및 원인 파악
프로그램의 창의성	아동들에게 즐거움 부여, 아동사고 확산, 확산된 사고로 다양한 표현활동으로 발전 유무 평가
교수전략 효과	아동의 통합교육기관 생활에 대한 만족감과 타인과의 상호작용 촉진에 교수 전략 사용과 효과에 관한 평가
협력과 자원 활용	주변의 인적·물적 자원 활용, 협력여부 및 협력을 통한 변화 평가

2. 다문화·반편견 보육과정

1) 다문화·반편견 교육의 개념

문화는 인간의 삶을 결정짓는 중요한 요소로 작용하면서 각 집단이나 사회, 그리고 민족이나 인종에 따라 각기 고유한 형태로 나타난다. 이렇게 각기 독특하면서 분절된 문화의 형태들이 하나의 조합을 이룬 상태를 다문화라고 볼 수 있고 현대사회는 이와 같은 다문화를 공유하는 사회라 할 수 있다.사회 속에서 인간은 자신과 다른 사람에 대한 태도를 자기를 돌보아 주는 사람 및 주변 세계와의 관계 속에서 점차 발달시켜 가게 된다. 따라서 다문화교육은 문화적으로 다원적인 사회를 준비시키기 위하여 자신의 문화에 대한 정체성을 가지고 다른 문화에 대해 개방적이고 이해적인 태도를 가져 문화를 공유할 수 있도록 하는 교육으로 정의하고 있다.

Mitchell Salsbury(1996) 연구에 의하면 우리나라가 단일 민족이기 때문에 다문화 교육 프로그램이 발달하지 않았고 실시하려는 노력도 거의 없었다는 보고가 있지만, 최근 들어 다문화는 민족에만 국한된 개념이 아니라 종교, 능력 차, 성, 사회 등의 다른 요소의 범주도 포함된다는 점이 강조되어 우리나라에서도 관심이 증폭되고 있다.

다문화교육의 개념 안에는 다민족교육, 반편견교육, 평화교육, 국제 이해교육 등의 개념들이 서로 관련되어 있으며 강조점이 다르거나 문화적 상황에 따라 다르게 정의돼 왔는데 반편견교육은 성, 인종, 민족, 능력, 장애 유무에 상관없이 모든 사람을 존중하도록 하는 교육으로서 특정성이나 인종, 장애에 대한 편견을 갖지 않도록 교육하는 것을 의미한다.

다문화교육이라고 해서 영유아들에게 서로의 문화에 대해 가르쳐 보고자 하는 것이 관광적 교육과정으로 타락하기 쉬워 종종 의도하는 바를 성취하지 못하게 되기도 하는데(예를 들면, 특정기간을 정해 음식문화, 전통의상, 가구와 같은 공예품 등을 통해 다른 문화를 잠시 방문하듯 다룬 후에 지배적 문화를 반영하는 일상의 교실로 돌아오는 것), 그것은 오히려 '나'와는 '다른' 사람이 '하는 것'이라는 인상을 영유아에게 주어 진정한 의미에서의 다문화 · 반편견교육과정으로 성취하지 못하는 경우가 많다. 반편견교육은 여행자 접근의 위험을 피하면서 여행자 접근과 비슷한 활동을 사용하되 다문화 교육의 긍정적인 의도를 통합하는 것이다. 반편견교육은 새로운 내용이나 방법론을 제기하는 교육이 아니라 오히려 우리 자신도 숨기고 싶은 고통과 마주해야 하는 어려운 과제이며 진지하게 자신을 들여다보는 성찰을 요구하는 교육이다.

2) 다문화·반편견교육의 목표 및 내용

▶ 자신과 한국 문화에 대한 정체성을 가지게 한다.
▶ 다양한 문화에 관심을 가지고 다른 사람과 더불어 생활하는 기초능력과 태도를 기르게 한다.
▶ 창의적으로 문제를 해결할 수 있는 기초능력을 기른다.

일반적으로 영유아들은 고정관념이나 편견을 갖고 있지 않으며 잘 알지 못한다고 생각하는 경향이 있다. 그러나 아주 어린 시기에서부터 사람의 외모, 능력, 장애, 성 등에 대하여 인식하고 있으며, 이러한 인식을 기초로 태도나 가치관을 형성하게 되는 것이다. 여기에서 가장 중요한 것은 인간의 차이점에 대하여 어떻게 인식하는가가 아니고 사람들이 이러한 차이점에 대하여 어떻게 반응하는가에 있다. 즉, 성인이 보여 주는 차이점에 대한 반응은 바로 영유아에게 영향을 미치게 된다.

이러한 의미에서 본다면 편견이나 반편견의 문제는 성인의 문제이며 편견을 만들어 내고, 가르치고, 유지하는 힘을 가지고 있는 것도 바로 성인이다. 반면, 영유아는 편견에 대하여 언급하고 도전하지 못하면서 사회적으로 널리 퍼져 있는 편견적 반응에 익숙해지는 것이다. 즉, 편견은 스스로 배우는 것이 아니라 다른 사람을 통하여 배우게 되기 때문에 반편견 교육에서 가장 중요한 역할은 교사에게 있다고 할 수 있다. 교사가 반편견 렌즈를 통하여 교육현장을 보게 될 때 반편견교육은 시작될 것이다.

Hall과 Rhomberg(1995)는 유아기부터 갖기 쉬운 편견의 영역으로 능력, 연령, 외모, 신념, 계층, 문화, 가족구성, 성, 인종, 성애 등을 제시하였는데 그 내용은 다음과 같다.

영 역	내 용
능력(Ability)	신체적, 정신적, 정서적 능력과 그 능력의 범위를 말하며, 유아들에게 가장 공통적으로 인식되는 능력은 신체적 능력이다. 그리고 능력에는 장애 여부가 포함되는 포괄적 의미를 가지고 있음
연령(Age)	나이가 많거나 적은 것, 또한 늙거나 젊게 보이는 것을 포함하는 세대 간의 차이를 포함
외모 (Appearance)	키, 몸매, 손상된 상태, 최근에는 외모에 따른 편견이 심하며 특히 뚱뚱한 아이의 자아개념이 낮은 경향이 심함
신념(Belief)	어떠한 것에 대해 믿거나 믿지 않는 것을 망라함 (다양한 종교, 자연에 대한 믿음 등)
계층(Class)	개인의 생활양식을 반영하는 사회, 경제적 지위 등
문화(Culture)	같은 집단의 구성원들과 공유하는 생활방식, 사고, 신념, 언어, 공휴일, 기념일, 습관 등을 포함
가족구성(Family)	가족 및 그들의 역할
성(Gender)	남자 또는 여자로서의 명명, 성 차에 의한 편견은 역사적으로 전형적인 편견에 속함
인종(Race)	피부색, 머리카락, 얼굴모습 등과 같은 유전적으로 결정된 일련의 신체적 특징 및 공통의 뿌리에 의해 연결된 사람들의 집단
성애(Sexuality)	성적인 지향, 또는 선호로 동성애 등이 여기에 포함

영유아 교육기관에서 다루어질 수 있는 다문화 · 반편견교육의 내용(주제)과 그 하위 범주를 도표화하면 다음과 같다.

〈다문화·반편견교육의 주제와 하위 범주〉

주 제	하위범주	범주설명
민족의 차이점과 공통점	인종/긍정적 자아 (민족적 정체성)	민족의 차이점/공통점 인식과 피부색, 머리카락과 형태, 얼굴 및 눈 색 등과 같이 유전적인 신체적 특징, 그리고 자아 정체성과 관련된 것을 포함.
능력	재능/장애/편견에 대응하기/다른 사람 이해하기/의사전달방법(수화)	재능, 무능력, 그리고 장애를 포함한 포괄적인 개념인 능력으로서 편견에 대응하는 것과 자신과 타인에 대한 존중 및 가치를 포함.
성정체성	성역할/성행동/양성성	정형화되지 않은 성 역할과 행동 그리고 양성성의 개념도 포함.
문화적 유사점과 차이점	다문화/문화 간 유사점과 차이점	다양한 문화의 독특성과 유사점 차이점 삶의 방식으로 특별한 날들, 기념일, 습관, 언어 등을 포함.
고정관념과 차별적 행동	가족/계층/신념/지역/편견/연령/외모	다양한 가족구조와 역할, 사회적 경제적 계층, 종교, 연령 및 세대 간의 차이, 그리고 외모에 대해 고정관념과 차별적 행동
기타	갈등/협동	문제해결, 협동

3) 다문화·반편견교육의 교수방법 사례

반편견 교육활동은 문학적 접근, 토의방법, 사연 있는 인형을 사용하여 이야기 창안하기, 특별한 날 활동 등을 중심으로 이루어진다.

(1) 문학적 접근을 통한 반편견교육

문학은 영유아들이 쉽게 접하는 매력적인 그림책을 통해 직접 경험할 수 없는 반편견의 여러 주제를 경험하도록 하고, 그로 인해 편견에 대응하는 능력을 길러 주는 중요한 교육적 자원으로 활용될 수 있다. 반편견의 이슈가 있는 그림책을 보는 동안 내용을 어렴풋이 이해할지라도 간접 경험을 하게 됨으로써, 실제로 반편견에 대한 상황에 처하게 될 때 그 상황을 수용할 수 있고 또한 문학적으로 경험한 세계와 연관할 수 있도록 돕는 것이 가능하다. 이렇듯 반편견에 대한 문학은 차이점에 대한 측면을 높이 인식하게 하는 동시에 공통점을 인식하도록 하며 궁극적으로는 편견에 대응하는 능력을 길러 주는 것에 초점을 맞춘다.

〈반편견교육에서의 문학적 자료의 활용사례〉

Derman-Sparks 등(1989)은 문학적 접근을 위해 좋은 반편견 그림책을 찾는 지침 10가지를 아래와 같이 이야기하였다.

① 고정관념이 나타나지 않는 삽화를 선정한다.
② 편견이 나타나지 않는 줄거리를 선정한다.
③ 다문화를 생활방식으로 나타낸 것을 선정한다.
④ 사람들 간의 관계가 편견적으로 표현되거나 고찰되지 않는 것을 선정한다.
⑤ 영웅의 공헌에 주목한다.
⑥ 어린이에게 긍정적이고 공평한 자아상을 주는 그림책을 선정한다.
⑦ 그림책에 저자나 삽화가의 배경을 고려한다.
⑧ 저자의 관점을 검토한다.
⑨ 감정적인 단어에 주목한다.
⑩ 1980년도 이후에 출판된 그림책을 선정한다. 그러나 전래동화(요), 전기와 같은 다문화 이해의 자료는 포함한다.

문학적 접근의 실제

◈ 전래동화를 중심으로 한 전개활동 –「혹부리 영감님」

▶ **등장인물 분석하기 및 문제 인식하기**

혹부리 영감님 도서를 활용하여 장애, 정체감, 긍정적 자아개념을 강조할 수 있다.

- 이야기를 읽는다.
- 등장 인물을 분석한다.
  (선한 혹부리 영감님, 욕심 많은 혹부리 영감님, 어린이를 분석한다.)
- 교수 전략을 세운다.
  (이야기에 어떤 문제가 있는지에 초점을 두어 교수전략을 세운다.)
- 「혹부리 영감님」 이야기에서 반편견교육에의 접근은 세 가지 문제로 접근할 수 있다.
  – 첫째, 혹부리 영감님의 아픈 곳을 놀려대는 동네 아이들.
  – 둘째, 주인공 혹부리 영감님이 혹으로 인해 외모를 고민하는 것과 '혹'을 떼는 것.
  – 셋째, 욕심쟁이 영감님 역시 혹으로 고민하지만 욕심 때문에 '혹'을 떼려다 오히려 '혹'을 하나 더 붙이는 것.

▶ **연결하기 (connect)**

아래의 질문들은 어린이들의 사전 경험과 새로운 자극을 친숙하게 연결시키는 것들이다.

- '혹'이 달린 사람을 본 경험이 있니? / 무엇을 느꼈니? 왜 그렇게 생각했니? / 너희들은 어떤 행동을 하였니? 왜 그렇게 했니? / 동네 아이들이 영감님(혹은 혹부리 영감님)을 놀리는 것을 보았니? / 소아마비로 몸이 자유스럽지 못한 어린이를 보면 어떤 생각을 하니?

문학적 접근의 실제

▶ **구성하기 (construct)**

아래의 질문들은 동화책을 읽은 뒤 기존의 어린이들의 생각 및 경험에 비추어 새로운 생각을 할 수 있도록 돕는 것들이다.

- 혹부리 영감님은 왜 날마다 '혹'을 떼어버릴 궁리를 하였다고 생각하니? ('혹'은 보기에 흉하니까? 다른 사람들이 놀려대니까?) / 혹부리 영감님은 왜 깊은 산 속에 나무를 하러 갔다고 생각하니? (가난하여 먹고살기 위해서? / 깊은 산 속에는 놀려대는 사람이 없으니까? 혹부리 영감님이 자연을 좋아했기 때문에?) / 혹부리 영감님은 왜 빈집에서 노래를 불렀다고 생각하니? / 혹부리 영감님이 노래는 '혹'에서 나온다고 한 말을 어떻게 생각하니? 왜 혹부리 영감님은 그렇게 말했다고 생각하니? / 도깨비들이 '혹'을 팔라고 사정할 때, 혹부리 영감님은 왜 '혹'을 팔 수 없다고 말했다고 생각하니? / 욕심쟁이 혹부리 영감님을 어떻게 생각하니? / 욕심쟁이 혹부리 영감님도 가난한 혹부리 영감님처럼, 동네 아이들에게 놀림을 받았다고 생각하니? 왜 그렇게 생각하니? / 도깨비들은 왜 두 번 속지 않는다고 말했다고 생각하니? / 다른 사람을 조롱하고 놀려대는 것에 관하여 토론한다.

▶ **창안하기 (create)**

아래의 질문들은 다양한 창의적 활동을 통해 새로운 지식을 구성하고 융통적 사고를 표현할 수 있도록 유도하는 것들이다.

- 혹부리 영감님을 놀려댄 어린이들에게 쓸 편지를 고안해 본다.
- '혹'을 하나 더 붙인 욕심쟁이 혹부리 영감님에게 쓸 편지를 고안해 본다.
- 동네 아이들에게 놀림을 당할 때, 혹부리 영감님의 느낌과 생각에 대하여 글을 짓는다.
- 혹부리 영감님이 산에 나무를 하러 갔을 때, 혹부리 영감님의 느낌과 생각에 대하여 글을 짓는다.
- 도깨비들이 혹부리 영감님에게 많은 보물로 '혹'을 사자고 했을 때, 혹부리 영감님의 느낌과 생각에 대하여 글을 짓는다.
- 혹부리 영감님의 '혹'이 떼어졌을 때, 혹부리 영감님의 느낌과 생각에 대해 글을 짓는다.
- 관련된 그림을 그려 본다(숲 속 동물들 속에서 잠자고 있는 혹부리 영감님, '혹' 두 개를 가진 욕심쟁이 영감님).
- 부모 혹은 교사와 함께 한국에서 사랑과 관심에 반하여, 소외되고 무시되는 사람들이 누구인가에 대해서 목록을 만들어 본다.
- 창의적 연극/역할놀이 '혹부리 영감님' 이야기로 극놀이(혹은 역할놀이)를 한다.

(2) 토의하기

토의하기는 주제에 대해 유아들 간 또는 교사와 유아 간 자기의 의견을 발표하고 다른 사람의 의견을 경청하고 존중하고 반론을 제시하면서 합의점을 찾아나가는 유아중심의 능동적인 활동방법이다. 따라서 토의활동을 통해 능력, 외모, 성, 계층, 가족 구성 등 유아의 편견에 영향을 미치는 내용을 토의해봄으로써 체계적으로 접근하여 교사–유아, 유아–유아 간에 다양하게 의사소통하며 이야기를 나눈다면 보다 효과적인 반편견 교육활동이 이루어질 수 있을 것이다.

(3) '사연 있는 인형'의 활용

인형은 영유아가 놀이에서 강한 흥미와 애착을 갖게 되는 매력적인 교수매체로 특히 물활론적인 사고를 가지고 있는 영유아들은 인형을 살아 있는 친구로 여기게 되어(이순형, 2005) 문제 상황을 해결하거나 다른 사람의 입장과 경험을 공유할 수 있는 적절한 매체로 활용된다.

◈ 반편견교육에서 사연 있는 인형을 사용함으로써 얻는 장점(강정희, 2001)

① 유아들은 사연 있는 인형의 개인적인 사연을 알기 때문에 교사가 인형을 통하여 이야기해 줄 때 유아들은 인형의 삶을 통하여 그 이야기와 신체적 감정적으로 연결될 수 있다.

② 비슷한 경험을 가진 사연 있는 인형에 대한 이야기를 들려 주는 것은 유아들이 자신이 느끼는 강한 감정을 다루도록 도와줄 수 있다.

③ 유아들은 사연 있는 인형을 통해서 사연 있는 인형과 사람에 대한 존중심을 배운다.

④ 사연 있는 인형은 유아로 하여금 문제를 해결하는 방안을 찾게 한다.

◈ 수업에서의 적용

〈사연 있는 인형의 활용〉

최근에는 편견에 대응하는 범위를 넘어 교육과정 전반에 걸쳐 사연 있는 인형을 활용할 수 있다고 보고 있으며 다음의 10가지 방법의 활용안을 제시한다(강정희, 2001).

a. 주제 부각시키기 : 주제에 대한 정보를 주고 살펴보게 하기

b. 잘못된 정보 바로잡아 주기

c. 감정에 대한 새 단어 소개하기

d. 친사회적 기술 가르치기

e. 문제해결 기술 가르치기

f. 상황을 거울처럼 재현하여 어린이들을 지지해 주기

g. 다양성에 대해 편안해질 수 있도록 돕기

h. 학습된 고정관념과 편견을 바로잡아 주기

i. 반편견에 대한 태도를 발달할 수 있도록 돕기

j. 편견에 대응하는 것 학습하도록 돕기

(4) 사연 있는 인형을 활용한 반편견교육 프로그램(실제 예)

활 동	유치원에 오기 싫은 친구
활동목표	자신의 감정을 조절할 수 있도록 하며 친구를 도울 수 있는 일을 알고 실천한다.
반편견 관련요인	유치원 생활의 부적응, 문제해결
활동자료	인형(재민)
창안한 이야기	재민이는 7살의 남자아이이며 최근에 이사를 와서 유치원에 처음 오게 되었는데 유치원에 오기 싫어한다. 얼마 전 여동생이 태어나서 부모의 사랑을 빼앗겼다 생각하게 되었고 공격적인 놀이를 좋아하는 친구이다.
	1. 소개하기 – 재민이가 유치원에 오게 된 이유를 설명한다. – 재민이에게 궁금한 것 질문하기 2. 문제 상황 제시하기 – 재민이는 유치원에 오기 싫어한다. – 재민이가 왜 유치원에 오기 싫은지 이유를 물어본다. – 재민이는 얼마 전 태어난 여동생이 싫다고 한다. 3. 감정 공감하기 – 혹시 너희들도 유치원에 오기 싫을 때가 있니? – 동생이 있는 친구의 경험을 이야기해 본다.

활 동	유치원에 오기 싫은 친구
활동방법	4. 토의와 문제해결과정 – 재민이가 유치원에 재미있게 다닐 수 있게 하기 위해 내가 할 수 있는 일은 무엇일까? – 친구와 친해지는 방법에 대해 토의해 본다. – 재민이가 할 수 있는 일과 동생이 할 수 있는 일을 토의해 본다. 5. 해결하기 – 재민이가 유치원에 계속 다니고 싶은지 선택하게 한다.
확장활동의 예	1. 명화 뭉크의 '절규'를 감상하고 느낀 점을 이야기해 본다. – 내가 화날 때는 언제인지? 화가 나면 어떻게 하는지 자신의 경험 이야기해 보기 – 그림으로 표현해 보기 2. 자화상 그리기 – 거울을 보며 내 얼굴을 관찰하고 그림으로 그려 본다.

(5) '특별한 날'을 활용

반편견교육과정에서는 교육과정의 일부분으로서 문화적 다양성을 영유아들에게 소개하기 위해 특별한 날 활동을 활용한다. 특별한 날이란 모든 사람의 문화에 특별한 날이기 때문에 유아교육 프로그램에서 특별한 날 활동에 지나치게 의존하는 것은 유아로 하여금 오히려 다른 사람의 일상생활에 대해 배우지 못하게 하는 결과를 가져다주며, 문화적 다양성을 가르칠 때 특별한 날을 남용하는 것은 관광적 접근으로 흐르기 쉽다. 따라서 인간의 다양성은 당연한 것이라고 배우고 또 존중하도록 하는 전략으로서 특별한 날 활동을 통합적으로 제시하는 것이 바람직하다. 즉, 유아들이 직접 참여하여 즐길 수 있는 활동으로 선정할 것, 집단의 일원으로서 유아들의 정체감을 고양할 수 있는 의식과 충전이 되도록 할 것, 우리 사회의 문화적 다양성의 일부를 경험하고 인식하는 기회가 되도록 할 것 등이 고려되어야 한다. 또 어떠한 날을 기념할 것인지를 정하는 과정에서 각 문화권마다 공통으로 축하하는 날(예: 추석, 추수감사절)을 그 주제로 묶어서 연간교육과정에 통합적으로 포함시키는 것이 바람직한 것으로 주장되고 있다. 결국 특별한 날 프로그램 운영 역시 연간교육과정에 통합되어 이루어져야 하며 유아의 경험과 연관시켜서 접근함으로써 일상생활과 분리되지 않도록 하는 것이 고려되어야 한다. 또한 문화의 다양성과 차이가 그대로 인정됨으로써 지배적인 문화만이 가치 있는 것으로 인식되지 않도록 유의하여 운영되어야 한다.

4) 다문화·반편견보육과정을 위한 환경구성

(1) 시각적 / 심미적 환경

① 보육프로그램에는 모든 인종의 어린이, 가족, 교직원의 모습이 풍부하게 있어야 한다(사진이나 그림을 매력적으로 진열).

② 만일 교실의 인원이 동일한 인종/민족으로 구성되었다면, 인종/민족 집단의 어린이들과 성인들의 사진을 진열한다.

③ 일하고 또 가족들과 함께 휴식활동을 즐기는 사람들의 일상생활을 정확히 반영하는 사진을 진열한다.

④ 집단을 나타내는 사진은 그 수에서 균형을 유지한다.

⑤ 남자와 여자들이 '가정에서 일하는 것'과 '가정 밖에서 일하는 것' 모두를 균형 있게 보여 주어야 한다.

⑥ 다양한 배경, 다양한 활동을 하는 나이 든 사람들의 이미지를 보여 준다.

⑦ 다양한 배경, 다양한 능력을 지닌 사람들이 일하고 가족들과 함께 휴식하는 즐거운 모습을 보여 준다(장애를 지닌 사람을 의존적, 수동적으로 묘사하지 않도록 주의).

⑧ 다양한 가족의 형태를 묘사하여야 한다.

⑨ 과거와 현재의 중요한 인물들을 묘사한다.

⑩ 지역사회와 민족적 환경, 가족 문화를 반영하는 다양한 배경의 예술가들이 창조한 예술 작품, 즉 출판물, 조각, 직물을 전시한다.

5) 평 가

반편견 교육내용과 활동은 실제적인 것이고 배우는 것으로 끝나지 않고 행동을 요구하며, 옳고 그름과 바람직함을 판단할 수 있는 가치를 포함한다(홍후조, 2002). 평가는 영유아들의 활동참여도, 열의, 잠재적 능력과 결과를 통해 보여주는 능력을 폭넓게 포함한다. 영유아는 자신의 학습을 스스로 평가하도록 격려되며, 특히 집단의 일원으로 협동적으로 행한 활동을 높게 평가한다.

CHAPTER 14

외국의 보육프로그램

1. 프로젝트 접근법의 배경

1) 프로젝트 접근법의 배경

현대적 의미의 프로젝트 학습의 기원은 Dewey의 실험학교와 stimson의 홈 프로젝트에서 비롯되었다고 본다. Dewey는 시카고 대학 내 자신이 세운 실험학교에서 교육과정을 전통적인 교과목이 아니라 프로젝트 형식으로 구성한 바 있다. 그는 아동들이 진정으로 흥미있는 문제를 스스로 탐구하는 과정, 즉 프로젝트를 수행하는 과정에서 사고하는 방법을 배울 수 있다고 믿었다. 또한 Stimson은 고등학교 농업 과목의 수업을 학생들이 이론적 지식을 배운 다음 가정에 딸린 농장으로 돌아가 농업 기술을 실험 실습하도록 하는 홈 프로젝트를 실시하였다. 홈 프로젝트는 학생들에게 농업 기술을 개선해 삶의 질을 고양하고 변화에 대하여 개방적인 자세를 개발시킬 목적으로 시행되었다.

이후 학문중심 교육의 붐이 다시 일기 시작하면서 프로젝트 학습의 일시적인 유행이 끝나고 난 뒤 1980년에 이르기까지 프로젝트 방법은 미국의 교육에서 거의 자취를 감추었는데, 그것은 프로젝트 방법이 아동 중심의 교육이론으로 흐르는 경향을 지녀, 진보주의 교육시대가 끝나면서 함께 자취를 감춘 것으로 생각한다. 그러나 영국과 독일을 비롯한 유럽의 여러 나라에서는 Dewey의 교육이념에 따라 진보주의 이념이 도입되면서 프로젝트 학습이 운영되었다. 미국에서는 1980년대 후반 Katz와 Chard가 프로젝트 접근법을 제창하고 프로젝트에 의한 수업을 진행하되, 그 방법이 다양할 뿐만 아니라, 상황에 따라 방법을 달리한다는 점을 강조하면서 현재까지 유아교육과정에 있어서 그 영역을 넓혀가는 추세이다.

결론적으로, 오늘날 프로젝트 방법은 Dewey의 실험학교와 Stimson의 홈 프로젝트에서 시작하여, Kilpatrick의 project method로 체계화되었으며, 아동 학습에 관한 연구, 교과통합의 경향, Reggio Emillia 교육과 상호 영향을 주고받으면서 Katz와 Chard의 프로젝트 접근법으로 발전해 왔다. 우리나라는 미국 교육의 영향과 열린 교육의 실시로 인하여 프로젝트 접근법이 도입되었고, 최근에는 우리 교육 현장에 알맞은 방식으로 수정되어 가고 있다.

2) 프로젝트 접근법의 기본 원리 및 특성

(1) 아동관

프로젝트 접근법에서 아동은 학습의 과정에 능동적이고 자발적으로 참여하는 존재이다. 인간의 본성에 대한 긍정적인 관점을 지닌 Dewey와 Piaget는 아동을 '모든 종류의 활동을 능동적으로 수행할 수 있는 존재'로 여겼으며, 학습은 성인이 쏟아 붓고 아동이 흡수하는 것과 같이 수동적으로 이루어지는 것이 아니라 학습과정에 아동의 능동적이고 자발적인 참여가 있을 때 진정한 교육이 이루어질 수 있다고 보았다. 이러한 Dewey와 Piaget의 견해에 따른 프로젝트 접근법에서는 아동을 학습의 과정에 능동적이고 자발적으로 참여하는 존재로 보며, 바람직한 교육은 아동이 주도적으로 활동을 수행하며, 능동적으로 새로운 지식을 구성할 수 있도록 방향을 제시해 주는 데 있음을 강조한다.

(2) 프로젝트 접근법의 특성

① 프로젝트 접근법은 우선 아동들과 주제를 정하고 주제에 따라 학습내용을 선정하고 교수-학습 방법을 함께 제시하는 아동중심 교육이론이다. 준비, 시작, 전개, 마무리의 진행과정 속에서도 아동의 흥미를 반영하여 내용이 수정, 보완, 추가될 수 있으며 교사와 아동이 함께 능동적으로 참여한다.

② 교육과정의 상위목표 달성이 실현된다. 사실 교사들은 단위 시간의 본시 목표의 교과지식 전달에 더 주의를 기울이다 보면 교육과정의 상위목표는 관심을 기울이지 않는 경우가 많다. 그러나 프로젝트의 과정 속에서 아동들은 인간을 사랑하는 능력, 긍정적 자아개념, 사회성, 통합적 전인적 인격 형성의 목표에 한 걸음 더 가까이 다가갈 수 있음을 발견했다.

③ 전통적 교실에서 부족했던 '활동성', '몰입'이라는 두 가지 양상이 두드러지게 나타난다. 프로젝트는 현장학습, 조사탐구 과정이 많아 아동들의 수업이 적극적이고 활동적이다. 학습자는 학습의 전 과정에 의사결정권을 행사할 수 있는 기회를 가지며, 학습에 대한 책임도 동시에 지닌다.

④ 공동체 정신을 살리는 사회적 협동교육이다. 프로젝트는 주로 소집단활동을 많이 하며 소집단끼리 토의, 논의, 판단하는 과정에서 협동 정신이 발휘되고, 또래와의 상호작용을 통해 몰랐던 것을 알게 되고 자신의 사고를 수정하기도 하면서 공동체의 구성원으로서의 역할과 책임을 학습하게 된다.

⑤ 생활과 교과학습과의 통합이다. 많은 현장학습, 조사탐구를 통해 학교의 경험들이 분리된 교과목 속에서 지식을 습득하는 과정이라기보다는, 교실은 곧 생활이 이루어지는 아동들의 행복한 삶의 장으로 본다. 주제를 중심으로 심층적으로 탐색해 가는 동안에 아동들은 자기 주변 가족, 친구, 친척, 이웃어른, 사물들 간 주제에 따라 프로젝트 수업을 학습자 중심의 관점에서 풀어나갈 때 완전통합형으로 나아갈 수 있다.

⑥ 프로젝트 접근법은 흥미 있는 주제에서 시작하였고 그 주제에 대한 호기심을 중심으로 심층적으로 탐구해 들어가기 때문에 아동들이 계속 긴장되고 동기가 유발되므로 흥미를 지속적으로 유지시킬 수 있다, 동시에 심화학습이 가능하다.

⑦ 교사 자신이 도전받는다. 프로젝트 접근법은 시작에서 마무리단계까지 한 주제를 마칠 때마다 교사는 만족감과 성취감을 느끼게 된다. 특히, 마무리의 대단원을 마치고 발표회 등에서 아동의 변화를 확인하고 학부모, 동료교사, 행정가들로부터 수업에 대해 질문을 받고 피드백 받으면서 반성하고, 다음 수업에 대한 아이디어를 얻고 더 나은 수업을 하기 위한 도전감을 가지게 된다.

⑧ 창의적으로 새로운 발견을 할 수 있는 기회를 제공한다. 프로젝트 접근을 통해 평소에 단답식 주입식에 능숙하고 정답을 맞히는 아이들에 비해 창의적인 아이들이 기발한 질문을 던지면서 수업을 주도하는 경우가 자주 나타난다. 그래서 아동들이 자발적으로 발견을 통해 지식을 구성해 가는 자기주도적 학습이 자연스럽게 일어난다.

〈프로젝트 접근법과 단원 중심 접근법의 차이점〉

	프로젝트 접근법	단원 중심 접근법
학습내용의 선정과 조직	교사와 학습자 모두 능동적 참여	교사에 의해 계획된 활동에 학습자가 참여
상호작용의 유무	교사, 학습자, 부모 모두 참여	학습자만의 활동
교사의 역할	활동 시작부터 종결까지 자료와 정보 제공, 지식과 이해의 심화를 돕는 역할	교사의 참여가 힘듦
부모 참여	극놀이와 전시 등의 활동에 함께 참여	부모 참여를 위한 활동이 많지 않음 함께 참여가 아닌 참관하는 형식

3) 프로젝트 접근법의 교육과정

(1) 교육목표

프로젝트 접근법의 궁극적 목적은 '아동의 정신 계발'에 있다. '정신'이란 지식, 기능뿐 아니라 심미적인 감수성까지를 포함하는 개념이다. Katz와 Chard (1989)는 프로젝트 접근법의 주목적은 "어린이의 주변세계에 대한 이해를 증진시키고 계속 학습하고자 하는 성향을 강하게 키워 주는 것"이고, 교육목표로서 지식과 기술을 획득하고, 성향과 감정을 배양하는 것으로 제시하였다.

① 지식의 획득이다.

지식이란 너무 광범위한 개념이다. 이것저것이 다 지식이 될 수 있다. 예를 들면 아이디어, 사실, 진실, 도식 등 이런 것들을 유형에 따라 나누면 행동적 지식, 표상적지식, 사건지식, 대본지식으로 구분해 볼 수 있다. 유아들은 한가지 주제를 놓고 무수히 많은 생각을 표현한다. 글, 그림, 말, 노래, 몸동작으로 이런 것들이 유아들에게는 지식으로서 자리를 잡아가게 된다.

② 기능의 습득이다.

어떤 한 가지 문제를 해결함에 있어 유아들은 그 해결점을 찾기 위해 다른 유아들과 협상하고, 의견을 모으고, 여러 가지 방안을 모색해 나간다. 이런 활동들 속에서 유아들은 여러 가지 기능을 습득하게 된다.

③ 성향의 계발이다.

프로젝트를 통해 유아들은 바람직한 성향을 계발해 나간다. 문제가 생겼을 때 쉽게 포기해 버리지 않고 찾아나가는 인내심을 길러 낼 수도 있고, 스스로 자신이 원하는 활동을 선택할 수 있는 성향, 호기심을 가지고 계속 탐구하려는 성향 등을 계발할 수 있다.

④ 느낌의 발달이다.

느낌은 주관적인 정서 상태로서 특히 학습자가 자기 자신을 능력 있고 가치 있는 존재로 지각하고, 소속된 집단에서 자신이 필요한 존재라고 느끼는 것을 말한다. 프로젝트 활동에서는 공동의 목적 성취를 위해 자신의 학급 스타일과 강점에 따라 다양하게 집단에 공헌할 기회를 가질 수 있기 때문에 느낌과 자기 존중감을 발달시킬 수 있다.

(2) 교육과정

① 준비단계

a. 주제선정

프로젝트 접근법을 시작하기 전에 먼저 탐구할 주제를 선정해야 한다. 어떤 주제를 선정하는가에 따라 교육과정의 성격이나 방향이 결정되므로 주제의 선정은 매우 중요하다. 프로젝트 접근법의 주제는 주로 학습자의 관심이나 흥미에 따라 제안되지만, 교사가 의도적으로 학습자의 흥미를 유발시킬 수 있는 장치를 제안하기도 한다. 여러 연구를 통해 제안된 주제 선정 기준을 통합하여 제시하면 다음과 같다.

주제선정 기준	내 용
주제가 학습자의 발달 수준에 적절한가?	교사는 학습자의 연령에 따른 일반적인 발달 수준뿐 아니라 개별 학습자의 발달 특성도 배려하여 주제를 선정한다.
주제에 학습자가 흥미를 보이는가?	학습자는 어떠한 주제에 대해 호기심과 흥미가 있어야 흥미 있는 탐색이 가능하다. 이때 교사는 의도적으로 특정 주제에 대한 학습자의 흥미를 유발하기 위해 견학, 교구, 토의, 책, 등 다양한 매체를 활용할 수 있다.
주제가 학습자의 일상생활 속 경험과 관련이 있는가?	학습자는 일상생활 속에서 구체적으로 경험할 수 있을 때 적극적인 상호작용이 가능해지고 관심과 흥미가 지속하며 즐겁게 활동에 몰입할 수 있다.
주제가 여러 교과영역이나 발달영역을 통합적으로 다룰 수 있는가?	학습자는 주제가 여러 발달영역에 걸쳐 통합적으로 이루어질 때 효과적으로 학습할 수 있다.
주제가 토의 및 조사, 현장활동 등을 통한 문제 해결의 기회를 충분히 제공하는가?	학습자는 다양한 방법을 통해 문제를 해결하는 과정인 탐구력, 의사소통능력, 문제해결능력 등을 기를 수 있다.
주제가 학습자들 간에 더 잘 이해하고 도울 수 있는 상호협동의 기회를 제공하는가?	학습자는 상호협동적인 학습을 통한 프로젝트 접근법을 통해 공동체적인 삶을 체험하며, 공동체정신을 키울 수 있다.
주제가 지역사회의 문화와 가치를 반영하는가?	학습자는 지역사회의 문화와 가치가 반영된 주제를 학습하는 과정에서 지역사회의 다양한 문화를 충분히 탐험하고 지역사회가 추구하는 가치를 자연스럽게 내면화하게 된다.
주제가 교육의 관점에서 바람직한가?	주제가 바람직하다는 것은 그 주제에 대한 활동이 학습자에게 유용하고 알아야 할 가치가 있음을 의미한다.

b. 예비 주제망 구성하기

프로젝트 접근법의 주제가 선정되면 교사는 그동안의 경험과 관찰에 근거하여 학습자들이 그 주제에 대해 무엇을 경험하고 무엇을 얼마나 알고 있는지를 생각하며, 교사 자신이 알고 있는 지식을 기초로 주제에 대한 여러 가지 생각이나 아이디어 등을 포함해 예비 주제망을 구성한다. 이때 다른 교사들과 함께 협의한다면 자신이 미처 생각하지 못한 부분을 반영할 수 있을 뿐만 아니라 보다 조직적이고 체계적인 예비 주제망 구성에 많은 도움이 될 것이다. 교사는 이러한 작업을 통해 주제에 대한 통찰력을 갖게 되며, 이는 프로젝트 접근법을 진행시켜 나가는 과정에서 중요한 의미를 지닌다.

〈브레인스토밍〉

유아들에게 '생각 모으기'라고 소개될 수 있다. '생각 모으기'는 교사, 유아 전체가 함께하는 방법, 조별로 하는 방법, 유아 개개인이 하는 방법 세 가지가 있다.

㉠ 필요한 자료 준비

브레인스토밍을 하는 데 필요한 가장 작은 크기의 부전지 100장 정도와 연필, 책상 등을 준비한다.

㉡ 주제에 관한 연상

주제에 관한 것을 머릿속으로 그려 본다. 이때, 느낌, 소리, 냄새, 촉감 등 모든 감각과 관련지어 생각하도록 하며 주제와 관련된 일을 하는 사람 등도 생각해 보도록 한다.

㉢ 떠오르는 생각 적기

머릿속으로 떠오르는 생각들을 50~60개가 될 때까지 적어서 책상 위에 순서 없이 계속 펼쳐 놓는다.

〈유목화〉

브레인스토밍을 통해 나온 단어들을 그 유사성에 따라 몇 개의 그룹으로 분류하는 것을 말한다. 그 과정을 살펴보면 다음과 같다.

㉠ 유사한 단어끼리 그룹 짓기

수십 장의 부전지 내용을 보고 유사한 단어들끼리 분류한다. 예를 들어 떡이나 흰죽, 식혜, 밥 등은 '쌀로 만든 음식'으로 함께 분류될 수 있으며 농약, 비료, 피뽑기, 물, 햇빛, 농부 등은 '벼가 자라려면'으로 함께 분류될 수 있을 것이다.

㉡ 그룹 재조정하기

만일 어떤 그룹에 너무 많은 단어가 들어 있으면 이를 2개나 3개의 하위 그룹으로 다시 쪼갤 수 있다. 그리고 만일 하나나 두 단어로 이루어진 그룹을 발견하면 여기 속할 수 있는 또 다른 단어들을 생각해 보도록 한다.

〈주제망 그리기〉

소주제별로 유목화가 다 이루어지고 나면 주제를 중심으로 한 망의 형태로 조직해 보는 것이다. 이렇게 하면 이 주제가 몇 개의 소주제로 나누어지는지 또는 빠진 항목은 없는지 등을 쉽게 파악할 수 있다. 구체적 절차를 살펴보면 다음과 같다.

㉠ 프로젝트 주제 적기

종이 중앙에 원을 그리고 그 안에 주제를 적는다. 꼭 원 모양으로 그리지 않아도 상관없으며 단지 주제를 구분되게 보일 수 있는 모양으로 그리면 된다. 예를 들어 '물'이 프로젝트 주제라면 '물방울' 모양을, '개'가 프로젝트 주제라면 '개' 모양을 그리고 그 안에 주제를 적으면 된다.

㉡ 유목화된 그룹들의 제목 적기

주제명을 중심으로 하여 유목화된 각 그룹의 제목(소제목)을 적고 그 밑에는 밑줄을 그어 준다. 또는 프로젝트 주제와 마찬가지로 원을 그려 그 안에 적기도 한다. 원을 그리거나 밑줄을 긋는 이유는 각각의 소주제에 속해 있는 단어들과 구분되게 하기 위함이다.

㉢ 주제망 완성하기

각 소주제에서 시작하여 그에 속해 있는 단어들을 가지 형태로 나열하여 주제망을 완성한다.

② 도입단계

a. 경험 나누기 및 표현하기

일단 주제가 정해지면 교사는 학습자들과 주제에 대해 경험한 이야기를 나누며, 이를 통해 학습자들이 그 주제에 대해 무엇을 얼마나 알고 있는지 그리고 학습자들이 직접적으로 어떠한 경험을 통해 그러한 지식을 획득하게 되었는지를 알게 된다. 그다음 교사는 학습자에게 자신의 경험을 말로 표현하는 것 이외에 다른 어떤 방법으로 표현할 수 있을지를 생각하여 표현해 보게 한다. 그리기, 쓰기, 구성하기, 극화하기 등의 다양한 표현이 가능하다. 이렇게 학습자가 자신의 경험을 다양하게 표상하도록 하는 것은 학습자가 과거의 경험을 재구성하고 자신이 가진 지식을 정리하는 데 도움이 된다.

b. 교사와 유아의 공동 주제망 완성하기

교사들과 함께 예비 주제망을 작성했던 것처럼 학습자와 함께 주제망을 구성한다. 학습자는 대체로 자신이 알고 있는 내용을 하나의 단어로 표현하는 것에 어려움을 가질 수 있으므로 학습자가 표현한 서술형을 교사가 명사형으로 바꿔 줄 수 있다. 또한, 글자에 익숙지 않을 경우에는 그림으로 나타낼 수도 있다. 이렇게 교사와 학습자가 함께 주제망을 완성함으로써 유아는 자신이 존중받고 있다는 느낌을 갖게 되고 주제에 대해 책임 있게 참여할 수 있는 동기부여가 된다. 이러한 과정을 거쳐 완성된 주제망은 프로젝트 접근법이 진행되는 동안 수정 또는 추가되며, 학습내용에 대한 안내 역할을 하게 된다.

c. 질문목록 구성하기

학습자들이 경험을 나누고 다양한 방법으로 표상하고 주제망을 작성하는 동안 주제에 대해 학습자들이 알고 싶어하는 것들이 명료해진다. 이러한 명료한 생각들이 질문목록으로 만들어지는데, 이는 이후의 활동 전개에 강한 동기부여가 될 수 있다. 따라서 주제를 선정하고 주제망을 완성하기까지 유아들의 적극적인 관심을 이끌어 내려는 노력이 매우 중요하다.

③ 전개단계

전개단계에서는 주제에 대해 도입부분에서 다루어진 질문이나 계속적으로 생기는 새로운 의문점들을 해결하기 위한 활동이 이루어진다. 이 단계에서의 중심활동은 현장견학 및 전문가와의 면담을 통해 주제와 관련된 지식을 조사·탐구하고 경험을 표현하는 것이다. 주제를 심층적으로 연구하기 위해 도서, 그림, 비디오, CD 등의 보조자료를 활용한 다양한 활동이 이루어지기도 한다.

a. 현장견학활동

현장견학활동은 현장견학을 위한 준비활동, 현장견학활동, 현장견학 사후활동의 순서로 진행된다. 학습자의 연령이 어릴수록 주제와 관련된 현장활동을 통해 실제적인 자료에 접하도록 하는 것이 프로젝트 활동의 활성화에 큰 도움이 된다. 현장견학을 위한 준비단계에서는 효율적인 현장활동이 되도록 하기 위해 현장에서 무엇을 보고자 하며, 무엇을 조사할 것이며, 무엇을 물어볼 것인지 등을 미리 생각하고 토의하며 표상한다. 현장견학단계에서는 현장활동을 통하여 주제와 관련이 깊은 대상이나 현상들을 직접 확인하고, 자신이 많은 관심을 가지고 있는 부분을 기록하도록 한다. 현장견학에서 기록하기에 어려움을 가지고 있는 어린 유아들을 위해 교사가 견학의 내용을 사진에 담아 두거나 실물을 얻어 교실에 가져오는 것은 현장견학활동 이후의 활동을 보다 생생하고 흥미롭게 하는 데 기여한다. 현장견학 사후활동 단계에서는 현장견학을 마치고 돌아온 결과에 대해 이야기 나누기를 하고 현장에서 무엇을 보고 듣고 왔는지를 그리기, 쓰기, 점토 만들기 등의 다양한 방법으로 표상한다. 때로 현장견학활동 이후에 새로운 질문이 제기되어 관련 정보를 수집하거나 다른 현장견학활동을 계획하기도 한다.

b. 전문가와의 면담

전문가와의 면담 단계에서는 현재 학습자들이 탐구하고 있는 주제와 관련하여 직접적인 경험이 풍부한 사람을 교실에 초빙하여 학습자가 궁금해하는 것에 대한 답을 듣고 주제와 관련된 다양한 이야기를 함께 나눈다. 전문가를 초빙하여 새롭게 알게 된 사실을 재확인하기 위해 그림 그리기, 감사편지 쓰기 등의 활동을 실행할 수 있다.

④ 마무리단계

마무리단계는 프로젝트 활동 결과를 전시하고 발표하는 경험을 통해 프로젝트 수행과정에서 얻은 다양한 정보들을 내면화하는 한편, 다른 사람들과 정보를 상호 공유하는 데 의미를 부여할 수 있다. 마무리의 시기는 학습자가 프로젝트 주제에 대해 흥미를 잃어 가고 있고, 새로운 주제에 관심을 보이거나 주제와 관련된 내용이 거의 다루어졌다는 판단이 섰을 때 결정하도록 한다.

a. 마무리 행사 준비

마무리의 시기에 교사는 유아들과 함께 그동안 진행해 온 프로젝트의 결과를 어떤 형식을 통해 다른 사람들과 공유할 것인가를 협의해야 한다. 행사의 구체적인 형식이 결정되면 역시 유아들과 함께 행사 준비를 위한 활동을 계획하고 역할을 분담하도록 한다. 대체로 전시회 및 발표회 등의 행사를 준비하게 되며, 행사의 홍보를 위해 포스터를 제작하거나 가족에게 초대장을 만들어 보낸다.

2. 레지오 에밀리아 접근법

1) 레지오 에밀리아 접근법의 배경

레지오 에밀리아 접근법은 이탈리아 북부 에밀리아 로마냐 지방의 레지오 에밀리아 시에서 지난 30여 년에 걸쳐 교사, 부모, 지역사회가 모두 한 일원이 되어 발전시켜 온 독특한 영유아 교육체제로서, 말라구치에 의해 창안 · 적용되어 왔다. 레지오 에밀리아가 자리 잡고 있는 에밀리아 로마냐 지역은 경제와 위기 극복 등의 측면에서 협동적이라는 오랜 역사와 전통을 가지고 있었다. 그러므로 함께 모여서 학교를 시작하려는 사람들과 학교를 함께 운영하고자 하는 교사와 부모들은 그런 전통적인 삶의 방식과 맥을 같이하고 있었던 것이었고 그렇게 시작된 학교가 레지오 에밀리아의 시초이다.

이 체제는 부모 공동 조합 형태로 출발하여 프로젝트 중심의 학습, 발현적 교육과정의 운영, 다상징적 교수법, 협동적 상호작용을 통한 학습, 기록화의 교육적 활동, 프로젝트에 부모의 공동참여, 지역사회 중심의 운영, 학습을 자극하는 물리적 환경, 전문적 교사 현직 교육 등 새로운 교육방법을 계속적으로 개발, 현장 실제에 적용해 왔다.

레지오 접근법은 이미 유럽에는 1979년 이후 많이 알려져 왔고 1980년대 후반부터 미국에 소개되기 시작하였으며, 1991년 12월 뉴스위크지의 'The Best School in the World'라는 기사에서 세계 최고의 유아교육체제로 선정된 후 최근 세계교육자들의 주목을 받고 있다.

영유아들에게 꿈을 심어 주기 위해 부모들의 공동 조합 형태로 출발한 레지오 에밀리아 접근법은 영유아보육과 교육을 통합한 교육철학 및 교육과정과 교수-학습방법, 그리고 학교조직의 방법, 환경구성을 총칭하는 영유아 프로그램으로 Dewey의 진보주의 사상, Piaget 학파의 연구와 실험, Vigotsky, Gardner 등의 학자들의 연구와 여러 도시에서 실시된 혁신적인 경험과 교육계의 경험에 영향을 받았다.

학습은 경험의 끊임없는 재구성이며, 교육은 계속적인 재조직, 재구성, 변형의 과정으로 본 Dewey의 사상을 바탕으로 교육은 능동적이고 구성적인 과정으로 이루어지며, 공동체 정신을 바탕으로 상호작용을 강조하는 등 환경의 중요성을 강조하고 있다.

2) 레지오 에밀리아 접근법의 기본원리 및 특성

레지오 에밀리아 프로그램에서는 미리 정해진 교육목적이나 교육목표가 없기 때문에 교육 실제에 있어서도 어떤 단계가 명확하게 있는 것이 아니다. 대부분의 활동이 소집단으로 이루어지며, 프로젝트의 주제가 선정되면 교사들이 교육목적을 세우고 활동에 대해 여러 측면으로 가정해 본 후 적절한 준비를 한다.

(1) 아동관

레지오 에밀리아 접근법은 교육과정의 목표를 정해 놓고 있지 않다. 레지오 에밀리아 교육 관련자들은 영유아들은 잠재력, 유연성, 개방성, 성장욕구, 호기심, 다른 사람들과 관계를 맺고 의사소통하려는 욕구가 있다는 믿음을 갖고 있으므로 교사는 미리 교육 목표를 세부적으로 수립하고 학습을 이끌어 가기보다는 영유아의 관심에 의해 자신이 원할 때 언제든지 능동적으로 지식을 구성해 볼 기회를 제공하고 그것을 토대로 영유아가 주역이 되어서 또래와 성인이 공동으로 지식을 구성하도록 지원하는 것을 원칙으로 한다.

(2) 레지오 에밀리아 접근법의 특성

① 유기적인 관계로서의 학교체제

교육은 각 개별 영유아에게 초점을 두어야 하지만 또래, 교사, 가족, 학교환경, 지역사회, 보다 넓은 사회와의 관계 속에서 고려되어야 한다. 레지오 접근에서는 유아학교를 유아를 위한 살아 있는 종합적인 유기체로서 많은 성인과 유아가 삶을 나누고 관계를 맺을 수 있는 생활의 터전과 같은 것으로 생각한다.

유아학교는 유아만을 위하여 교육하는 곳이 아니라 유아, 교사, 학부모 모두를 교육하는 곳이기도 하며 유아학교를 중심으로 의사소통을 원활하게 하고 유아교육의 효율성을 높이는 데 필요한 연대감 수립의 근본이 된다.

② 교육의 세 주체 : 유아, 부모, 교사

유아는 자신의 잠재능력을 계발하도록 지원받는 질 높은 교육과 보호를 받을 권리를 가지고 있다. 영유아의 복지는 부모 및 교사의 복지와 연결되어 있기에, 이는 영유아의 욕구만 인식할 것이 아니라 부모, 교사 모두의 권리 또한 인정되어야 함을 의미한다. 레지오 교육에서는 부모가 학교 일과에 참여할 권리와 교사가 전문적으로 발달할 수 있는 권리를 존중하는 것을 본질로 인식하고 있다. 레지오 학교에서는 유아를 중심으로 교사, 부모를 교육의 세 요소로 간주하고 이 요소 간의 '관계', '의사소통', '상호작용'에 기초한 교육을 강조하는 철학적 이념을 갖고 있다.

③ 부모의 참여

레지오 학교에서는 부모를 교육시키기보다는 부모와 함께 배우기를 원하며 영유아 양육과 보육의 책임을 부모와 공유한다. 레지오 학교는 부모들에게 항상 기관을 개방하고 활발한 상호작용을 통해 적극적으로 학교 운영에 참여하는 것을 원칙으로 한다.

④ 시간의 역할과 연속성의 중요성 : 3년 주기의 교사와 또래의 지속적 관계 형성

한 교사와 영유아들이 3년간 함께 지내기 때문에 교사는 각 유아의 특성을 잘 알게 된다. 아이들의 발달적 요구와 관심이 변하기 때문에 각 학급의 환경은 매년 변화를 주게 되지만, 교사와 아이들의 관계성은 변치 않고 유지된다. 영유아는 같은 교사와 3년간 함께 지내기 때문에 영유아, 부모, 교사는 확대가족과 같은 작은 지역사회의 구성원이 그러하듯이 서로서로 강하고 지속적인 관계를 유지할 수 있다.

⑤ 자원의 재활용

레지오 에밀리아 접근법을 지원하는 기관의 하나인 재활용 센터는 레지오 접근법의 정신적 기반으로, 표상활동의 주된 매체로서 중요한 위치를 차지한다. 레지오의 재활용 센터는 자원을 교육적으로, 창조적으로 재생-재활용-재사용하고자 하는 목적을 이루도록 다양한 문화활동을 독자적으로 실시하기도 한다.

3) 레지오 에밀리아 접근법의 보육과정

(1) 발현적 교육과정

레지오 에밀리아 교육자들은 영유아들이 흥미를 갖는 주제나 대상을 심도 있게 탐색하자는 프로젝트를 전개해가는 가운데 영유아 자신들이 조사하고 싶은 문제나 질문에 직면하여 자연스럽게 발현적 교육과정이 일어난다고 믿는다.

발현적 교육과정이란 교사가 일반적인 교육 및 활동의 목표를 세워 놓지만 각 프로젝트나 활동의 구체적인 세부 목표는 미리 세우지 않으며, 과거의 경험과 영유아들에 대한 지식과 경험을 토대로 가설을 세우고, 이 가설과 함께 영유아들의 관심과 욕구에 맞출 수 있는 융통성 있는 목표를 세워 프로젝트를 진행시키는 형태의 계획을 말한다.

(2) 표상활동을 통한 학습

레지오 교육자들은 다양한 매체를 활용하여 주제에 대해 나선형적으로 방문·재방문, 고찰·재고찰, 표상·재표상하는 상징화 주기를 거치면서 보다 깊이 있는 이해와 의미 있는 학습을 추구하기 때문에, 영유아에게 비교적 친숙한 방법인 그림, 몸짓, 점토조각, 구조물 만들기 등의 다양한 매체를 통해 영유아의 사고, 즉 현재 지니고 있는 생각과 가설을 표현하게 한다. 이처럼 다양한 매체를 사용하는 상징적 표상은 레지오 교육에서 교육과정의 분리된 부분이 아니라, 학습과정에서 이루어지는 인지적 · 상징적 표현으로 사고를 구축해 가는 중요한 요소가 된다. 레지오 교사들은 유아가 자신의 생각을 다른 사람이 이해할 수 있도록 표현하는 의사소통적 맥락의 표상활동을 강조하고 있다. 프로젝트에서 공통적으로 사용하는 방법으로, 교사는 유아들이 이해한 것을 학급의 잘 모르는 다른 유아에게 발표하거나 어린 유아를 위한 사용지침서를 만드는 단계를 자주 포함시킨다.

(3) 상징화 주기를 통한 다상징화

레지오 에밀리아 교육방법을 가리켜 다상징적 접근법이라고 한다. 다양한 매체를 통해 자신의 사고 감정을 표현하도록 하는 과정에서 영유아의 잠재력을 포착하고 인지적 성장을 촉진시킬 수 있는 방법을 모색한다.

일정기간 동안 한 가지 주제에 대해 언어로 토의하고, 그림으로 그리고, 조사한 후, 다시 그리고, 탐색하고, 대상물을 복사하여 가상의 모형을 만드는 등의 다상징적 과정을 거치면서 유아가 자신의 현재 가설, 아이디어, 이론을 표상하고, 재방문하여 재표상, 재재표상을 해나가는 과정을 포만은 '상징화 주기'라고 하였다.

상징화 주기는 유아의 반성적 사고능력을 향상시키고 위한 교수전략이며 상징화 주기 각각의 매용을 살펴보면 다음과 같다.

주기	교수전략	내 용
1	아는 것을 말로 표현하기	소그룹으로 편성된 유아들이 협동으로 수행할 프로젝트 주제를 선정하고 주제가 갖는 제반 특성을 이해하기 위해서 각자의 생각이나 느낌, 경험한 바를 말로 표현하는 단계이다.
2	첫그리기와 토의	전 단계에서 언어로 표현한 것을 상기하면서 그림으로 표현하고 그림에 대해 토의하면서 새로운 아이디어가 생긴다.
3	모형 만들기	2주기에서 시행한 내용이 실제 상황과 유사한지 알기 위해, 우선 가상적인 모의상황을 마련하여 예측해 보게 한다.
4	참조자료로 그림 활용	3주기까지 진전된 내용을 토대로 그리기 이외의 다른 매체로 표현해 보는 것으로, 가상의 활동을 해 보면서 계획하고 토의한 내용을 그림으로 표상, 예측, 비교하면서 새로운 문제와 가설을 갖게 된다.
5	현장경험	주제의 성격을 바르게 이해하기 위해서 현장경험을 해 보는 것이다.
6	경험 후 그리기	현장경험을 한 후에 주제에 관해 다시 그림을 그려 보는 것이다.
7	확장	현재 하고 있는 활동을 다른 부분까지 연결해 보는 것을 말한다.
8	심화	주제에 관하여 토론하고, 표상하고, 가상해 보고 경험하고 재표상하는 등의 상징화 주기는 일종의 나선형적 교육활동이다. 처음에는 하나의 주제에 불과하지만 주제와 관련 있는 여러 가지 내용이 첨가되면서 지식의 범위가 점점 넓고 깊어지게 되는 나선형 교육활동을 하게 된다.
9	발전된 확장과 심화	이 단계는 끝없이 계속될 수 있는 단계이다. 교사는 영유아들의 흥미와 이해를 계속하여 확장시키고 심화시키기 위해 다음 단계의 프로젝트로 유도한다.

(4) 소집단에서의 관계성과 사회적 상호작용의 가치

레지오 교육자들은 영유아들이 상호작용을 원하며, 또한 상호작용을 할 수 있는 사회적인 존재로 인식하기 때문에, 집단의 역할을 중요한 학습 · 발달의 기제로 여기고 있다.

교사의 중심 역할은 유아들 간의 대화, 공동작업, 지식의 공동구축을 자극 · 촉진하는 것이다. 교사는 유아의 발달적 맥락을 중시하여 동료교사와 함께 3년간 한반을 맡아 운영하며 다른 교사뿐 아니라 교육 조종관, 아뜰리에스타와 함께 교수 · 학습 관련 문제들을 공유한다. 레지오 교사들은 끊임없는 실험과 기록화를 수행하고 정기적인 교사 간 토의를 통해 그때그때 유아의 잠재력을 학습에 반영하며 이후의 학습 방향을 설정해 나간다. 이러한 과정에서 교사 자신도 발전한다고 믿는다. 2~5명으로 구성된 소그룹 중심으로 학습이 이루어진다.

(5) 기록화 활용

유아들의 활동과정과 결과를 체계적으로 기록화하고 그 기록화를 연구하는 것이 성공적인 프로젝트 수행에 필수적이며, 좋은 기록화는 교사와 유아의 개인적 평가, 교육과정 계획, 교육적 평가 모두를 동시에 달성할 수 있는 자료로 활용될 수 있다. 일반적으로 교사와 아뜰리에스타는 작업과정에서 드러난 유아들의 질문과정을 잘 표출한 언어 사례를 녹음, 전사, 활자화하고, 다양한 매체를 사용하여 활동하는 과정을 슬라이드, 사진기, 비디오로 찍고, 유아들이 만든 결과물과 구성물들을 수집, 조직하는 기록화 작업을 실시한다.

기록화의 내용을 패널화하거나 잘 조직하여 교실이나 학교 벽면에 전시함으로써 다음과 같은 중요한 교육적 기능을 갖게 한다.

기록의 형태로는 패널, 부모용 책자, 교사와 다른 교사와의 토론을 적은 노트, 교사일지, 그리고 프로젝트 일지 등이 있으며, 기록을 위한 도구로는 포스트잇, 유아의 작품을 모아 놓은 파일, 일화기록, 펜과 메모지, 교실에서의 주제 심화 조사, 카메라, 녹음기, 마이크로폰, 비디오 카메라, 사진 복사기, 컴퓨터, 스캐너, 멀티미디어 컴퓨터 시스템 등 다양하다.

3. 생태교육 프로그램

1) 생태교육 프로그램의 배경

20세기 말로 접어들면서 과학과 의학의 발달로 물질적 풍요를 누리게 된 반면 생태계의 파괴로 인간의 생존마저 위협을 받는 심각한 상황에 직면하게 되었다. 최근 진전되고 있는 정보화 사회는 이러한 생태계 위기를 더욱 가속화시킴으로써 자본주의국가, 사회주의국가 및 제3세계 국가들 모두가 당면한 공통적 실상이 되어가고 있다. 생태계 위기의 주범은 산업 사회가 이룩한 산업문명인데 20세기에 들어와서 산업문명은 자연생태계 파멸을 더욱 가속화시키고 있는 실정이다.

산업문명의 발달과 현대의 생태적 위기는 아이들의 삶에도 부정적인 영향을 미치고 있다. 즉, 신선한 공기와 햇빛, 건강에 이로운 먹을거리를 잃음으로써 삶의 가장 든든한 밑천인 건강을 위협받고 있다는 것이다. 또한 늘어나는 자동차로 인해 아이들이 집 밖에서 놀 수 없게 되었고, 많은 시간을 집 안에서 보내게 됨으로써 마음껏 뛰어노는 것이 필요하게 되었다. 다시 말해, 문명사회의 이익을 누리면서 자라는 유아들은 수많은 장난감과 컴퓨터 등으로 생활의 편리함은 얻었지만, 흙을 만지며 놀 수 있는 기회와 정을 나누며 지내는 사회를 잃어가고 있다. 따라서 자연의 소중함을 모른 채 자라고 있는 유아들에게 생명을 중시하고 놀이와 아이다움을 찾아줄 생태지향적 유아교육이 필요한 시점이라고 볼 수 있다.

2) 생태교육프로그램의 교육 과정

생태유아교육에서는 '신명나는 어린이'를 키우는 것과 관련이 되는 내용을 담고 있다. 교육 내용은 아이들의 몸과 마음과 영혼을 함께 돌보는 몸 교육, 마음교육, 영혼교육과 아이들의 이성과 감성, 영성도 함께 돌보는 이성교육, 감성교육. 영성교육이 있다. 이러한 교육내용을 세분화하면 삶 교육, 감각교육, 땀교육, 관계교육, 앎교육, 감성교육 및 영성교육의 7가지 부류의 교육으로 제시될 수 있으며, 이는 다시 구체적인 프로그램으로 제시될 수 있다.

(1) 생태유아교육의 내용

생태유아교육에서 지향하는 '신명나는 어린이'의 10가지 구체적 모습은 다음과 같다.

① 삶교육

생태유아교육은 행복한 삶을 위해 현재 해야 할 것이 무엇인지에 초점을 맞추어 실제 삶을 위한, 삶에 의한 내용을 선정한다. 이를 위해서 농경 사회에서 어릴 적 경험한 소위 '공터놀이교육'에서 교육 내용을 담아낼 수 있다. 그밖에 올바른 식습관과 우리의 전통음식문화, 세시풍속을 통하여 계절의 변화에 따른 생활의 주기성을 알고 더불어 살아가는 조상의 삶의 지혜를 깨닫게 되는 과정을 담고 있다. 즉, 순환과 돌림의 경제를 인식하게 되고 물질과 사람과의 관계를 바르게 이해하여 삶으로 실천할 수 있게 된다.

② 땀교육

노동교육 즉, 땀교육이란 음식 만들기, 옷 만들기, 집짓기, 텃밭가꾸기 등 직접 몸을 움직이면서 땀의 소중함을 체험하는 활동을 말한다. 이처럼 교육에서 몸을 움직이며 노동의 가치를 배우도록 하는 것은 인간의 몸과 마음과 영혼을 건강하게 하는 수행의 과정이자 배움의 과정으로 바라보기 때문이다. 생태유아교육에서 바라보는 신체는 마음과 하나이자, 서로 연계를 가지고 있다고 보는 심신일원론에 따른다.

③ 관계교육

아이들이 함께 더불어 살아가기 위해서는 관계교육이 필요한데, 사람과의 관계, 사물과의 관계, 자연과의 관계가 모두 중요하다. 바깥놀이, 노인 · 아동 상호작용 프로그램, 동 · 식물교감 프로그램, 장애아 통합 프로그램 등으로 다양한 관계를 경험하게 해주는 교육 내용을 말한다.

④ 감각교육

생태유아교육에서는 자연과의 교감을 통해 감각을 찾아줄 필요성을 강조하며 텃밭 가꾸기, 산책, 손끝놀이 등을 통해 집중력과 정서적 안정성을 키우고, 손끝 근육의 통제를 돕고, 미적인 감각을 키울 수 있고, 노작의 즐거움을 경험할 수 있는 교육을 말한다.

⑤ 앎교육

앎교육은 지혜교육이라고 할 수 있다. 생태유아교육에서는 인지교육, 지식교육 및 이성교육보다는 앎교육을 중요시 하는데 예를 들면, 사람들과 함께 생활하기 위해 필요한 것, 수 · 과학에 대한 기초지식, 기본생활 습관과 예의범절 등이 앎교육의 내용에 포함된다.

⑥ 감성교육

감성교육은 자유로운 예술적 표현이라고 설명할 수 있다. 자연을 통해 감성을 기르고 감성적 예술행위를 통해 자연의 이치를 느끼게 되며 아이의 풍부한 감성이 몸으로 펼쳐질 때 행동 하나하나가 예술이 될 수 있을 것이다. 자연은 시나 문학, 무용, 음악, 미술 등의 자원이며, 예술적 영감의 근원이다. 따라서 예술과 감성교육을 위한 다양한 프로그램이 개발될 필요가 있다.

⑦ 영성교육

영성교육은 생명의 궁극적 존재이유를 영성에서 찾고자 한다. 아이는 몸과 마음과 영혼으로 이루어진 존재이다. 아이는 몸과 마음과 영혼의 세 부분이 하나의 생명으로 연결된 생명체이다. 이것은 하나이면서 셋으로 작용하는 일체삼용(一體三用)이다. 몸과 마음과 영혼은 각각 생명의 본성을 지니고 있으며, 셋이 모여진 아이라는 생명체도 동일한 생명의 본성을 지니고 있다. 따라서 몸살림, 마음살림 및 영혼살림은 아이살림으로 통한다. 여기서 몸은 마음과 영혼을 담고 있는 그릇이고 수명이 다한다는 것은 이 그릇인 몸이 자연으로 돌아간다는 것을 의미한다. 하지만 마음과 영혼의 생명은 영원하다. 따라서 영혼살림을 위한 교육의 실제는 명상 프로그램이며, 명상은 맑은 영혼과 영성을 되살리기 위한 과정이라 설명할 수 있다.

(2) 생태유아교육의 실천 프로그램

영유아가 자연과 더불어 신명나게 하루하루를 보내는 가운데 자연과 친숙해지고 자연과 함께 사는 소중함을 느끼며 생명 공동체의 필요성을 깨닫게 하기 위해 생태적 프로그램을 운영한다. 생태유아교육 프로그램의 기본 방향은 다음과 같다.

① 생태유아교육 프로그램 운영의 기본 방향

- 인공적인 교재 · 교구를 통한 간접 체험보다는 자연과의 직접적 체험을 강조한다.
- 어린이집을 정보와 지식 전달의 장이 아닌 삶을 체험하는 장이 되게 한다.
- 물, 모래, 흙, 햇빛과의 접촉을 많이 할 수 있는 실외 놀이활동을 많이 한다.
- 교사의 계획된 주제와 활동에 의한 것보다는 아동의 흥미에 따라 활동을 한다.
- 감각발달 및 체력 향상을 위한 운동놀이를 강조한다.
- 아틀리에에서 폐품과 자연물을 이용하여 다양한 작업활동을 한다.
- 노인 · 아동 상호작용 프로그램을 통해 세대 간 소통과 조상의 육아 방식과 결합한다.

② 실천 프로그램의 내용

생태유아교육 실천 프로그램의 내용을 간략히 소개하면 다음과 같다.

a. 바깥놀이 프로그램

아이들을 교실 '밖으로' 데리고 나가려는 노력이 생태유아교육 실천의 출발점이다. 바깥놀이 프로그램은 '뭔가 가르쳐야 한다.'는 부담감을 버리고 아이들의 흥미를 자연스럽게 따라가면 된다. 바깥놀이는 특별한 날만 하는 활동이 아닌 일상생활이다. 흐린 날, 비오는 날, 추운 날도 가능하다.

b. 산책 프로그램

산책은 걷는 것이지만 그 속에는 사색, 여유, 자유, 자연스러움, 즐거움, 만남 등의 뜻이 담겨 있다. 또한 거닐다 보면 여러 가지 것들, 즉 사람, 사물, 현상을 만나게 된다. 산책 프로그램은 아이들이 온갖 자연물을 직접 보고, 만지고 듣고, 느끼고, 냄새 맡을 수 있는 체험적 교육활동이다. 산책을 하면서 '아이들에게 뭔가 가르쳐야 한다.'는 생각은 버려야 한다. 마음을 비우고 오감으로 자연의 생명을 느끼고 체험하는 것이 더 중요하기 때문이다.

c. 텃밭 가꾸기 프로그램

텃밭가꾸기 프로그램은 아이들이 흙냄새를 맡으며 제 손으로 텃밭을 일구고 채소를 길러 봄으로써 계절과 날씨의 변화, 식물의 생장, 수확에 대한 기쁨, 자연에 대한 사랑을 알게되고, 자연과 함께하는 삶을 이해하고, 노동의 신성함과 보람을 몸과 가슴으로 느끼게 하는 데 목적을 둔다.

d. 세시풍속 프로그램

세시풍속 프로그램은 4계절과 24절기를 거치면서 오랜 조상의 삶 전반에 걸친 생활의 지혜를 온몸으로 익히며 명절의 의미를 새기고 먹을거리, 놀거리와 풍습을 재현해 본다.

세시(歲時)란 세월과 같은 의미로 일 년 열두 달을 두고 바뀌는 시간을 말한다. 그렇다면 세시풍속이란 일 년 열두 달을 두고 바뀌는 생활을 말하는 것이라 할 수 있다. 하지만 굳이 생활이라고 부르지 않고 풍속이라고 하는 것은 시절 따라 달라져 가는 생활이 관습으로 굳어져 있기 때문이다. 풍속은 일 년을 주기로 계절에 따라 반복되는 고유의 풍속을 말한다. 우리나라 세시풍속은 오랜 세월이 흐르는 동안 일정한 형식을 갖추어 오늘과 같은 풍속으로 정착된 것이다. 오랜 세월을 지내면서 우리 선조들이 자연의 변화에 맞추려는 생활이 바로 세시풍속이라고 볼 수 있다.

e. 손끝놀이 프로그램

손을 움직인다는 것은 몸을 움직인다는 것과 관련되며 신체적인 소근육과 대근육의 발달을 이루게 된다. 손끝놀이 프로그램은 자연스런 손끝 놀림을 통하여 아이들은 삶의 전체적인 모습을 이해하게 되고 사회를 이루어 함께 살아가고 있는 타인들에 대해서도 이해의 폭을 넓히게 되는 것이다.

f. 몸짓놀이 프로그램

몸짓놀이 프로그램은 몸을 자극함으로써 오장육부를 튼튼하게 하고 몸을 유연하게 한다. 뇌의 자극, 체력 증강, 정서적인 순화와 함께 한국인의 고유한 몸짓을 살려냄으로써 한국인의 정신과 기를 되찾게 한다.

g. 노인 · 아동 상호작용 프로그램

'노인에겐 보람을, 아이에겐 사랑을'이라는 취지하에 노인들이 어린이집의 영유아 보육활동에 자원봉사자로 참여하여 아이들과 함께 생활하면서 노인 · 아동 간 상호작용의 기회를 체계적으로 제공하는 세대 간 프로그램이다. 아이들은 조부모에게서 받을 수 있는 사랑을 경험하고, 노인에 대한 긍정적인 태도를 갖게 되며, 우리 전통 문화를 체득할 수 있는 좋은 기회를 갖게 된다.

h. 명상 프로그램

명상을 통하여 아이들은 감각이 예민해지고, 자기 활동에 몰입하게 되며 자기 자신을 객관적으로 볼 수 있는 힘이 생기고, 보고 느낀 것을 사실적으로 생동감 있게 표현할 수 있게 된다. 명상교육이 이루어지기 위해서 연령적 발달 특성을 고려하여 일상생활 속에서 체험활동으로 접근할 수 있다.

I. 절제 · 절약 프로그램

아나바다 운동이나 아이들의 시장놀이를 통한 물물교환, 알뜰 마당 등이 실천활동이 될 수 있으며 원내에서의 교육으로 끝나서는 안 되고 학부모들과 지역주민들이 함께 협력하도록 해야 한다.

j. 먹을거리 프로그램

먼저 유치원과 어린이집 급식과 간식거리부터 생명력이 깃든 먹을거리로 바꾸어가야 한다. 또 아이들이 야채와 생명의 먹을거리를 키워보는 경험을 할 수 있는 텃밭을 마련한다. 한편 유기농 농산물 농장을 방문하여 자연의 먹을거리를 경험시키는 것도 좋다. 절기에 따른 음식이나 제철의 재료를 이용한 음식을 만들어보는 것도 필요하다. 또한 학부모를 대상으로 모유 먹이기 운동, 아침밥 먹이기, 과자 먹이지 않기, 외식 장소로 패스트푸드점 이용하지 않기, 반찬 가짓수를 줄이고 제철 음식 이용하기 등을 내용으로 통신문을 발송할 수 있다. 학부모 수업 참여의 날에 학부모들과 함께 '메주 만들기', '고추장 담그기'도 해볼 수 있다.

k. 도시 · 농촌 교류 프로그램

도시 · 농촌교류 프로그램은 농촌과 도시 아이들이 부대끼면서 서로의 문화를 이해하게 되어, 결과적으로 자연과 농촌 및 도시를 동시에 살리는 데 의의가 있다. 농사나 농악교실을 체험하고, 전통 농기구 사용법을 알게 하거나 갯벌을 체험하며, 농촌 아이들과 친구 맺기와 편지 나누기 등의 활동을 한다.

l. 생태미술 프로그램

생태미술 프로그램은 계절의 변화나 시간 흐름에 따른 자연의 변화와 폐품을 활용한 물질적인 순환을 경험할 수 있는 미술활동이어야 하며 다양한 자연을 매체로 표현할 수 있도록 해야 한다.

4. 발도르프 프로그램

1) 발도르프 프로그램의 배경

최초의 발도르프 학교는 루돌프 슈타이너가 1919년 4월 독일 슈트트가르트(Stuttgart) 발도르프 아스토리아(Waldorf–Astoria) 담배공장에서 행한 강연에서 비롯되었다. 초등학교와 상급학교를 포괄하고 사회계층에 관계없는 12년간의 통합학교를 주장했던 그의 강연에 감명을 받은 노동자들은 그러한 학교의 설립을 희망했고, 사장인 에밀 몰트(Emil Molt)의 지원으로 공장 내 노동자와 기타 일반인의 자녀를 위한 자유–발도르프 학교(Freie Waldorfschule)가 세워지게 되었다(학교 및 교육을 발도르프라고 칭하게 된 것은 그 공장의 이름에서 유래된 것이다).

▲ 루돌프 슈타이너

슈타이너는 단기간의 교사 재교육을 통하여 학교 교사를 직접 양성하였는데, 교육은 강연, 토론, 개별적인 대화, 수업 참관으로 이루어졌다. 강연은 일반 인간론, 기질론, 교수 방법론, 교수계획으로 이루어졌으며, 인간의 문제에 대하여 다루는 방법도 제안하였다. 그 후 1922년에는 함부르크 에쎈에서, 1926년에 하노버와 바젤, 1928년에는 베를린 등 독일 내에 많은 발도르프 학교가 세워지게 되었고, 그 학교들은 하나의 연맹을 결성해 공동작업도 실시하였다.

▲ 에밀 몰트

1938년에서 1941년 나치시대에는 8개의 학교가 폐쇄되기도 하였으나 이후 다시 계속 늘기 시작했다. 1923년에는 네덜란드, 1925년에는 영국 등 여러 나라에 점차 퍼지기 시작하여, 1996년에 스위스 제네바에서 열렸던 유네스코 제44차 세계교육장관회의에서 바람직한 21세기 개혁교육의 모델로서 발도르프 학교가 선정되었고 유네스코의 지원 및 연구 대상으로 선정되기도 하였다.

지금은 전 세계적으로 30여 개 국가 713개교가 있고, 발도르프 유치원은 현재 전 세계적으로 1,200개 이상이 있다. 국내에서는 푸른숲학교, 과천자유학교, 구름산학교, 부산의 사과나무학교 등의 대안학교가 발도르프 교육예술에 근거한 대안교육을 펼치고 있다.

발도르프 학교의 교육이념 및 교육론은 슈타이너의 영향을 받고 있지만 각 학교의 국가 및 지역적 특성을 살려 독자적으로 운영되고 있다.

발도르프 교육의 사상적 토대, 인지학을 영어로는 Anthroposophy라고 한다. Anthropos(인류)와 sophia(지혜)라는 두 단어의 합성어인 Anthroposophy를 우리나라에서는 사람인(人)자에 지혜로울 지(智)자를 사용하여 인지학(人智學)이라 부른다.

인지학을 창시한 슈타이너는 "교육이란 인간 본성에 대한 올바른 인식에서 출발해야 한다."고 주장하며 인지학적 인간관으로부터 교육이념을 발전시켰다. 인지학이란 '인간의 본질'을 이해하여 '세상의 본질'을 깨닫는 것으로 나아가는 철학으로, 이러한 인간인식론을 바탕으로 발도르프 교육학, 발도르프 특수교육학, 장애인 공동체, 치료교육, 인지학적 의학, 슈타이너 유기농법, 건축학, 금융업에 이르기까지 각기 다양한 사회영역에서 그 근본이념으로 기능하고 있다.

인지학의 인간관에서 독특한 점이라면, 첫째, 인간을 통합적 인간으로 보고 있다는 것이다. 인간을 육체뿐 아니라 영혼과 정신의 통합체라고 본다. 즉, 보이는 육체 이외에도 보이지 않는 정신적 존재로서의 인간을 함께 규명해 나가야 한다는 것이다.

둘째, 인간의 발달주기를 생후 매 7년 주기로 구분하여 각 시기에 육체적 성장뿐 아니라 정신적인 성장이 어떠한 특징을 갖고 있는지 그 특성을 규명하고 있다. 이러한 인지학적 관점으로 출발한 발도르프 학교에서는 아이의 건강한 발달이 그 중심에 있다. 학령기에 있는 7세부터 21세까지의 교육대상자들이 육체와 정신을 조화롭게 성장시킬 수 있도록 돕는다. 보편적인 발달단계에 맞는 교육내용과 개별적인 아이의 발달특성에 근거한 개별화교육이 함께 이루어진다. 수업계획표와 교수법은 아이의 발전 상태에 맞추어져 있으며 이는 담임교사의 통찰과 노력이 없이는 쉽지 않은 일이다.

슈타이너는 교육은 사회진출을 위해 지식을 습득하는 것이 아니라 아이들의 내적 세계에 대한 접근을 통해 인간의 완성을 이루는 과정으로 보고 있다. '교육 자체를 예술적 과정으로 본다.'는 뜻에서 교육예술이라 하며, 이는 음악, 미술 등 교과교육으로서의 예술이 아니라 예술이 교육 그 자체이며 모든 교육의 근본이 된다는 뜻이다.

2) 발도르프 프로그램의 기본원리 및 특성

발도르프 학교 교육과정은 각 학교 수준에서 교사가 만들어서 사용하는 교육과정에 해당한다. 일선 학교마다 동일하게 적용되는 교육과정 문서가 따로 있지 않다. 대신 슈타이너가 최초의 발도르프 학교를 세우면서 교사들에게 강연과 세미나를 통해 말한 원리들을 교사 개개인별로 적용하고 있다.

슈타이너는 교사들에게 모순되어 보이는 것을 강조한다. 교사 각자가 실제 수업을 상황에 맞게 내용을 재구성하고 재창조할 것을 강조한다. 그러나 다른 한편으로는 교사들이 마음대로 가르칠 것이 아니라, 그가 이야기한 기본적인 원리와 원칙에 따라 가르칠 것을 강조한다.

발도르프 학교 교사가 되려면 무엇보다 먼저 인지학에 바탕을 두고 인간과 세계를 바라볼 수 있어야 한다. 왜냐하면 인지학에 바탕을 두고 인간과 세계에 대하여 바라볼 때, 슈타이너의 말대로 교육과정을 적용할 수 있기 때문이다.

교사들이 당면한 문제는 두 가지이다. 아동이 가지고 있는 영혼-정신적 특성은 무엇인가에 대한 문제와 또 하나는 그러한 요구에 맞는 양분을 제공할 수 있는 교육이 되기 위해서 구체적으로 어떤 교과를 어떻게 가르치느냐의 문제이다.

3) 발도르프 프로그램의 교육과정

"조용히 그리고 천천히 본성이 스스로 돕게 하고 주변 상황들이 본성의 이런 작업을 보조하는 것을 지켜보는 것, 이것이 교육이다."

발도르프 교육학에서 진정한 교육학적 관계들과 원리들은 결코 어떤 프로그램 또는 어떤 이론에 의해 발전될 수 없고 단지 교육하는 자가 자신의 직관을 훈련시키고, 아이가 어떤 인생계획, 어떤 정신적 성향을 타고 났는지를 탐색하는 것에 의해서만 발전될 수 있다.

(1) 교육내용의 예술적 구성

발도르프 교육학의 특징을 한마디로 한다면 교육과정의 예술적인 구성이라고 할 수 있다. 교육을 예술이라고 하는 것은 교육이 인간 존재를 일깨울 수 있는 예술의 경지에서 이루어져야 한다고 강조하는 것이다. 따라서 발도르프 학교에서는 모든 교과에 예술적인 요소가 포함된다. 1학년 때 처음 쓰기를 배우는데, 이때 쓰는 것은 글자라기보다는 그림의 형태에 가깝다.

(2) 8년 담임제

1학년 입학 후 8학년까지 같은 교사가 담임을 맡아 아이들을 가르친다. 유아기에서 아동기에 이르기까지, 사고의 힘과 의지의 힘이 감정영역에서 만나 상호간 적응단계를 거치는 시기로 교육적으로 중요한 의미를 지니는 시기이다. 담임교사는 머리보다는 가슴, 즉 감정과 관련된 교육을 주로 가르치며, 일부 과목을 제외하고 대부분의 과목을 직접 담당한다. 8년이라는 긴 시간 동안 한 사람의 교사가 담임을 맡음으로써, 마치 또 다른 부모인 것처럼 학생과의 지속적인 관계를 형성, 교육의 안정성을 얻을 수 있다.

교사는 제2의 부모란 말이 발도르프 학교에선 정말 맞다. 발도르프 학교에서는 오랜 시간을 부모와 교사가 아이의 문제를 함께 고민하고 의논할 수 있으며,

같은 아이들이 12년 동안 유급 없이 한 반을 유지하며 진급하기 때문에 효과적인 통합교육이 가능하다. 여기에서 담임교사의 역할은 가르치는 지식이 살아있는 경험이 될 수 있도록, 또 개인적으로 체화된 지식이 될 수 있도록 가르치는 것이다.

(3) 에포크수업과 조기 외국어교육

에포크수업은 주기집중수업이라고도 하며 3~6주 정도를 하나의 주기로 설정, 매일 두 시간 가량 내내 같은 교과내용을 가르치는 방식이다. 하나의 주기를 지나 다른 주기가 되면 전에 배웠던 내용은 자연스레 잊어버리게 되지만, 다음 학기 혹은 상급학년에서 동일주제의 심화된 에포크수업을 하며 몸으로 받아들인 수업내용을 발전시키게 된다. 단, 꾸준한 습관이 중요한 외국어와 공예수업은 에포크에서 제외된다. 사교육을 하지 않는 7살까지 발도르프 유치원을 졸업, 발도르프 학교에 입학하면 비로소 외국어를 할 나이가 된다. 외국어는 1학년 입학 후부터 2개 국어를 교육하게 되나 문자는 전혀 가르치지 않고 자연스런 회화 중심으로 접근한다. 외국어의 선정은 의사소통을 위해 가장 보편적인 영어를 1차 외국어, 그리고 학교가 설립된 국가와 인접한 타국의 언어를 2차 외국어로 하도록 되어 있다. 독일어, 프랑스어와 같이 흔히 알려진 언어가 아닌, 인접국가의 언어를 배우는 까닭은 아이들이 자라나 해당 국가와의 분쟁과 갈등에 기여할 수 있기를 바라는 뜻에서 기원한 것으로 슈타이너의 사회개혁과 세계평화 의지를 엿볼 수 있다.

(4) 손, 가슴, 머리를 모두 쓰는 과목

발도르프 교육에서는 머리와 가슴, 손과 발이 조화롭게 발달된 사람으로 성장하는 것이 중요하다. 즉, 육체, 마음, 정신이 균형 있게 발전하는 것이 교육의 목표인 것이다.

(5) 리듬으로 구성된 생활

발도르프 학교에서는 리듬을 중시하기 때문에, 교사들이 성급하게 아이들의 능력을 개발하려고 교육하지 않으며, 한쪽에 치우친 내용만을 강조하지 않는다.

발도르프 학교에서 교사들이 리듬을 고려해 교육한다고 할 때, 첫째 시간의 리듬을 고려하여 교육한다. 따라서 하루, 일주일, 계절의 변화, 일 년의 시간에 따라 교육내용이 영향을 받는다.

둘째, 서로 성질이 다른 리듬을 가진 교과목(말, 음악, 동작)이 갖는 리듬을 고려해 교육한다. 또 시간의 리듬이나 교육내용의 리듬감 외에도 아이마다 가지고 있는 각자의 리듬을 고려해서 교육한다. 슈타이너는 오늘날 대부분의 학교활동과 시간구성은 아동 자신이 가지고 있는 리듬이나 흐름에 역행한다고 지적한다. 발도르프 학교에서는 이러한 리듬을 고려한다. 발도르프 학교 교육은 시간단위의 구체적인 활동에서 예술적인 성질을 발견하려고 노력한다. 발도르프학교의 연중 계획 역시 여타의 학교 일정과 유사하지만, 특히 발도르프 학교에서는 계절별 절기를 중요시한다.

(6) 방과 본보기 교육

발도르프 유아교육에서 7살까지의 아이들은 주로 모방을 통해 배운다고 보고 있다. 따라서 아이들과 함께 생활하는 교사의 역할이 매우 중요하다. 교사가 말과 행동에서 모범을 보이면 아이들이 교사의 모범적인 생활 태도를 모방해 건강하게 성장할 수 있다는 것이다. 이런 원리에 따라 어린이집에서는 교사들이 가르치기보다는 아이들과 진지한 자세로 생활함으로써 아이들이 앞으로 능동적으로 살아가는 데 필요한 힘을 기를 수 있도록 돕는다. 자유놀이 시간이 끝난 뒤 아이들이 어질러 놓은 놀잇감을 교사가 먼저 노래를 부르며 즐거운 마음으로 치우거나, 주방이 아니라 아이들의 생활공간인 교실에서 교사들이 날마다 손수 아이들의 아침간식을 준비하는 것도 이런 이유에서다. 교사가 어질러진 교실을 즐겁게 치우고 간식을 준비하는 모습을 보면 아이들도 곧 교사를 따라 한다.

일상생활에서 예술적이고, 창의적인 생활태도를 보여 주는 것도 교사의 중요한 역할이다. 교사들은 이를 위해 자유놀이 시간에 아이들 곁에서 인형 만들기, 놀잇감 만들기, 바느질, 교실 꾸미기 등과 같은 예술작업을 통해 삶에 필요한 것들을 만든다. 교사가 하는 작업에 흥미를 느낀 아이들은 교사를 따라 예술활동을 하기도 한다.

(7) 감각교육

발도르프 유아교육에서는 감각교육을 중시한다. 영유아기 아이들의 몸은 세상을 향해 열려 있는 온전한 감각기관으로, 이 시기에 생명감각, 촉각 등 신체감각이 발달한다고 보기 때문이다. 아이들은 플라스틱 장난감 대신 질감이 살아 있는 자연물을 갖고 놀이한다. 교실에서 완성된 형태의 장난감이나 교재 교구는 일절 없고, 나무토막, 돌, 천, 끈, 조개껍데기, 말린 과일, 씨앗과 같은 자연물 놀잇감들이 주가 되어야 한다.

(8) 유급과 성적이 적힌 성적표가 없다

모든 학생이 유급 없이 진급하며, 석차와 점수가 기록된 성적표가 없다. 다만, 학기말 또는 학년말에 아이마다 고유한 시나 노래, 리포트 등 담임교사가 직접 만든 다양한 형태의 성적표로 대신한다. 아이의 가장 중요한 업적은 자신의 발달이며, 따라서 성적표는 발달을 업적으로 표현한다. 교사는 수업을 통해 각 학생이 어떻게 발전되었는가를 주로 나타낸다. 성적표에는 아이의 배우는 태도, 학급에서의 사회성 등 학교생활 전체에 대한 전문가적인 판단이 들어 있으며, 이를 통해 각 학생이 나아갈 길에 대한 방향을 제시하기도 한다.

(9) 교과서가 없다

발도르프 학교에는 정해진 교과서가 없다. 교육의 내용은 아이들의 발달과 학습단계에 맞추어 담임교사가 결정하고 준비한다. 발도르프 교육에서는 국어/수학/음악/미술로 교과를 엄격히 분리하지 않아 심지어 수학 에포크 수업에서조차도 미술이나 음악 수업의 예술형식을 빌어 통합수업을 한다. 아이들은 노트에 내용을 적어 가며 자기만의 교과서를 만들어 간다. 예술과 신화에서 비롯한 주제들을 다룬 노트들은 종종 그것이 보여 주는 아름다움으로 놀라움을 자아낸다.

(10) 자연친화적 가치관

적절한 나이가 될 때까지는 TV와 PC 등을 하지 않도록 권고한다. 음식은 유기농 위주이며 도살과정을 거치는 소/돼지/닭고기 등의 육식 또한 하지 않는다. 도시보다는 시골에 대부분의 학교가 위치하고 있어 아이들이 자연스레 자연친화적으로 자라나도록 한다. 기본적으로 디지털보다는 아날로그 문화에 기반을 두어, 필통이나 가방 등은 부모가 직접 만든 제품을 사용하는 경우도 있다. 발도르프 유치원의 경우 플라스틱 장난감 없이 원목소재 장난감 또는 자연에서 가져온 솔방울, 조개껍데기 등 자연물을 장난감으로 쓰고 있다.

(11) 평등한 학교공동체

교장 없는 학교가 원칙이다. 모든 교사는 교육의 내용을 자유로이 결정한다. 교과서가 없는 발도르프 학교의 특성상 이러한 자율은 보다 더 큰 책임을 필요로 한다. 물론 교사들은 자신의 업무를 동료교사들과 논의하고 발전시켜 나간다. 교육적인 문제뿐만 아니라 행정적인 문제에 있어서도 교사는 학교 경영의 문제와 책임을 함께 나누게 되며, 선출된 학부모 대표들 역시 이에 참가하여 독특한 발도르프 학교만의 공동체를 꾸리게 된다. 교장이 없는 발도르프 학교는 '단지 내 일만 하려는' 교사나, 아이를 맡기는 데에만 관심이 있는 부모, 교사에 대해 불평하고 싶어 하는 학생들에겐 쉽지 않은 곳이다.

(12) 졸업 시험

졸업시험은 필기시험, 이해력 시험, 졸업 논문 작성, 졸업 논문 발표로 구성된다. 필기시험은 수험생이 정해진 주제를 정해진 시간 안에 정돈된 형식으로 표현할 수 있는가를 보는 시험이다. 이해력 시험에서는 수험생이 배우지 않은 본문을 주고 그것을 줄여 다시 쓰는 시험이다. 졸업 논문에서 학생들은 스스로 고른 주제를 적절하게 계획하고 철저하게 이행하는 능력을 증명해야 한다. 주제는 다양해야 하며, 글로 쓰는 것만으로 해도 안 되고 실험만 해도 안 되며 조형물을 만드는 것이기만 해도 안 된다. 학생 스스로 주제를 잡는 것이기는 하지만 12학년 초에 교사 한 사람과 공동으로 주제를 잡고 일 년 내내 주제를 가지고 논문을 완성해 간다.

5. 몬테소리 프로그램

1) 몬테소리 프로그램의 배경

마리아 몬테소리(Maria Montessori, 1870~1952)는 이탈리아 안코나 주 키아라발레에서 출생하여 의과대학에 입학하고 탁월한 성적으로 졸업한 후 이탈리아 최초의 여의사로서 로마의 정신병원에 근무하게 되었고, 그곳에서 정신지체아동을 치료하면서 아동교육에 관심을 가진 교육가이다.

몬테소리는 영유아가 사물을 만지거나 느끼는 과정에서 가장 잘 학습한다는 원리에 근거하여 나무로 만들어진 글자를 주었고, 아동들은 손으로 글자를 만지면서 일반적인 또래 아동과 마찬가지로 글을 읽고 쓸 수 있게 되었다. 이렇게 개발한 교육방법을 정신지체아동에게 적용하여 긍정적인 효과를 얻게 되자 빈민지역인 산 로렌조에 어린이집을 세워 영유아들에 대한 면밀한 관찰을 통해 몬테소리 교구를 제작, 사용하였는데 교육적 효과는 세상의 주목을 끌기에 충분하였고 1909년 최초의 저서 '어린이집의 유아를 위한 과학적 교육방법'을 출간하였으며 이후 '몬테소리 교육방법'이라는 제목으로 세계 각국에 소개되면서 몬테소리 교육사상을 전 세계에 전파하는 초석이 되었다.

2) 몬테소리 프로그램의 교육과정

(1) 목 표

몬테소리 프로그램은 민감기에 해당되는 영유아들의 욕구에 적절한 교재와 교구를 갖춘 환경을 제공하여 영유아가 작업에 진정한 흥미를 갖고 집중, 반복하여 원리와 기능을 스스로 알아내고 숙달되도록 연습하는 과정을 거치면서 영유아의 내적 훈련을 발달시키고 목적지향적인 작업을 선택하여 자신의 욕구에 따라 자신에게 주의집중 할 수 있고 자신이 선택한 놀이나 작업에 집중하여 영유아의 내면에 잠재하여 있던 자신의 본성을 드러내게 하는 데 있다.

(2) 내용 및 활동

① 일상생활

유아의 일상적 삶 가운데 매일 접하게 되는 작업을 수행함으로써 기본적인 습관 및 사회적 기술을 습득해 독립심과 자립심을 키우며 더 높은 차원의 문화와 인격을 창조하도록 돕는 것을 내용으로 한다.

활 동	내 용
활동을 위한 준비	매트 펴고 말기, 교구 나르기, 의자에 앉고서기, 책상과 의자 옮기기 등
예의범절	사회생활을 원활히 하기 위한 예의범절이나 규칙을 배우는 것으로 주로 걷기, 문 열고 닫기, 인사하기, 도움 청하기 등
동작의 조정과 분석	소근육활동에는 옮기기, 따르기, 끼우기, 자르기 등이 있으며, 줄 따라 걷기 실외활동 등이 대근육활동에 포함됨
자신에 대한 배려	유아 자신이 스스로를 소중히 여기고 자신의 몸을 돌볼 수 있도록 연습시킨다. 거울 보기, 머리 빗기, 옷 입고 벗기, 손 씻기, 이 닦기 등
환경에 대한 배려	환경을 돌보고 보호하는 활동 등.(청소하기, 음식물 준비하기, 물 옮겨 붓기, 제자리 정리하기 등)

② 감각교육

추상적인 개념이 구체적인 형태로 전달되도록 하는 것이다. 시각, 촉각, 청각, 후각, 미각 등의 감각기능을 통해 흡수한 여러 정보는 두뇌의 협응에 의한 추상적인 개념과 그 개념을 구체적으로 표현한 것을 연결시켜 여러 정보를 내면적으로 개념화시키는 데 도움을 주고 나아가 영유아의 정신을 개발시키는 데 이르고자 한다.

③ 언어교육

영유아가 자유롭게 의사소통하도록 격려하고 듣기, 말하기, 쓰기, 읽기영역의 기초를 길러 주는 데 목적이 있으며 영유아를 둘러싸고 있는 주변 환경의 정확한 명칭을 부르도록 격려하며 사물과 이름의 명칭 짝짓기, 이름 맞추기와 쓰기 등의 작업을 통해 스스로 향상해 나가게 된다.

④ 수학교육

십진법을 이해하는 데 필요한 기초를 형성하여 0의 기능과 일 단위부터 백만 단위까지의 위계를 이해하고 또한 가감승제 개념의 기초를 습득하고 다양한 모양의 교구를 감각적으로 탐색하면서 기하에 관한 기초를 다지며 제곱근 구하기나 분수로 가감승제 하기 등의 개념을 익히게 된다.

⑤ 문화교육

영유아가 속해 있는 사회에서 형성되어 있는 문화는 영유아가 생각하는 방식과 삶의 방식에 서서히 흡수되어 영향을 미치고 영유아가 성장하면서 문화적 영향을 받아 발현되는 것이기 때문에 영유아 시기부터 문화를 인식하고 습득할 수 있는 환경(지리와 역사학, 동식물학, 음악과 미술교육)을 제공하여 서로 존중하고 배려하고 예의 바르며 원만한 관계를 형성해 나가는 기초를 만들어간다.

(3) 환경구성

① 준비된 환경

정신적인 태아인 영유아가 올바로 발달할 수 있도록 정신적인 양식이 되는 지적인 자극을 마련해 주는 것을 말하는데, 이는 태어날 때부터 영유아들은 발달의 가능성을 갖고 있으나 정상적인 발달을 하기 위해서는 적절한 환경이 준비되어야 함을 의미한다. 환경구성 시 고려되어야 할 점은 다음과 같다.

교실환경은 단순하고 잘 정돈돼야 하고, 어린이의 신체에 적합하여 이용하는데 불편함이 없어야 하고, 어린이들이 하고 싶은 것을 할 수 있는 풍부한 내용을 갖추고, 어린이가 자유롭게 활동하고 선택할 수 있는 자유가 보장되고, 각 발달단계에 적용되는 교육적 원리들은 연속성과 일관성을 가지고 있어야 한다.

② 몬테소리 환경구성의 기본요소

몬테소리 환경구성의 기본요소는 자유와 규율, 구조와 질서, 현실과 자연의 조화, 아름다움이 있으며, 각각의 내용은 다음과 같다.

- 자유와 규율 : 유아는 주어진 교육적 환경 가운데 스스로 내적 생명력을 발산해 자발적으로 활동을 전개해 나가고자 한다. 유아에게 활동에 대한 자유를 주고 자유를 구속하는 장애요소를 제거해 주는 것이 중요하다.
- 구조와 질서 : 몬테소리 프로그램에서 교실 환경은 기본적 구조와 질서가 반영되어 있는 준비된 환경이며 유아가 내면의 정신적 질서와 지적 능력을 구축할 수 있도록 한다. 즉, 환경에 질서가 있으면 아동은 스스로 가져온 교구를 제자리에 정리하는 규율을 스스로 터득해 나가면서 환경과의 긍정적인 상호작용을 통해 내면의 정신적 질서를 발달시켜 나가게 되며 지적으로 성장하게 되는 것이다.
- 현실과 자연의 조화 : 아동에게 현실적 경험과 자연의 접촉을 매우 중요시

하고 현실생활 경험(야채 썰기, 설거지하기, 청소하기 등)을 통해 유아는 세상과 자신에 대한 통찰력을 가지게 되며, 현실에 대한 한계를 인식할 수 있다. 또한 실제로 자연을 접하며 여기에서 자연의 질서와 아름다움을 배울 수 있도록 해야 함을 강조한다.

- 아름다움 : 환경의 아름다움은 유아들이 일과 생활을 하는 동안 자연스럽게 배어 나올 수 있도록 하는 것이 바람직하다. 교실 환경은 밝고 따뜻하며 질서가 있고 화려하지 않지만 편안함과 미적인 매력을 느낄 수 있어야 한다.

③ 몬테소리 교사의 역할

몬테소리 교육은 유아의 자기 발전과 인격의 형성을 조성하는 작용이므로 교사나 부모가 유아를 가르치는 것이 아니라 환경 그 자체가 교육이어야 하기 때문에 교사는 영유아에게 필요한 교재교구를 갖춘 환경을 제공해 주어야 하며, 준비된 환경과 연결해 주는 안내자로서 영유아 개개인의 발달 상태와 내적 욕구를 파악하기 위해 관찰하고 촉진자로서의 아동에게 새로운 교구와 교제를 제시하기도 하고 새로운 교구에 대해 분명하고 간단하게 소개해 주고 아동이 독립적으로 학습할 수 있도록 해야 한다.

6. 하이/스코프(High/Scope) 프로그램

1) 하이/스코프 프로그램의 배경

하이/스코프(High/Scope) 프로그램은 영유아의 자연적인 발달에 기초한 개방체제 프로그램으로, 1960년대 와이카트(Weikart) 등이 중심이 되어 '페리 유아원 프로그램(Perry School Program)'을 위해 개발되었다. 이 프로그램은 원래 미시간 주 입실란티 지역의 저소득층 영유아를 지원하기 위해 개발되었는데, 3~4

세 영유아의 초등학교 취학 준비를 위한 보상 프로그램으로 구성되었다. 와이카트는 1970년에 독립적인 기관으로 하이/스코프 교육 연구재단(High/Scope Educational Research Foundation)을 창설하고 피아제(Piaget)의 인지발달이론을 기초로 인지 중심의 교육과정을 개발하였다. 현재까지 하이/스코프 교육재단은 음률, 동작, 컴퓨터 등을 포함한 교육과정을 계속해서 개발하고 있으며, 오늘날 미국에서는 공립, 사립, 종일제, 반일제, 가정보육시설, 헤드 스타트 프로그램, 그리고 장애아 프로그램 등 다양한 영유아 보육 · 교육기관에서 널리 활용되어 저소득층 영유아뿐만 아니라 모든 영유아를 대상으로 실시되고 있다. 하이/스코프 프로그램은 미국뿐만 아니라 전 세계적으로 도시와 농촌지역에서 성공적으로 시행되고 있는 프로그램으로, 1998년 이후 영국, 멕시코, 싱가포르, 네덜란드 등 세계 각국에서 적용 · 운영되고 있다. 2004년에는 한국에도 하이/스코프 시범학교가 개원하였다. 현재까지 30년간의 장기적인 연구를 통해 하이/스코프 프로그램은 발달에 적합한 영유아 보육 · 교육 프로그램으로 평가받고 있다.

2) 하이/스코프 프로그램의 원리 및 특성

(1) 하이/스코프 프로그램의 교육과정

① 교육목표

하이/스코프 프로그램은 Frobel과 Montessori처럼 영유아를 능동적 학습자로 강조하지만, 사회성 발달보다는 인지발달이론에서 중요시하는 문제해결능력과 창의적 사고능력을 강조한다는 점에서 차이가 있다. 교사는 지속적으로 영유아의 발달상태를 측정하고, 영유아가 가진 인식과 이해의 폭을 넓혀 주기 위해 지적인 자극을 제공한다. 하이/스코프 프로그램의 교육목표는 우선 영유아가 사건, 개념 등에 관련된 학습에 의욕적으로 참여하는 자세를 갖추도록 하며, 이후 학교생활이나 인생에서 독립성, 책임감, 자신감을 발휘할 수 있도록 돕는 것이다. 또한 영유아 스스로 행동을 계획하고 실행하며, 학습한 내용을 또래와 교사와 함께 이야기할 수 있도록 돕는다. 더불어 영유아가 언어능력(말하기, 듣기, 읽기, 쓰기), 사회성, 창의적 표현, 건강한 신체, 논리적 사고력과 같은 능력, 그리고 이와 관련된 지식을 습득하도록 하는 데 교육목표가 존재한다.

② 교육내용

하이/스코프 프로그램의 주요한 특징 중의 하나는 주요 경험(key experience)으로, 이 주요 경험이 프로그램의 교육내용을 이룬다. 주요 경험은 영유아의 행동결과보다는 발달과정에 적합한 경험에 초점을 맞춘 것으로, 국가와 문화에 관계없이 영유아의 이성적 사고의 성장에 중요한 부분으로 매우 단순하고 실용적인 특징이 있다. 교사는 주요 경험을 통해 영유아가 스스로 고안한 활동을 지지하고 확장시켜 줄 수 있으며, 이는 영유아가 발달적으로 적합한 경험을 끊임없이 접할 수 있도록 해 준다.

주요 경험은 영유아들이 하는 다양한 활동에서 형성되어야 할 개념에 대한 경험으로, ① 창의적인 표상, ② 언어와 문해, ③ 주도성과 사회적 관계, ④ 동작, ⑤ 음악, ⑥ 분류, ⑦ 서열, ⑧ 수, ⑨ 공간, ⑩ 시간이 포함된다. 다음 표는 연령별 하이/스코프 교육과정의 주요 경험 목록이다.

〈하이/스코프 프로그램의 발달단계별 주요 경험 목록〉

영 아	유 아
자기인식	창의적 표상
사회적 관계	언어 및 문해
창의적 표상	주도성 및 사회적 관계
동작	동작
음률	음률
의사소통 및 언어	분류
사물탐색	서열화
수	수
공간	공간
시간	시간

출처: 이순형 외(2005). 영유아보육·교육프로그램의 이해. p. 232. 서울: 학지사. 재인용

하이/스코프 프로그램에서의 하루 일과는 다음과 같은 시간으로 구성된다.

a. 계획시간(planning time)

하이/스코프 프로그램에서 선택하고 결정하는 주체는 영유아이다. 계획시간은 영유아가 자신의 생각을 교사에게 표현할 수 있는 지속적인 기회를 제공하며, 영유아가 자신의 의사를 직접적으로 결정하고 그에 따라 행동할 수 있도록 도와준다. 계획시간을 통해 영유아는 독립심을 형성할 수 있으며, 교사 및 또래와 함께 활동하는 즐거움을 경험할 수 있다.

영유아들은 작업을 시작하기 전에 자신의 계획을 교사와 이야기한다. 이러한 과정에서 영유아는 자신의 생각에 대한 정신적 표상을 형성하게 되며, 어떻게 계획을 진행시켜 나갈 것인지에 대한 아이디어도 얻게 된다. 교사는 영유아의 생각을 장려하고 이에 반응해 주고, 그 계획이 성공할 수 있도록 도와주며, 영유아의 발달수준과 사고양식을 이해하고 평가한다. 이런 교실 안에서 모든 사람은 제각기 중요하면서도 적합한 역할을 한다.

b. 작업시간(working time)

계획-실행-평가의 순서 중에서 '실행'은 작업시간을 말하며, 영유아는 보통 계획을 마친 후 바로 작업시간에 들어간다. 작업시간은 하루 일과 중 가장 긴 활동시간으로 영유아나 교사 모두에게 능동적인 활동시간이다. 그러나 영유아들이 활동을 계획하고 능동적으로 실행하므로 교사들이 활동을 주도할 필요는 없다. 작업시간 동안 교사의 역할이란 첫째, 영유아가 어떻게 정보를 수집하고 또래와 어떻게 상호작용을 하며 문제를 어떻게 해결하는지를 관찰하고, 둘째, 영유아를 격려하여 활동을 확장하고 문제를 해결할 수 있는 상황을 만들어 준다.

c. 정리 · 정돈시간(clean-up time)

작업시간이 끝나면 정리시간이 뒤따른다. 이 시간에 영유아들은 작업시간에 사용한 교재와 교구를 스스로 원래 자리에 되돌려 놓으며, 다 끝나지 않은 프로젝트 활동물은 자신의 서랍장이나 보관함에 넣는다. 정리시간을 통해 교실은 원래의 질서를 되찾게 되며, 영유아는 다양하고 기본적인 인지기술을 사용해 볼 수 있다.

d. 회상시간(recall time)

회상시간은 계획-실행-평가 과정의 마지막 단계로, 영유아는 작업시간에 경험했던 활동들을 자신의 발달 수준에 맞는 다양한 방법으로 표현한다. 회상하는 방법으로는 함께 활동했던 친구의 이름 회상하기, 자신이 했던 활동을 그림으로 그리거나 모형으로 만들기, 계획을 다시 검토하기, 활동하는 중에 마주쳤던 문제를 말로 표현하기 등이다. 회상시간을 통해 영유아는 계획시간과 작업시간에 걸쳐 진행했던 활동을 마무리한다. 이때 교사가 처음에 이루어진 영유아의 계획과 실제로 수행된 활동을 연결시켜주도록 도와준다. 회상시간은 계획-실행-평가의 마지막 단계이지만 영유아의 새로운 활동으로 인해 다시 새로운 계획-실행-평가의 주기로 연결된다.

e. 소집단 활동시간(small group time)

소집단 활동은 15~20분 정도의 정해진 시간에 5~8명의 영유아가 참여할 수 있는 활동이다. 소집단 활동으로는 영유아의 문화적 배경, 견학 경험, 새로운 교재, 계절, 그리고 연령에 적합한 집단 활동(예: 요리나 집단 미술 활동 프로젝트) 등이 이루어진다. 소집단 활동에서는 하이/스코프 프로그램의 주요 경험들이 다루어진다. 비록 교사에 의해 조직되는 활동이지만, 영유아들은 새로운 아이디어나 문제해결방법들을 생각해 낼 수 있다. 소집단 활동은 사전에 계획된 구체적인 수업절차에 따라 순서대로 진행되는 것이 아니라, 영유아의 요구, 능력, 흥미, 인지적 목표에 반응하는 형식으로 진행된다.

소집단 활동을 계획하고 수행할 때 모든 영유아가 적극적으로 참여할 수 있어야 한다는 점을 염두에 두어야 한다. 활발한 소집단 활동시간을 통해 영유아는 자료를 탐색하고 이를 감각적으로 활용해 보며, 평소에 부족했던 교사나 다른 친구들과 함께 작업하는 기회도 가질 수 있다. 또한 영유아가 자료를 탐색하고 선택하며 문제를 해결하는 동안 교사는 개방적인 질문을 하거나 문제해결 상황을 설정해 줌으로써 영유아의 아이디어나 행동을 확장시킬 수 있다.

f. 대집단 활동시간(large group time)

대집단 활동은 교사와 영유아 전체가 모여서 10~15분간 게임, 노래, 손유희, 신체 표현이나 운동, 악기 연주 등을 하는 활동이다. 비록 교사에 의해 활동이 시작되지만, 영유아들이 활동을 주도하거나 다양한 개별적 의사결정도 이루어질 수 있다. 이 시간을 통해 영유아는 다른 사람들과 의견을 공유하고 자신의 생각을 발표하는 기회를 가질 수 있다. 대집단활동을 통해 영유아는 주요 경험에서 요구되는 다양한 활동에 참여할 수 있고, 집단의 일상적인 경험의 레퍼토리, 공동체의식, 집단 일원으로서의 소속감과 리더십, 집단의 문제해결 경험 등을 하게 된다.

하이/스코프 프로그램에서 반일제와 종일제의 하루 일과는 다음과 같이 구성될 수 있다.

■ 반일제

시 간	계 획
오전 8:30~8:50	계획하기
8:50~9:45	작업시간
9:45~10:00	정돈시간
10:00~10:30	회상시간, 간식시간 및 소집단활동시간
10:30~10:50	실외놀이시간
10:50~11:10	대집단활동시간(전체 이야기 나누기, 토의)
11:10~11:20	귀가

■ 종일제

시 간	계 획
오전 7:30~8:30	등원, 영유아들과 계획한 미니 작업시간
8:30~9:00	아침 먹기와 이 닦기
9:00~9:20	계획하기
9:20~10:30	작업시간 및 정돈시간
10:30~10:50	회상시간
10:50~11:20	실외놀이시간
11:20~11:45	대집단활동시간 및 점심 준비시간
오후 11:45~12:30	점심
12:30~1:30	낮잠이나 조용히 책 보기
1:30~2:15	소집단활동시간 및 간식시간
2:15~4:00	귀가 및 일부 영유아는 교사와 함께 작업하기

참고문헌

갈미어린이집(2019). 갈미어린이집 놀이기록.

갈미어린이집(2020). 갈미어린이집 월간보육(놀이)계획.

권민균, 문혁준, 권희경, 성미영, 신유림, 안선희, 안효진, 이경옥, 천희영, 한유미, 한유진, 황혜신(2006). 아동발달. 서울: 창지사.

권용은, 이한영(2004). 안산시 보육정보센터 연구 3 영유아발달을 돕는 보육환경의 운영과 실제. 서울: 창지사.

고민숙, 권민균, 김수영, 김수향, 임영심, 임춘금, 정정희(2008). 보육과정. 서울: 양서원.

교육과학기술부, 보건복지부, 육아정책연구소(2012). 3~5세 연령별 누리과정 운영을 위한 교사연수자료집.

교육과학기술부(2009). 유치원 지도서 1 총론. 서울: (주) 두산.

교육과학기술부, 보건복지부(2012). 5세 누리과정 해설서.

곡교어린이집: http://www.gokgyo.co.kr.

교육과학기술부, 보건복지부(2013). 3~5세 연령별 누리과정 해설서.

교육과학기술부(2009). 유치원 지도서 1 총론. 서울: 두산.

교육부, 보건복지부(2012). 5세 누리과정 해설서.

교육부, 보건복지부(2019). 2019 개정 누리과정 해설서. p. 73.

교육부, 보건복지부(2019). 2019 개정 누리과정 해설서. p. 74.

교육부, 보건복지부(2019). 2019 개정 누리과정 해설서. p. 80.

교육부, 보건복지부(2019). 2019 개정 누리과정 해설서. p. 82.

교육부, 보건복지부(2019). 2019 개정 누리과정, 놀이실행자료. p. 60-66.

교육부, 보건복지부(2019). 2019 개정 누리과정 놀이이해자료.

구로구청(2020). 구로구청 사랑채움어린이집 놀이사례.

김명숙, 김소향(2013). 5세 누리과정 교사들의 누리과정이해와 교사 효능감 및 직무만족도 비교. 한국유아교육·보육복지학회지 제17권. 4호. pp. 56~77. 한국유아교육 · 보육복지연구.

김영명, 안소영, 서영숙(2011). 영유아프로그램 개발과 평가. 경기: 공동체.

김영희(2003). 융(Jung. C. G)의 이론에 기초한 평생교육의 심리학적 연구. 평생교육학 연구. Vol. 9. No 3.

김경자(2000). 학교교육과정론. 서울: 교육과학사.

김경배, 김재건, 이홍숙(2005). 교육과정과 교육평가. 서울: 학지사.

김경철, 김영호, 엄익명, 조옥희(2002). 영유아교육과정. 서울: 학지사

김상림, 한준아, 권연희(2013). 보육과정. 서울: 양서원.

김성수(2004). 존 듀이의 경험 교육사상 연구. 고신대학교대학원.

김종현, 이성현, 윤치연, 이은림(2007). 특수아동의 이해와 지도. 경기: 공동체.

김정권, 이유훈(1997). 일반학교에서의 장애학생 지원체제 - 질적 교육으로의 전환. 안산: 국립특수교육원.

김진영, 김정원, 전선옥(2001). 영유아를 위한 부모교육. 서울: 창지사.

김혜금, 임미정, 차승환, 전영희, 길미애(2013). 0·1·2세아 영아보육 프로그램. 서울: 학지사.

김지은, 문혁준, 김경회, 김현주, 김혜금, 김정희, 신혜원, 안선희, 안효진, 임연진, 조혜정, 황옥경(2011). 보육과정. 서울: 창지사.

덕성여자대학교 부속유치원(2000). 상호작용 이론에 기초한 유아교육과정의 운영 및 활동의 실제. 서울: 학지사.

도미향, 정미현, 이명숙(2012). (개정)보육과정. 경기: 정민사.

문미옥(2008). 교육과 보육을 위한 영유아를 위한 영유아 교육과정. 서울: 창지사.

문수영(2019). 어린이집에서의 '훈육의 딜레마' 극복하기에 대한 실행연구. 가천대

학교 일반대학원 박사논문.

박은혜(2009). 유아교사론. 서울: 창지사.

방인옥, 박찬옥, 이기현, 김은희(2003). 유아교육과정. 경기: 정민사.

박정아, 최목화(2012). 어린이집 사례분석에 의한 연령별 보육실의 흥미영역 특성분석, 한국주거학회논문집, 23권 1호, pp. 89-96.

배소연(1993). 유아교사 교육에 있어 교생 실습이 예비유아교사들에게 미치는 영향. 경원대 학교 논문집 제11집, pp. 603-631.

보건복지부, 육아정책연구소(2013). 제3차 어린이집 표준보육과정 해설서.

보건복지부, 육아정책연구소(2013). 제3차 어린이집 표준보육과정 교사용 지침서.

보건복지부(2000). 보육교사를 위한 반별운영관리(1). 보건복지부.

보건복지부(2011). 표준보육과정의 구체적 보육내용 및 교사 지침 워크북.

보건복지부, 중앙보육정보센타(2013). 어린이집 표준보육과정 및 0~2세 영아보육프로그램의 이해. 서울: 중앙보육정보센터.

보건복지부(2012). 5세 누리과정 연령연계 어린이집 프로그램. 서울: 보건복지부.

보건복지부(2013). 3차 어린이집 표준보육과정 개정고시 공포. 보도자료.

보건복지부(2013). 어린이집 표준보육과정에 기초한 영아보육프로그램 운영의 이해.

보건복지부(2014). 2014 어린이집 평가인증 안내. 법제처(2013). 영유아보육법.

보건복지부(2020). 제4차 어린이집 표준보육과정. 세종: 보건복지부.

보건복지부(2020). "온종일 활기찬 어린이집" 보육지원체계 개편 안내. 세종: 보건복지부.

서영숙 서혜전 정영희 양영아 안소영 이종현 남미선(2012). 보육과정. 경기: 공동체.

안경인(1999). 듀이 '실험학교'의 실제와 교육이론을 통해 제시된 대안적 교사상에 관한 연구. 이화여자 대학교 대학원 석사학위 청구논문.

양승희, 유지연, 조현정(2012). 보육과정. 서울: 동문사.

양옥승(1999). 유아교육과정에 대한 관점 탐구. 덕성여자대학교 고등교육연구소.

______(2003). 비판적 관점에서 본 유아교육과정: 야간보육해체하기. 덕성여자대

학교 사회과학연구소. Vol. 9. No. 0. 119-146.
양옥승, 최경애, 이혜원(2011). 보육과정. 서울: 학지사.
여성가족부(2005). 표준보육과정 연구. 연구보고 2005-26.
오재연,김경란(2013). 유아교사의 배경변인에 따른 누리과정 활용실태에 관한 연구. 한국유아교육 · 보육복지학회지 제17권. 4호. 사회과학. 보육행정연구.
유수옥, 문연심, 김호연, 송미선, 김혜경, 심성경, 박주희(2006). 장애유아 통합교육 전략. 서울: 창지사.
육아정책연구소(2012). 육아정책포럼 29호.
윤희경, 신혜영, 임미혜, 김애옥, 나은숙, 이분려, 정미아(2006). 발달에 적합한 유아교육 과정. 경기: 양서원.
이기숙, 김정원, 이현숙, 전선옥(2008). 영유아교육과정. 경기: 공동체.
이기숙(1999). 유아교육과정. 서울: 교문사.
이대균, 김경화(2012). (개정) 보육과정. 서울: 정민사.
이명순, 곽승주, 전영희(2010). 영아보육과정. 서울: 정민사.
이숙재, 이봉선(2008). 영유아의 발달과 교육. 서울: 창지사.
이순영(2006). 보육과정. 서울: 학지사.
이순형, 이혜승, 이성옥, 황혜신, 이영미, 정윤주, 한유진, 성미영, 권기남, 김지현(2007). 영유아교수방법. 서울: 학지사.
이소현(2001). 장애유아통합 유치원 교육과정. 서울: 학지사.
이승연 외 역(2011). 영아 발달과 반응적 교육-관계중심 접근법. 서울: 학지사.
이연숙(1997). 어린이집 실내 환경 디자인 이론. 삼성복지재단 묶음. 서울: 교육과학사.
이영자, 이기숙, 이정욱(2006). 유아교수-학습방법. 서울: 창지사.
이영석, 박재환, 김경중(1985). 유아교육개론. 서울: 형설출판사.
이원영, 이영자, 주영희(1991). 유아교육원리. 대학교과서주식회사.
이정욱, 임수진(2010). 탐색·표현·감상의 통합적 유아미술교육. 경기: 정민사.
임미혜, 이혜원, 황윤세(2008). 영유아보육과정. 경기: 학현사.

임미혜(2000). 영유아보육프로그램. 서울: 동문사.

임은희(2010). 인간행동과 사회환경. 서울: 양서원.

임재택(1992). 현대유아교육과정. 서울: 양서원.

유엔아동 권리협약(1989). 제23조.

전경원(2004). 유아특수교육. 서울: 창지사.

정선아, 김희연(006). 어린이의 삶의 관점에서 본 보육-교육과정의 본질. 한국 유아교육학 과학술대회.

정해일(2009). 듀이의 교육환경론과 교실 민주주의. 경북대학교 교육학 박사학위 논문.

조부경, 서현경, 김명희(2020). 국가수준 교육과정의 의미와 누리과정 발전방향에 대한 성찰. 유아교육연구. 40(1). 185-213.

조성연, 이정희, 김온기, 황혜정, 나유미, 박진채, 송혜라, 임연진, 나종혜, 권연희(2004). 영유아보육론. 서울: 학지사.

최경숙(2001). 발달심리학: 아동·청소년기. 서울: 교문사.

최국남, 박순이(2002). 교사를 위한 유아교육과정. 서울: 동문사.

최미현, 박명화, 박성미, 최양미, 김애자, 김정신(2000). 영유아보육의 이해. 서울: 창지사.

최애경, 암부금, 좌승화(2010). 영유아교육과정. 경기: 양서원.

최한수(2000). 아동중심교육과 존 듀이. 서울: 문음사.

태평4동어린이집(2020). 태평4동어린이집 놀이 사례 재구성.

팽영일(2000). 유아교육의 역사와 사상. 서울: 양서원.

프레데릭 마이어(1998). 위대한 교사들. 서울: 문음사.

한국보육진흥원(2011). 2011 보육교사 승급교육교재. 서울: 한국보육진흥원.

한국보육진흥원(2014). 어린이집 평가인증 3차 지표.

한국보육진흥원, 육아정책연구소, 보건복지부(2019). 제3차 어린이집 표준보육과정(0~2세)개정연구, 110-111.

한국보육진흥원, 육아정책연구소, 보건복지부(2019). 제3차 어린이집 표준보육과정

(0~2세)개정연구, 154−155.

황해익(2004). *교육과정평가*. 경기: 양서원.

황해인, 임재택(2005). *영유아 관찰 및 평가*. 경기: 양서원.

홍후조(2003). *알기 쉬운 교육과정*. 서울: 학지사.

Albrecht, K, & Miller, L. G.(2001). *Innovation: infant & toddler development*. MD: Gryphon House, Inc.

Brown, P. C.(1991). Developing an integrated unit for Kindergarten. In B. Spodek(ed.), *Educationally appropriate kindergarten practice*. A National Educational Association.

Bruce, M. Michell, Robert E. Salsbury(1996). *Multicultural Education: An International Guide to Research. Policies, and Programs*. Greenwood Publishing Group. p. 383.

Bruner, J. B.(1996). *The culture of education*. Cambridge: Harvard University Press.

Chung, S., & Walsh, D. J.(2000). Unpacking child-centerdness: A history of meanings. *Journal of curriculum studies, 32*(2). pp. 215-234.

Donna S. Wittmer· Sandra H. Petersen 공저, 이승연 외 공역(2011). *영아 발달과 반응적 교육*. 서울: 학지사.

Emde, R. N., & Robinson, J. L.,(2000). Guiding principles for a theory of early intervention; A developmental psychoanalytic perspective. In J. P. Shonkoff & S. J. Meisels(Eds), *Handbook of early intervention* (pp. 160-178). NY: Cambridge University Press.

Emde & Robinson(2000). Gender-Specific Characteristics of 5-Year-Olds' Play Narratives of *Child and Adole, Vol.39*. No. 8.

Erikson, C., & Jenkins, L.(2003). *A practical guide to early childhood curriculum.* NJ: Person Education, Inc.

Greenman, J.(1988). *Caring space, Learning place: Children's Environments that work*. Redmond, WA: Exchange Press, Inc.

Hall. N. A., & Romberg, V.(1995). *The effective curriculum. Teaching the ant-bias approach to young children*. Toronto: Nelson Canada.

Katz, L., & Chard, S. C.(1989). *Engaging children's minds*. 이윤경, 석춘희 공역(1994). 유아들의 마음 사로잡기. 서울: 이화여자대학교출판부.

Kessler, S.(1991). Alternative perspective on early childhood education. *Early Childhood Research Quarterly, 6*, pp. 183-197.

Killion, J., & Todnem, G.)1991). A process for personal theory building. *Educational leadership, 48*(6), pp. 14-16.

Kohlberg, L., & Mayer, R. (1972). Development as the aim of education. *Harvard Educational Review, 42*, pp. 449-496.

NAEYC, & NAECS/SDA.(1991). Guildlines for appropriate curriculum content and assessment in programs seeing children ages 3 through 8. *Young Children, 46*(2), pp. 21-38.

NAEYC(1991). Guidelines for appropriate curriculum content and assessment in programs serving children ages 3 through 8. *Young Children, 30*, pp. 21-38.

Olds, A. R.(1989). Nature as healer. *Children's Environments Quarterly, 6*(1), pp. 27-32.

OECE(2006). Starting strong II: *Early childhood eduction and care*. Paris: OECD.

Paul Eggen, Don Kauchak(2010). Educational psychology: windows on classroom(교육심리학: 교육의 실제를 보는 창). Published by person Education. Inc. 신종호, 김동민, 김정섭, 김종백, 도승이, 김지현, 서영석(2011). 서울: 학지사.

Print, M.(1993). 교육과정 개발과 설계. 강현석, 박영무, 박창언, 손충기, 이원희 최호성 역(2006). 경기: 교육과학사.

Santrock, J. W.(2004). *Child Development* (10th ed). McGraw-Hill.

Schickedanz. J.(1990). *Strategies for teaching young children*. Englewood Cliffs. NJ: Prentice-Hal.

Schunk, D. H(2004). Learning theories: An educational perspective. *Upper Saddle River*. NJ: Merrill/Prentice Hal.

Schwartz, S. L., & Robision, H, F.(1982). *Designing curriculum for early childhood*.

Boston: Allyn and Bacon. Inc.

Spodek(1991). *Teaching in the dearly years*. Englewood cliffs, NJ: Prentice Hal.

Walsh, D. J.(1991). Extending the discourse on developmental appropriateness: A devlopmental perspective. *Early Education and Development, 2*, pp. 109-119.

Wason. J. B(1916b). The new science of animal behavior. *Harper's Monthly Magazine. 120*. pp. 346-353.

Wellhousen, K.(2002). *Outdoor play everyday: Innovative play concepts for early childhood.* Albany, NY: Delmar.

저 • 자 • 소 • 개

김계중

덕성여자대학교 교육대학원 교육학 석사
가천대학교 유아교육학과 문학박사
현) 일산 서부경찰서 어린이집 원장

조영주

덕성여자대학교 교육대학원 교육학 석사
덕성여자대학교 유아교육학과 박사수료
현) 구로구청 사랑채움 어린이집 원장

김정숙

덕성여자대학교 교육대학원 교육학 석사
가천대학교 유아교육학과 박사수료
전) 송파구 육아종합지원센터 센터장
현) 용인 서부경찰서 어린이집 원장

문수영

덕성여자대학교 교육대학원 교육학 석사
가천대학교 유아교육학과 문학박사
전) 연성대학교 유아교육학과 외래교수
경기과학기술대학교 아동영어보육학과 겸임교수
가천대학교 교육대학원 유아교육학과 외래교수
현) 국공립) 갈미 어린이집 원장

최종문

덕성여자대학교 교육대학원 교육학 석사
덕성여자대학교 유아교육학과 박사수료
전) 고양청사 푸르미어린이집 원장
현) 강서구 거점형 공공직장어린이집 원장

연구교사

정예진(구로구청 사랑채움어린이집)

최지영

송수진

강미르(국공립태평4동어린이집)

조민주(국공립갈미어린이집)

장유리

박부영

김효정

노세라

김은영

김아림

장은미

사근혜

제3판

4차 표준보육과정에 기초한

보육과정

초 판 1쇄 발행 2015년 1월 30일
증 보 1쇄 발행 2016년 6월 30일
제2판 1쇄 발행 2018년 1월 20일
제3판 1쇄 발행 2020년 8월 10일

지 은 이 | 김계중 조영주 김정숙 문수영 최종문
펴 낸 이 | 김기섭
책임편집 | 이윤미
펴 낸 곳 | 창지사 www.changjisa.com
08589 서울시 금천구 가산디지털 1로 83 파트너스타워 1차 9층
전화(02) 719-2211~3
팩스(02) 701-9386
등 록 | 1977년 4월 28일·제1-421호

ISBN 978-89-426-1349-6 (93370)

값 22,000원

「이 도서의 국립중앙도서관 출판예정도서목록(CIP)은 서지정보유통지원시스템 홈페이지(http://seoji.nl.go.kr)와 국가자료공동목록시스템(http://www.nl.go.kr/kolisnet)에서 이용하실 수 있습니다.(CIP제어번호: CIP2020033078)」